NADINE DE ROTHSCHIL

Elle a déjà publié de nom rmi
lesquels *La baronne r*),
Parlez-moi d'amou
l'art de réuss
d'un jour ier
livre, *Jou* u chez
Michel Laf schild pré-
side aujourd' d'organismes,
dont la Fondat othschild.

L'AMOUR EST AFFAIRE DE FEMMES

NADINE DE ROTHSCHILD

L'AMOUR EST AFFAIRE DE FEMMES

ROBERT LAFFONT

ISBN 2-266-12623-7

« Les femmes sont faites pour être aimées,
pas pour être comprises. »

Oscar Wilde

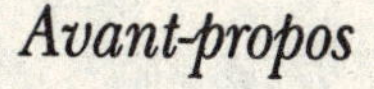

Avant-propos

Le 3 novembre 1997, la disparition d'Edmond, mon mari, mettait un terme à trente-sept ans de vie commune. Nous nous étions connus en 1960 et mariés le 26 juin 1963. C'est terriblement banal à dire, mais j'ai l'impression que c'était hier.

Depuis, il ne se passe pas une journée sans que je ne pense à lui, sans qu'il ne soit là, au-dessus de mon épaule, à me conseiller. Selon sa volonté, il a été enterré au milieu de ses vignes, dans notre propriété de Château-Clarke, près de Bordeaux, et lors des séjours que j'y fais, je lui parle longuement sur sa tombe...

Comme n'importe quelle femme qui a perdu l'homme qu'elle aimait, je vis dans son souvenir, sans tristesse. Bien sûr, il est difficile de réapprendre à agir seule, sans ce contrepoids qui vous maintenait en équilibre, surtout lorsque l'on a été protégée et déchargée de tous les soucis quotidiens, mais j'avance malgré tout, fidèle à ce devoir que je me suis imposé dès le premier jour : être digne de lui et lui rendre hommage.

C'était un grand monsieur. Je ne dis pas cela parce qu'il a eu la bonne idée de demander ma main, mais parce que la vie à ses côtés était riche d'enseignements. Edmond était un seigneur, avec les défauts de ses qualités — son caractère autoritaire en aurait fait fuir plus d'une, je savais que c'était la tactique inverse qu'il convenait d'adopter, rester là malgré les tempêtes, attendre. Il me disait que je l'apaisais. « Tu es comme une bouée au milieu de l'océan. »

Il était capable de gestes délicats qui me touchaient infiniment. Dernièrement, en relisant ses lettres, j'ai retrouvé un petit mot qui accompagnait la montre qu'il m'avait offerte pour mon dernier anniversaire : « Mon amour, puisse cette montre ne marquer que des heures de bonheur toute ton existence. Je t'embrasse de tout mon cœur. » Comment ne pas être sensible à ce genre de prévenances ?

On m'a quelquefois décrite comme une geisha, vivant dans l'ombre de mon mari, parce que je déclarais accepter volontiers d'être le numéro deux dans le couple. Il est vrai que faire en sorte de satisfaire ses désirs m'a toujours semblé naturel. Or cela ne signifie pas que j'aie été une femme soumise, bête et disciplinée. Deux règles ont guidé mon attitude au fil de ces années : une attention de tous les instants et un flegme opportun. Il faut toujours relativiser les choses...

Je n'ai jamais caché avoir été une femme ambitieuse. Je m'étais fixé un idéal de vie et le résultat a dépassé mes espérances. À une distinction près : ce qui aurait pu être un mariage d'intérêt s'est révélé un mariage d'amour et, pour moi, une voie royale.

Je me suis mise à écrire en 1984. J'avais envie d'évoquer mon bonheur, de remercier l'homme qui m'avait permis de vivre un tel rêve et de dire aux autres femmes qu'elles pouvaient un jour, tout comme moi, rencontrer le destin, saisir l'occasion qui fait basculer une vie. Par mes conseils, je pouvais peut-être leur éviter des erreurs, leur faire gagner du temps, leur ouvrir d'autres horizons. Les centaines de lettres que j'ai reçues après la parution de mes livres, et que je continue à recevoir, me laissent à penser que ma démarche n'a pas été totalement inutile.

Certaines lectrices, peut-être êtes-vous du nombre, me faisaient remarquer qu'avec l'homme que j'avais épousé je bénéficiais d'un quotidien qui m'aidait à surmonter bien des problèmes. Sans doute, mais avoir un environnement privilégié ne vous préserve pas des tourments de la vie. Comme n'importe quelle femme, j'ai eu aussi à composer avec ce que le sort mettait sur ma route. Toutefois, cette remarque m'a laissée songeuse... J'ai repensé aux femmes célèbres qu'il m'a été donné d'approcher au fil des années et qui ont eu un destin hors du commun. Stars hollywoodiennes, reines de la jet-set, princesses de contes de fées, comment avaient-elles mené leur barque sentimentale ? Très vite, j'en suis venue à cette conclusion : pour elles aussi, l'amour avait été une lutte de tous les instants.

Parmi elles, il y avait toutes sortes de femmes amoureuses. Des naïves et des cyniques. Des courtisanes, des mères de famille, des victimes éplorées, des mantes religieuses... Je me suis amusée à analyser leur façon de se comporter, de séduire, de poursuivre leur quête amoureuse. Comment aurais-je agi dans telle ou telle situation ? Quelle a été la règle qui a déterminé leur conduite ? Pourquoi certaines ont-elles réussi un beau parcours, pourquoi d'autres se sont-elles arrêtées en chemin ou ont-elles collectionné les échecs ?

Quand on prend un partenaire dans la vie, il ne faut

pas se tromper. C'est comme en affaires. On peut en laisser passer une, en rater une seconde, mais le troisième échec vous ruine. J'ai eu de la chance, mon premier mari a été le bon. Mais si mon mariage a tenu, c'est aussi parce que j'ai tout fait pour. Certaines des femmes que nous allons évoquer ensemble n'ont pas eu le courage, la perspicacité ou la possibilité d'en faire autant.

Je vous invite à découvrir les différentes facettes de l'amour derrière ces visages connus. Vous allez voir que l'argent, la notoriété, la vie publique n'aident en rien une union. Bien au contraire... Que l'on soit sous les feux des projecteurs ou au fin fond de la campagne, nous sommes toutes les mêmes lorsque notre cœur commence à palpiter. La compétition, les obstacles, les chutes, les abandons, voilà notre lot quotidien. Heureusement, pour certaines, la victoire est tout de même à l'arrivée. L'amour est une course de fond.

1

Les marathoniennes

«Je suis le monsieur qui accompagne Jacqueline Kennedy.»

John F. Kennedy

Sur la ligne de départ, toutes les femmes sont à égalité. J'en entends qui protestent : quand on a un joli visage et quelques relations, on a déjà une longueur d'avance... Oui et non. La beauté est une carte de visite qui peut ouvrir certaines portes, mais, comme je le dis souvent, c'est quinze jours de gagnés sur les autres. Pas plus. Ensuite, la course continue. Pour ma part, je n'avais comme atout que des yeux malicieux, un rien d'esprit et des tonnes de volonté ! Gonflée à bloc pour la bataille, sachant qu'elle serait longue, parsemée d'obstacles, j'avais un moral d'acier. Et quelques armes secrètes...

Au cours de mon existence, j'allais rencontrer d'autres femmes de la même trempe. Je dirai même des professionnelles de la séduction, ce que j'appelle des grandes pointures, de véritables championnes d'endurance, que rien n'aurait détournées de leur route. Bien sûr, leur caractère était en grande partie responsable de cette force qui les poussait en avant et donnait à leur rapport avec les hommes cet aspect fascinant, indomptable, ensorceleur. Elles s'étaient fixé un but à atteindre et les hommes ne constituaient que le moyen d'y parvenir. Tout était pensé, jamais la passion ne supplantait la raison. On aurait dit que de l'eau glacée coulait dans leurs veines.

Ces séductrices implacables étaient avant tout des symboles de féminité. Élégance vestimentaire, bijoux, parfum, rimmel et escarpins, rien n'était laissé au hasard ; le naturel un mot inconnu, le négligé une hantise. Combien de femmes se contentent-elles aujourd'hui d'un simple jean ? Pourquoi pas ? Mais il doit être la perfection sur un corps parfait : pour le porter, mieux vaut avoir vingt ans et être très bien faite. On peut trouver cela démodé, il n'empêche, un homme sera toujours plus sensible à une femme raffinée. Parfois, je suis obligée de regarder si certaines portent une jupe, pour savoir si elles sont encore des femmes !

Comment ne pas évoquer celle qui demeure aujourd'hui encore la reine de cette sophistication maîtrisée, je veux bien sûr parler de Jackie Kennedy ? Nos chemins se sont souvent croisés après la mort de son mari en 1963, et je me souviens en particulier d'une anecdote qui illustre parfaitement sa nature hors du commun.

C'était au début des années 1970. Jackie cherchait un appartement à Paris. Edmond lui avait proposé de rencontrer son plus proche collaborateur, Victor Sasson, qui avait une grande connaissance en matière d'immobilier. Rendez-vous fut pris chez nous, rue de l'Élysée. Je revois encore la scène : Jackie, impeccable dans sa robe de crêpe noir sans manches, assise sur le canapé de velours vert émeraude du salon des laques, en train de deviser avec Victor Sasson et de lui faire un grand numéro de charme : « Edmond m'a dit que vous étiez l'*homme* que je recherchais, qu'il n'y avait pas à Paris de personne plus qualifiée pour me venir en aide, je me remets entre vos mains. » Tout ça avec force battements de cils et voix faussement ingénue. Sauf que... ce n'était pas Victor Sasson ! N'ayant pu venir, il avait envoyé un de ses adjoints ! Lorsque Jackie le comprit, elle se métamorphosa. En un éclair, un rideau invisible passa devant ses yeux. Elle se tourna vers moi et ne lui adressa plus la parole. Rien n'était plus précieux que cet homme tant qu'elle avait cru qu'il était le grand patron. Elle en avait fait un surhomme, mais à quoi bon dépenser son énergie pour un sous-fifre ?

Elle appliquait à merveille, et même de façon excessive, comme on peut le voir, la règle numéro un des séductrices : faire exister l'autre. Donner à son interlocuteur l'impression qu'il est l'être le plus exceptionnel qu'on ait rencontré. En un mot, flatter. Et sans réserve : pour les hommes, la corde n'est jamais trop grosse. Oscar Wilde disait que pour contenter une femme il suffisait de lui donner un miroir et des bonbons... Je dirai la même chose pour un homme, à une nuance près : le miroir sera grossissant, embellissant, quant aux bonbons... Jackie jouait la femme désemparée, incapable de se débrouiller seule, perdue dans la grande ville, un oiseau tombé du nid, et cet homme en face d'elle allait être son sauveur ! Du moins le croyait-elle. C'était fascinant à voir. Quel brillant numéro de charme !

Je souriais intérieurement en l'entendant parler français avec son léger accent, ses intonations de petite fille. À la dérobée, je détaillais son visage, pas si extraordinaire que ça... Jackie avait de gros yeux ronds, trop écartés, des sourcils très épais, des cheveux qu'il fallait domestiquer, un nez un peu écrasé et un sempiternel sourire crispé. Elle avait de jolis bras, des épaules bien droites — portemanteau idéal pour le tomber d'un vêtement —, mais son corps était menu, sa poitrine quasi inexistante, et ses pieds... gigantesques !

Le genre de détails que seule une femme remarque ! Pas un homme n'aurait vu ces petites imperfections, trop occupé à faire le beau et à sourire d'aise aux compliments de Jackie. Son arme de séduction était enveloppante, conquérante, implacable. Elle avait le côté professionnel des journalistes, qui savent poser les questions et écouter les réponses. Il y aurait une enquête amusante à faire sur le nombre de mariages qui ont suivi un entretien... Spontanément me vient à l'esprit la femme de Gregory Peck, Véronique, ou, plus récemment, la jeune épouse de Clint Eastwood, Linda. J'ai même marié une de mes amies grâce à cette tactique. Elle désespérait de dénicher un mari. J'ai alors pensé la présenter à une connaissance célibataire, le plus gros vendeur de viande d'Argentine. Mon amie était journaliste à *Votre Beauté*, je l'ai transformée en spécialiste du quartier de bœuf ! Elle l'a interviewé lorsqu'il est venu à Paris, il l'a trouvée géniale et l'a épousée ! Les femmes de presse ont toujours beaucoup de succès auprès des hommes parce qu'elles savent les rendre importants, et rien ne leur fait plus plaisir.

N'oublions pas que c'est en tant que journaliste que Jackie a rencontré John Kennedy. Adolescente, elle avait gagné un concours organisé par *Vogue* et, quelques années plus tard, elle entrait au *Washington Times Herald*. Dans la rubrique qu'elle tenait, elle interviewait de façon un rien irrévérencieuse une personnalité qu'elle prenait aussi en photo. Un ton qui est aujourd'hui monnaie courante, mais qui à l'époque faisait mouche. Un exemple de ses questions insolites : « Chez le dentiste, les hommes sont-ils plus courageux que les femmes ? » Un soir de 1952, elle rencontre dans un dîner le jeune sénateur du Massachusetts... qui accepte l'interview, et le reste !

Une telle mécanique n'empêche pas les sentiments. Je crois que Jackie était véritablement amoureuse de John ; les premières années de mariage ont été idylliques, et si par la suite l'épouse a dû consentir à bien des concessions, avaler toutes les couleuvres de la terre, elle a su rester digne. Pas une scène, pas un commentaire. Ce qui était la sagesse même. Pour garder un homme puissant et courtisé, qui peut absolument tout s'offrir, que l'on vient régulièrement tenter, une femme intelligente est prête à bien des sacrifices et accepte qu'il soit infidèle — c'est même la condition de départ. Croire à la fidélité durant toute une vie, dans ce milieu, c'est se bercer d'illusions. Les beaux serments ne survivent pas au quotidien.

Cela n'interdit pas pour autant les moments de parfait bonheur passés ensemble, les paroles et les gestes tendres. Quelle femme ne rêverait pas d'entendre son mari, président des États-Unis, déclarer lors d'un voyage officiel à Paris : « Je suis le monsieur qui accompagne Jacqueline Kennedy » ? On fond aussitôt. Enfin, pas tout le monde... À peine ai-je écrit ces mots que je revois la tête d'Edmond qui s'entendait parfois demander par le douanier, lorsqu'il présentait son passeport : « Ah ! vous êtes le mari de Nadine ? » Cela le rendait fou !

Jackie incarnait l'épouse idéale. Alors, bien sûr, son remariage avec Aristote Onassis fait un peu désordre. Mais comment reprocher à une femme qui n'a pas quarante ans de vouloir commencer une nouvelle vie ? Nous sommes en 1968, Jackie a perdu son mari cinq ans plus tôt, elle retrouve un semblant d'équilibre grâce à son beau-frère Bob qui comble sa solitude ; il est abattu à son tour, elle craque... Sur son yacht, Onassis l'entoure d'attentions, lui offre une vie luxueuse, loin de toute agression. Elle embarque !

Je comprends son geste : j'aurais pu épouser un homme comme Aristote Onassis. Plein de charme, de gentillesse, il pouvait certes se montrer violent, vulgaire, mais il était sécurisant, qualité essentielle. Et il aimait les femmes, ce qui n'est pas négligeable. Il était laid, mais qu'est-ce que la beauté pour un homme ? Au bout d'une semaine, on ne voit plus le physique, mais le caractère, et même l'Apollon du Belvédère, s'il est un goujat, sera remercié comme un autre !

Quantité d'hommes au physique pas facile ont séduit les plus belles femmes du monde... Mickey Rooney, Carlo Ponti, Serge Gainsbourg... Pourquoi ? Parce qu'ils sont rusés et pleins d'attentions. Ils savent qu'il y a toujours cinq minutes durant lesquelles une femme baisse la garde. Alors, ils font ce que la plupart des hommes ne font pas : ils ont la patience d'attendre !

C'est au lit qu'ils se montrent à leur avantage. Une fois qu'ils ont réussi à y attirer leur proie, ils ont gagné. Si vous perdez pied un instant, ils vous tiennent !

Onassis avait su attendre. Il avait invité Jackie pour la première fois sur son yacht en 1963. Elle venait de perdre son deuxième fils, Patrick, mort peu de temps après sa naissance, et souhaitait se reposer. Jackie, trompée par son mari, voulait fuir une vie qui la faisait souffrir. Sa sœur Lee avait servi d'intermédiaire. Les deux sœurs avaient quatre ans de différence. Lee avait épousé un prince polonais, Stanislas Radziwill. « Stas », comme on l'appelait, avait été marié deux fois et avait fait fortune à Londres. C'était un homme très généreux avec les femmes, qu'il séduisait d'un regard, mais il buvait énormément.

Une fois présenté à Jackie, Onassis ne l'avait plus quittée. Lettres, coups de téléphone, cadeaux pour les enfants. Cinq ans plus tard il l'épousait. John Kennedy était le prototype du beau garçon. Aristote Onassis était son opposé : un séducteur macho, viril et bon vivant, un peu trop négligé à mon goût, avec cette sorte d'élégance fripée qui était également l'apanage du prince Ali Khan et qui faisait merveille auprès des femmes raffinées, tirées à quatre épingles. L'attrait des contraires, sans doute...

Peut-être rappelait-il aussi à Jackie son père, Jack Bouvier, un noceur qui avait brûlé sa vie. Grand buveur, il était tellement ivre le jour du mariage de sa fille qu'il ne put la conduire à l'autel de la petite église de Newport. Elle en conçut une tristesse immense, mais elle pardonna. Elle avait pour son père une véritable passion. Il était le héros de son enfance lorsqu'il l'emmenait dans les grands magasins et lui achetait les robes dont elle rêvait. Onassis n'agissait pas autrement.

Quand un homme vous couvre de cadeaux, dépense des millions pour vous, met ses avions à votre disposition pour aller faire vos achats à Paris ou à Londres, difficile de rester insensible. En outre, quelle femme ne se troublerait pas à la vue d'un joli diamant ? Jackie avait été femme de président, ce qui ne veut pas dire riche, elle n'avait pas d'argent, pas de bijoux dignes de ce nom ; elle avait connu la gloire, mais rien ne lui appartenait. Elle était en location à la Maison-Blanche et, tout à coup, on lui proposait des titres de propriétaire !

Edmond et Onassis étaient amis. Tous les deux partageaient la passion des affaires, des bateaux et des femmes, ainsi qu'une autre particularité : ils étaient insomniaques ! C'est-à-dire qu'à New York ou à Paris nous faisions le tour des boîtes de nuit jusqu'à six heures du matin. Sans Jackie. Elle n'était pas le genre à attendre, assise sur une banquette... Car, en plus, c'étaient de drôles de noctambules : ils ne dansaient pas, ils se contentaient de boire et de parler pendant des heures. Onassis était un conteur hors pair. Il évoquait avec lyrisme son enfance à Smyrne, son exil en Grèce, son départ pour l'Argentine, ses premiers dollars. Et ses conquêtes, sa flotte de pétroliers, ses plus beaux coups. Edmond l'écoutait avec attention et s'amusait à le questionner sur son âge. La réponse variait constamment... Nous étions toujours les derniers à quitter les night-clubs, et ce qui me fascinait le plus, c'est que, trois heures plus tard, Edmond, rasé de près, prenait le chemin de son bureau !

Lorsque nous partions en bateau pour la Grèce

durant la première quinzaine du mois d'août, il nous arrivait de descendre dans les mêmes ports qu'Onassis. Les soirées prenaient alors une autre tournure : les deux compères se retrouvaient avec le même plaisir, mais tandis que l'armateur grisé par le retour au pays enchaînait sirtaki et lancer d'assiettes, Edmond attrapait un micro et entonnait les standards de Sinatra ou de Montand... La nuit s'achevait à cinq heures du matin, sur le quai, avec les pêcheurs locaux. D'ailleurs, l'un d'entre eux a su si bien émouvoir Edmond avec le récit de ses malheurs qu'il s'est vu doter d'une rente à vie ! Inutile de dire que Jackie n'assistait pas à ces scènes beaucoup trop exhibitionnistes pour elle. Je ne l'ai jamais vue danser. Et même, en y réfléchissant : je ne l'ai jamais vue rire aux éclats...

La relation entre Jackie et Onassis n'a pas tenu longtemps. Il était un vieil homme fatigué, elle a sans doute un peu trop tiré sur la corde, la meute des paparazzi collés à leurs trousses n'a rien dû arranger. Lorsqu'il meurt à l'hôpital américain de Neuilly, en 1975, elle a déjà réorganisé sa vie à New York. Un pari difficile, car Jackie doit reconquérir son public. Son remariage n'a pas du tout été apprécié, le peuple américain s'est senti trahi et en conçoit encore un grand dépit.

Jackie entre dans une maison d'édition, se fait discrète et se consacre à ses enfants. Grâce à eux, elle redore son blason : sa fille Caroline est une étudiante brillante, qui bientôt fonde une famille et donne à sa mère trois petits-enfants. Quant à John John, ses études sont plus laborieuses, sa vie sentimentale plus mouvementée, le magazine *People* le déclare « l'homme le plus sexy de la planète », sa popularité grandit chaque jour... Un succès surveillé du coin de l'œil par Jackie, qui vieillit avec art, fait son jogging trois fois par semaine, emploie à l'année une masseuse, une acupunctrice et un professeur de yoga. Une hygiène de vie rehaussée d'un lifting très réussi et d'un traitement à base de vitamine E, dont elle a été l'une des premières à bénéficier...

Lors de ses promenades dans Central Park (son appartement au 1040 de la Cinquième Avenue est juste en face), on remarque bientôt qu'un homme se tient souvent près d'elle, grand, fort, les cheveux grisonnants, d'une élégance classique : Maurice Templesman. Pour moi, son vrai grand amour. On sait seulement à la fin de sa vie qui a été son grand amour, et je crois que cet homme qui a veillé sur ses dernières années a été celui qui lui a le plus apporté. Il était attentif et prévenant, et surtout il ne lui a rien demandé.

J'avais fait sa connaissance trente ans plus tôt. Comme Edmond, il était administrateur de la De Beers, la compagnie qui contrôle le marché du diamant, et nous nous retrouvions tous les ans au mois de mars à Kimberley, en Afrique du Sud, chez Brigitte et Harry Oppenheimer pour le conseil d'administration. Il faisait partie de ce petit groupe, à peine cent soixante personnes, autorisé à pénétrer dans le saint des saints du diamant. C'était pour moi, on l'imagine, un rendez-vous que je n'aurais manqué pour rien au monde... Mon anniversaire tombait un mois plus tard !

Originaire d'une famille juive d'Anvers, Maurice Templesman avait fui les nazis en 1940 et s'était installé à New York. C'était un monsieur très respectable, pas d'une grande fantaisie, et, à l'inverse d'Onassis, raffiné, cultivé, fou d'opéra et d'art égyptien. Comment

Jackie ne se serait-elle pas sentie rassurée avec lui ? Ensemble, ils assistaient aux premières des spectacles, dînaient incognito dans de petits restaurants, ou partaient en croisière sur la goélette de l'homme d'affaires. Ils ont vécu une dizaine d'années ensemble, Maurice Templesman a même emménagé chez Jackie, dans son appartement de quinze pièces. Toutefois, il ne l'a pas épousée... Et pour cause : il avait déjà une femme, Lily, et était père de trois enfants. Jackie a dû composer avec un nouveau rôle, celui de la maîtresse officielle. Mais l'homme était très présent dans sa vie. Lorsqu'elle est tombée malade, qu'elle a dû suivre une chimiothérapie, il l'a entourée de beaucoup de tendresse.

Leur relation s'était construite avec le temps. Maurice Templesman avait succédé à André Meyer, le conseiller financier de Jackie. Celui-ci avait essayé de la dissuader de se marier avec Onassis, elle lui avait répondu qu'elle avait des dettes à payer, il se rangea à sa décision. Âprement négocié, le contrat de mariage assurait à Jackie et à chacun de ses enfants une jolie fortune. À la mort de l'armateur, Templesman sut faire fructifier la part d'héritage de Jackie et décupla sa fortune. Grâce à lui, elle se retrouvait à la tête de millions de dollars...

On a souvent reproché à Jackie de n'avoir aimé que des hommes puissants et riches. La raison en est simple : elle n'en rencontrait pas d'autres ! Quand vous évoluez dans un certain milieu, vous ne croisez que des milliardaires. Bien sûr, il est toujours possible d'être touchée par la grâce juvénile, virile, rustique (au choix) du professeur de gymnastique, mais qui s'y arrêterait ? Pour une femme ambitieuse, quel temps perdu ! Pas question de se laisser dominer par ses pulsions, la passion ne doit pas prendre le pas sur la raison, même pour le plus beau des gardes du corps... Ce qui ne signifie nullement que le désir n'existe pas ; simplement, il est sublimé. Les caprices du sexe ne font pas partie d'un bon plan de carrière.

D'ailleurs, Jackie fascinait par cette absence apparente de sensualité. Était-elle plutôt du genre Grace Kelly ou Ava Gardner ? Mystère. Après sa mort, on a prétendument exhumé des traces de liaisons, en réalité, rien de sérieux. Et la nature de ses rapports avec Bob Kennedy n'a jamais été dévoilée... On l'a vu, elle aimait poser les questions mais parlait peu d'elle. Elle gardait ses malheurs pour soi et trouvait seule les solutions. Elle s'était créé un personnage de femme secrète, fluide et insaisissable, portrait toujours plus séduisant que celui d'une femme trop bavarde.

Les hommes détestent qu'on les assomme avec des babillages ou avec des problèmes. Edmond aurait voulu que toutes les femmes ressemblent à des stars du muet ! Aujourd'hui, dès le premier rendez-vous, qui devrait être un pur moment de romantisme, certaines racontent leur divorce, le souci que leur donnent leurs enfants, les tensions au bureau... Elles sont incapables de simplement écouter et de se laisser porter. La séduction demande de savoir se taire. « Sois belle et tais-toi » n'est pas forcément une insulte ! En amour, moins on en dit sur soi, mieux cela vaut.

Jackie a réussi cet exercice difficile qui consiste à rester une icône glamour et à endosser le rôle de mère de famille admirable. Collier de perles à la nursery, lunettes noires pour les promenades à cheval, pantalon corsaire pour les régates. À mes yeux, si elle a vraiment réussi son parcours, c'est grâce à ses enfants. Leur présence à ses côtés a gommé son côté inflexible, sans faille, pas toujours très sympathique. La gloire, l'argent, le luxe, sa vie a connu tous les ingrédients de la réussite, mais aussi, surtout, de belles preuves d'amour maternel... Car, finalement, que retient-on d'elle ? J'ai toujours en mémoire cette photo de Jackie assistant à une remise de prix et tournant vers son fils un visage empli d'une telle admiration, d'une telle fierté, d'un tel bonheur, qu'il en est bouleversant. À cet instant, on sent un cœur qui bat.

En disant cela, je songe à une autre professionnelle de la séduction qui, précisément parce qu'elle n'a pas eu d'enfant, laisse une image froide, autoritaire. Et même si l'on vante encore sa grande personnalité, elle suscite souvent ce commentaire : « Elle n'était vraiment pas facile... » Wallis Simpson.

Qui, mieux que cette Américaine deux fois divorcée, capable de faire abdiquer un roi, pourrait incarner l'amour comme moteur de l'ambition ? Elle aussi captura un homme de pouvoir, et le chemin parcouru est édifiant. Le duc et la duchesse de Windsor ont formé un couple unique et flamboyant. La plus belle histoire d'amour du siècle ? J'hésite... Pour lui, je n'en doute pas, mais pour elle ? J'y vois plutôt l'œuvre d'un grand stratège. Elle s'était fixé un objectif et avait gagné son pari. Et, bien qu'elle déclarât un jour : « Toute femme qui a été aimée comme je le fus et qui aima en retour a connu la vie dans sa plénitude », je ne crois pas qu'elle ait été follement amoureuse du duc. Elle le trouvait charmant, exquis, merveilleusement attachant ; son empressement la flattait, les bijoux dont il la couvrait étaient des arguments de poids, mais la passion ne l'a jamais fait vibrer. Pour en avoir une idée, il suffit de se rappeler le commencement de cette belle histoire.

À l'origine, c'est son amie, lady Furness, qui fréquente le prince de Galles. Elle part en voyage et invite Wallis à aller lui rendre visite durant son absence. Wallis ne se fait pas prier. Lors d'un week-end de chasse au renard, elle provoque le prince, le déstabilise et l'intrigue. Pour renouer la conversation, il lui demande gentiment si le chauffage central américain ne lui manque pas trop... Elle répond du tac au tac : « Franchement, vous me décevez. Votre question est celle que l'on pose à toute Américaine qui visite le pays. J'attendais du prince de Galles quelque chose de plus original. » Il en reste sans voix, mais marche aussitôt, comme un enfant. On ne lui avait jamais parlé sur ce ton. Petit détail qui a tout de même son importance, Wallis est alors mariée. Elle a divorcé d'un premier mari, Earl Winfield Spencer, officier américain alcoolique qui la battait, pour refaire sa vie à Londres avec un homme d'affaires de la City, Ernest Simpson... Qui fermera les yeux sur le flirt royal, et fort galamment s'effacera le moment venu.

Wallis revoit le prince à une soirée mondaine, puis lors d'une réception donnée à Buckingham. Enfin, il l'invite avec son mari en week-end chez lui, au château de Fort Belvedere. L'ambiance y est décontractée, on jardine, on joue à des jeux de société, et l'amitié grandit... Wallis prouve alors qu'elle n'a pas que de l'audace. Elle fait preuve d'esprit, de gaieté, et le prince se laisse séduire. Sa compagnie lui devient vite indispensable. Avec art, Wallis le rend fou amoureux. Car ce n'est pas tout de ferrer le poisson, il faut ensuite le sortir de l'eau. Et, là, Wallis n'est pas une débutante. Sans aller jusqu'à pratiquer l'art des massages, qu'elle aurait, murmure-t-on, appris à Shanghai (elle y avait accompagné son premier mari en mission et y avait passé ensuite quelques années suffisamment troubles pour alimenter les fantasmes), elle sut garder le prince prisonnier de ses rets grâce à un savant mélange d'autorité et de charme.

On prétend qu'elle ne voulait pas le voir abdiquer. Elle se serait contentée du rôle de maîtresse officielle. Autrement plus facile à vivre que cette existence d'exil qui l'attendait. Mais lui voulait aller jusqu'au bout de sa logique. « Vous devez me croire quand je vous dis qu'il m'est impossible de supporter le lourd fardeau des responsabilités d'État sans l'aide et le soutien de la femme que j'aime... » Le 11 décembre 1936, Édouard VIII annonce son abdication à la radio et quitte l'Angleterre. Wallis a déjà fui le scandale et s'est réfugiée en France depuis quelques jours. Au téléphone, elle l'a exhorté à renoncer à ce geste fou. En vain. Il lui a répondu : « Partout où vous irez, je vous suivrai. » Elle panique devant l'ampleur de ce qu'elle a déclenché. Elle devine de quoi sera fait leur avenir. Le mariage, célébré le 3 juin 1937 dans un petit château français, avec quatre personnes pour témoins, donne un avant-goût amer de leur existence à venir : pour les Britanniques, ils sont devenus des parias.

Heureusement, il y a un peu d'argent... De quoi tenir un rang royal. Je me rappelle les dîners que Wallis organisait dans leur maison du bois de Boulogne.

Elle était considérée, à juste titre, comme la meilleure hôtesse de Paris. Un modèle pour moi ! D'ailleurs, c'est en la voyant faire que j'ai pris l'habitude de tout noter. Elle avait à côté de son assiette un petit cadre en argent avec un bristol à l'intérieur, où elle inscrivait les imperfections décelées au cours de la soirée. Son exigence était célèbre. Ainsi, par exemple, pour la salade... Toutes les feuilles avaient la même taille ! Les menus étaient religieusement archivés dans un cahier et jamais répétés. Elle était également intraitable sur les horaires. Malheur à l'invité qui arrivait en retard ! Un soir, la vicomtesse de Ribes s'était présentée un quart d'heure après tout le monde. Elle avait aussitôt présenté ses excuses : « Oh, *duchess*, je suis absolument désolée, pardonnez-moi... » Wallis avait répondu sur un ton glacial : « Moi, je vous pardonne, mais pas mon chef ! »

Elle orchestrait ses dîners avec brio. Elle avait l'œil à tout et ne laissait jamais retomber la conversation. Chaque invité connaissait son moment de gloire, mais les femmes étaient mises à contribution, car Wallis partait du principe que c'était à elles de faire parler les hommes. Un principe que je partage sans réserve. Et gare aux silencieuses, aux taciturnes, aux paresseuses ! Pour Wallis, accepter une invitation à dîner revenait à signer un contrat moral : on se devait d'être la plus élégante et la plus aimable des convives. Sinon, qu'on reste chez soi ! J'ai connu beaucoup de femmes plantées devant leur assiette, incapables d'articuler un mot, d'exprimer une idée, c'est consternant ! Quand on n'a pas d'imagination, on lit *Paris-Match*, on en retire toujours un sujet de conversation !

Tant de rigueur aurait pu décourager, mais les invités étaient ravis d'être reçus, fascinés par la personnalité du couple royal, par la qualité de la table et par la fantaisie qui pouvait naître de cette mise en scène formelle. Quand Wallis se détendait, elle était capable d'être drôle. Elle était consciente de son côté maniaque et en plaisantait : « Je suis une maîtresse de maison trop tatillonne. Mes amis craignent presque de s'asseoir, de peur de déranger l'ordonnance des coussins. » Après le dîner, l'atmosphère se relâchait, une pianiste jouait des airs anglais ou américains et le duc se mettait à chanter. Il était le premier à vouloir s'amuser, n'hésitant pas à retrousser son kilt pour esquisser quelques pas de danse. Lorsque la mode du twist a fait fureur, ils ont demandé à Régine de leur enseigner les figures. Ce qui était assez pathétique, le duc de Windsor étant petit, plus de prime jeunesse et toujours habillé d'une façon originale. Le tartan agrémenté d'une chemise à rayures et d'un foulard à pois ne représente pas pour moi le canon de l'élégance masculine ! C'était un dandy, dit-on. Soit. Cette pose vestimentaire aurait pu être amusante si elle avait été revendiquée avec humour. Mais le duc de Windsor ne plaisantait pas avec son style.

S'il n'avait été — même quelques semaines — roi d'Angleterre, cette mise aurait été impossible. Beaucoup trop voyante, trop excentrique pour ne pas susciter de commentaires... Certains rappelaient la tendre amitié qui avait uni Édouard à lord Mountbatten du temps de leur folle jeunesse. Effectivement, quand on considère le physique de Wallis, on peut imaginer qu'elle avait tout pour séduire un homme à tendance homosexuelle. Absence de rondeur, élégance hiératique et froide, caractère dominateur. Ce qui est sûr, c'est qu'elle entretenait avec lui des rapports de mère protectrice, voire castratrice, n'hésitant pas à le reprendre, à le traiter avec dureté. Lors d'un dîner, j'ai assisté à une altercation entre eux. Ce qui arrive dans beaucoup de couples : quand vous avez vécu longtemps avec quelqu'un, la tentation est grande de ne plus prendre de gants. Lui la regarda alors avec ses yeux d'éternel enfant, mi-honteux, mi-effrayé. Il ne l'en aimait que davantage.

Je suis également allée dans leur maison de campagne, le moulin de La Tuilerie, à Gif-sur-Yvette. Il s'agissait bien d'un ancien moulin qui, au XVIIe siècle, avait appartenu à des moines. Lorsque l'on pénétrait dans le vestibule, on foulait la pierre tombale de l'un d'entre eux ! La propriété était constituée de plusieurs bâtiments anciens et d'une douzaine d'hectares de bois et de prairie. Le duc et la duchesse de Windsor avaient acheté ce domaine au début des années 1950 et ils y passaient tous les week-ends. Le prince s'y adonnait à sa passion du jardinage, tandis que Wallis déployait des trésors d'imagination pour amuser les invités du moment.

On jouait aux cartes ou au croquet. L'ambiance y était plus décontractée qu'à Paris, mais la qualité du service toujours irréprochable. Un bataillon de femmes de chambre était là pour répondre au moindre désir. Un petit groupe d'intimes restait la nuit de samedi à dimanche. Ils disposaient d'un pavillon indépendant, avec leur chambre au bord de la rivière. Je ne suis venue que déjeuner, mais je me souviens d'un détail amusant : la chambre de la duchesse occupait tout un étage ; très lumineuse, elle possédait des fenêtres sur trois de ses murs. Quant à celle du duc, elle était cinq fois plus petite et ressemblait à une chambre d'étudiant.

N'ayant aucun goût pour la campagne, Wallis n'aimait guère cet endroit, mais elle respectait le hobby royal... Elle était toutefois incapable d'aller s'extasier devant un massif de dahlias et attendait impatiemment le retour à Paris. Elle ne vibrait que pour les maisons de couture, les joailliers de la place Vendôme, les soirées mondaines. La ville était son terrain de jeu, son champ d'action, le seul endroit où elle pouvait se comporter en altesse royale.

Je la croisais parfois lors d'essayages chez Grès, où je faisais faire tous mes déshabillés, et je dois reconnaître qu'elle était exemplaire. Impeccable ! Son obsession de la perfection, elle la portait quotidiennement. Elle appliquait à la lettre les principes de base de l'élégance : « *Less is more !* » En d'autres termes, plus la robe sera sobre, plus elle sera chic. Une coupe parfaite, une couleur unique et une absence de gadgets. Pas de nœud, de froufrou, de volants superposés... Wallis avait défini une fois pour toutes ce qui lui convenait. Elle savait qu'elle n'était pas une jolie femme. Elle avait ri du mot de Cecil Beaton : « C'est une laide belle ! » et plutôt que de s'en désoler avait contre-attaqué et aiguisé d'autres armes : « Je ne suis pas belle, alors je me dois d'être irréprochable. » Belle philosophie et exemplaire leçon de séduction.

Wallis n'avait pas besoin de robes extraordinaires pour attirer l'attention... Les bijoux que le prince lui offrait avec une prodigalité sans égale n'en scintillaient que mieux. Voilà une femme qui sut se faire offrir des bijoux de qualité. Contrairement à Jackie, qui n'a jamais possédé que quelques très beaux bijoux, un collier en émeraudes et rubis de Van Cleef et une bague en rubis et diamants, la duchesse s'était constitué un trésor de guerre. De ses premiers bracelets, avec leurs breloques gravées de dates anniversaires, à ses parures de rubis et diamants, ses colliers d'améthystes, ses bracelets « panthère » de chez Cartier, elle a accumulé des créations uniques et originales. Leur vente aux enchères, à laquelle j'ai assisté en 1987 chez Sotheby's, à Genève, rapporta trois cents millions de francs suisses !

Pour la petite Américaine obscure, originaire de Baltimore, quelle réussite ! Avec le duc de Windsor, elle aura connu une vie de voyages et d'oisiveté luxueuse, entre la Côte d'Azur, les Bahamas, New York, Palm Beach, Paris. Ils ont été entourés, choyés, flattés, traités avec égards, comme de véritables souverains... À cette nuance près que leur royaume se limitait aux salles de bal, casinos, terrains de golf et de polo. Et que l'unique titre dont Wallis pouvait se prévaloir était « reine de la jet-society »... Un grand débat avait agité Paris à son arrivée : fallait-il, oui ou non, faire la révérence à la duchesse ? Consulté, l'ambassadeur de Grande-Bretagne, sir Duff Cooper, éluda la question : « On n'est jamais trop poli et une révérence ne coûte rien ! »

Je suis certaine que l'ambiguïté de son statut empoisonnait sa vie. Être une des meilleures clientes de Dior n'empêche pas d'avoir des insomnies. En outre, il y avait ce mépris qu'elle décelait dans le regard de certains, cette tache qu'elle portait, invisible, tandis qu'on chuchotait sur son passage : « Jamais elle ne sera reçue par la famille royale. » En effet, la reine ne céda pas. Pour les obsèques du duc en 1972, Wallis suivit la procession d'une fenêtre de Buckingham Palace.

Ce n'est pas tout de réussir son parcours, il faut également en subir les conséquences. Plus vous montez, plus on vous jalouse, plus on cherche à vous faire tomber ! Il faut être en béton armé pour supporter critiques, rumeurs, médisances... Wallis s'était endurcie pour se protéger. Ses toilettes de taffetas cachaient une armure. Et, si son « efficacité » avait quelque chose d'effrayant, elle était digne d'un roi. On peut dire ce que l'on veut, elle s'est consacrée à cet homme. À ce titre, elle est exemplaire. Finalement, elle aurait fait une très bonne reine !

En épousant le duc à l'âge de quarante ans, elle ne pouvait lui donner d'enfant. Ce fut sans doute le grand manque de sa vie : son cœur se serait ouvert au lieu de se rassir. La seule affection dont elle faisait preuve était pour Trooper, Disraeli, Davy Crockett, ses carlins qui couraient et grognaient sur les tapis. Si l'un d'eux venait à mourir, il était enterré dans le parc du moulin. Lorsque le duc et la duchesse vendirent leur propriété, ils firent figurer une clause particulière dans le contrat : le nouvel acheteur devait s'engager à respecter les petites sépultures... Aujourd'hui, la maison est de nouveau à vendre et les tombes des carlins, toujours là, sont le dernier souvenir d'Édouard et de Wallis.

Reconnaissons que la maîtresse de ce roi avait davantage de classe que notre chère Camilla qui, aux dernières nouvelles, n'épouserait pas le prince Charles... Les Anglais ont pourtant fini par l'accepter, et plus de la moitié n'ont rien contre un mariage morganatique. Mais la reine refuse d'en entendre parler. On pourrait penser cette attitude injuste, tant Camilla a enduré d'épreuves. Quelle constance dans l'amour... Trente ans à vivre dans l'ombre de son prince, à le rejoindre en cachette, à supporter la condamnation populaire, les insultes et les ignominies... Quelle femme n'aurait flanché ?

J'ai cependant du mal à ne voir en Camilla qu'une femme amoureuse victime d'un destin contraire... La professionnelle, la séductrice de haut vol, se tient juste derrière. Camilla est pour moi comme un aimant : chez elle ce qui attire est aussi fort que ce qui repousse. Elle est tout de même à l'origine, avec le prince Charles, du choix de la belle oie blanche digne de ceindre la couronne d'Angleterre ! La candidate est parfaite. Innocente et romantique, elle n'y voit que du feu. Elle croit au grand amour et est ravie de trouver auprès de Camilla une amie... qui, dans son dos, continue à fréquenter son futur mari !

Diana n'accordera pas sa confiance très longtemps. Charles multiplie les maladresses. La jeune mariée trouve des lettres compromettantes, il lui explique qu'elles appartiennent au passé. Puis des boutons de manchette gravés de deux « C » enlacés, et il lui assure que c'est un cadeau de rupture... Même l'amoureuse la plus aveugle commencerait à douter. Mais il est trop tard pour tout stopper. La machine est lancée. Les journaux anglais relateront par la suite que la nuit qui précède le mariage, Charles la passe auprès de Camilla...

Comment oublier tout cela ? Non, Camilla est de cette race de femmes qui n'abandonnent pas. Sans doute n'a-t-elle jamais désiré être reine, mais renoncer au prince de Galles ? Il me semble qu'elle ne l'a jamais sincèrement souhaité. Et quand bien même, elle ne le pouvait pas... Les routes du prince et de Camilla s'étaient croisées parce que le destin — ou peut-être les gènes ! — en avait décidé ainsi. Camilla devait poursuivre ce qu'avait entrepris son illustre ancêtre, Alice Keppel, maîtresse d'Édouard VII ! « Vous savez que mon arrière-grand-mère était la maîtresse de votre arrière-arrière-grand-père ? » On raconte que c'est par cette phrase que Camilla engage pour la première fois la conversation avec Charles, un jour de juin 1970, sur un terrain de polo. Comment dès lors ne pas être tentée de suivre le même parcours ?

Comme Wallis Simpson, elle a trouvé la phrase qui retient. Elle a vingt-trois ans lors de cette rencontre, Charles vingt-deux. Il est timide et guère familiarisé au commerce des femmes. L'assurance et la gaieté de Camilla n'en font qu'une bouchée. Elle a déjà connu l'amour avec un jeune officier de cavalerie, Andrew Parker-Bowles. Liaison brûlante, mouvementée, qui s'est achevée le jour où le garçon est parti avec son régiment en Allemagne. Elle est donc célibataire quand elle croise la route de Charles. Subjugué, il lui écrit des lettres enflammées, lui fixe des rendez-vous secrets et finalement la demande en mariage. Camilla refuse, nullement tentée par la fonction officielle. Mais elle est du sérail, elle sait ce qui l'attend, elle connaît l'envers du décor. La vie à la cour n'a pour elle rien d'un conte de fées. Je ne suis pas sûre que je ne me serais pas laissé tenter par l'aventure...

Entre-temps, le bel officier est réapparu et Camilla finit par l'épouser. Charles est désespéré. Néanmoins, il ne laisse rien paraître de sa détresse, qu'il trompe en enchaînant les préparations militaires et les voyages officiels. À la fin des années 1970, il renoue amicalement avec Camilla, accepte d'être le parrain de son fils, s'amuse avec elle de sa difficulté à dénicher une épouse... La complicité renaît comme aux premiers jours et ils redeviennent amants. Le cas n'est pas si étonnant. Les hommes gardent toujours un souvenir ému de la première femme de leur vie. L'initiatrice. Elle devient la confidente à qui l'on peut tout raconter.

Andrew Parker-Bowles ferme les yeux. La situation ne le gêne que modérément : il a aussi sa vie de son côté. Charles et Camilla vivent alors une folle passion. Sans pour autant se nier l'évidence : le prince doit se résoudre à épouser une jeune fille comme il faut... Diana entre en scène. Lorsque les fiançailles sont célébrées, puis le mariage en 1981, Charles est toujours très épris de Camilla.

Cependant, il a promis de s'investir dans son couple, de construire une famille... Hélas, Diana et Charles n'ont rien en commun et la naissance de deux garçons ne sauve pas cette relation artificielle. Ils jouent la comédie du bonheur quelques années, puis Charles retourne auprès de sa maîtresse, tandis que Diana sombre dans l'anorexie. On connaît la suite.

Divorce, confessions à la télévision, biographies sulfureuses, enregistrement d'une conversation téléphonique particulièrement imagée... le feuilleton a connu de multiples rebondissements. Camilla est devenue celle par qui le scandale arrive... « La femme la plus haïe d'Angleterre ». Cachée dans une maison à la campagne, à trente kilomètres de la propriété de Charles, elle a eu le temps de méditer sur les conséquences de son amour. On imagine le cheminement de sa pensée lorsqu'elle apprend la mort de Diana le 31 août 1997... Mais Charles ne l'abandonne pas. Au contraire, il met tout en œuvre pour que sa mère, puis le peuple, consente à leur relation.

La reine, qui comprend qu'elle ne parviendra pas à faire entendre raison à son fils, finit par se montrer pragmatique. Si elle refuse de le voir épouser une femme divorcée — son futur titre de chef de l'Église anglicane ne pourrait y survivre —, elle se fait à l'idée d'une maîtresse officielle. Au bout du compte, cette Alice Keppel avait bien réussi, à force de dévouement et de loyauté, à se faire accepter par la cour d'Édouard VII... Camilla peut en faire autant. Bon sang ne saurait mentir !

En toute discrétion, Camilla rencontre William et Harry. Apparemment, l'entrevue se déroule sans incident. Acceptée par les fils de Charles, elle peut dès lors sortir en public avec lui. Dix-sept mois après la mort de Diana, ils arrivent ensemble à une soirée mondaine à Londres. Elle a soigné sa tenue et porte pour l'occasion une broche aux armes du prince de Galles. Le bijou n'est pas anodin. Charles lui en a fait cadeau à Noël et il aurait appartenu à... Alice Keppel ! La boucle est bouclée. La réhabilitation est en marche. Les apparitions publiques se répètent et, l'été dernier, un nouveau pas est franchi. Le couple se permet une escapade sur la Côte d'Azur. C'est horrible, mais peu à peu le souvenir de Diana s'efface.

Camilla finira-t-elle par vivre au grand jour avec Charles ? Je le lui souhaite. Même si son parcours est jalonné de drames, elle a droit au bonheur. Elle s'est attaquée à un homme hors du commun et en a payé le prix. En amour, il faut prendre conscience de la portée de ses actes. Même si aujourd'hui la vie quotidienne semble prosaïque et sans grandeur, la tragédie grecque n'est jamais bien loin.

Quant à Charles, nous l'avons vu, sa passion pour Camilla est indestructible… Comme celle de son grand-oncle pour Wallis ! On a beaucoup fantasmé sur ce qui pouvait les rendre à ce point dépendants. Une certaine harmonie des sens ? Sans doute celle-ci a-t-elle joué un rôle au début de leur aventure, mais il me semble que ce qui retient un homme ensuite, et je pense plus précisément à Charles en disant cela, c'est le confort qu'il ressent à vivre auprès d'une femme qui le connaît par cœur et qui s'adapte sans restriction à son univers. Diana, aussi charmante fût-elle, était en opposition constante avec lui. Il aime les chevaux, la chasse, la nature, peindre, écrire, la solitude, les landes écossaises, la pêche au saumon, les kilts, sa grand-mère, la cornemuse ; il est viscéralement, *indécrottablement* anglais ! Ce qu'est aussi Camilla et ce que n'était pas Diana, beaucoup plus urbaine, éprise de glamour, de soleil, de voyages… Au fond, tout à fait jet-set !

Ce partage d'un univers commun est, à mon avis, un argument de poids dans la décision d'un homme. Bien sûr, il existe aussi la « créature » qui bouleverse tout sur son passage. J'en ai vu, des hommes partir comme ça, un jour de folie, sur un coup de tête, avec une blonde aguicheuse. Ils vivaient quinze jours, un mois de passion, de rires et de fêtes… Mais il arrive un moment où l'homme a besoin de repères. Il repense alors à sa compagne avec un sentiment de nostalgie et hésite à tout renier pour une passade. Si son épouse accepte de le voir revenir vers elle, comme le mistral nettoie le ciel, l'amour peut redémarrer...

L'homme aime s'aventurer en terrain connu. Surtout s'il est déjà d'un âge mûr. Une autre grande pointure que j'ai bien connue l'avait compris. Elle n'a pas eu beaucoup de mal à séduire un ancien flirt, bien plus âgé, et qui visiblement avait gardé d'elle un bon souvenir : Pamela Harriman.

Séductrice hors pair, mue par une ambition pure, « Pam » (pour les intimes) illustre magnifiquement cette exigence que certaines femmes s'imposent pour aller toujours plus haut. Elle avait le goût du pouvoir, l'intelligence et les nerfs pour tenir la distance.

Car rien n'a été facile pour Pamela. Elle a dix-neuf ans lorsqu'elle épouse en 1939 un bel officier qui n'est autre que le fils de Winston Churchill. Elle s'installe au 10, Downing Street, joue aux cartes avec le Premier ministre, mais ne voit que rarement son mari. Randolph Churchill se révèle être un coureur de jupons, amateur de jeu et d'alcool... La naissance d'un garçon ne change pas la situation, et la jeune femme fait le deuil de son mari.

Elle n'est pas du genre à pleurer sur son sort. D'autant que grâce à sa complicité avec Churchill, qui a tout de suite reconnu la grande intelligence de sa belle-fille, elle fait la connaissance d'un séduisant Américain de cinquante et un ans, riche héritier d'un magnat des chemins de fer, Averell Harriman. Il est envoyé à Londres pour représenter Roosevelt avec lequel Churchill souhaite négocier l'entrée des États-Unis dans la guerre. S'ensuit une liaison, mais le beau parti finit par rentrer à New York, où l'attend sa femme... Nul n'est parfait ! L'homme sait toutefois être élégant : Pam se console en s'installant dans un très bel appartement sur Grosvenor Square, dont le loyer est payé par Averell Harriman.

Après la guerre, Pamela décide de tenter sa chance à Paris. Nous sommes en 1945 et l'ambiance est à la fête, au luxe, au flirt. Notre Anglaise très chic sillonne la société mondaine et commence à prendre ses marques. Elle dîne le dimanche soir chez Louise de Vilmorin, fait les antiquaires avec Christian Dior, devient l'amie de la princesse Ghislaine de Polignac. Elle descend sur la Côte d'Azur, où sa peau laiteuse et sa chevelure rousse font un malheur. Le prince Ali Khan tombe sous le charme, quand une autre rousse célèbre le détourne de Pamela : Rita Hayworth. Qu'à cela ne tienne, Pam se trouve un nouveau chevalier servant : Gianni Agnelli.

Pour moi, le plus bel homme de sa génération. Une beauté aristocratique qui bouleversait les femmes. Il était sportif et il se dégageait de toute sa personne une force virile, solaire. Je le revois plongeant nu de son bateau, dont les voiles avaient une couleur unique, terre de Sienne. C'était un spectacle à couper le souffle !

Quand il rencontre Pamela, l'héritier Fiat a vingt-sept ans, aucune responsabilité et une grande envie de s'amuser. À La Leopolda, sa villa de Saint-Jean-Cap-Ferrat, il accueille Pam, qui prend vite ses habitudes et reçoit bientôt en maîtresse de maison. Elle croit au mariage, fait annuler sa première union avec Randolph Churchill, se convertit au catholicisme, mais n'arrive pas à se faire épouser... On prétend que les sœurs de Gianni la détestent et font barrage. Un jour, elles présentent à leur frère une jeune et sublime princesse italienne, Marella Caracciolo, et c'est la rupture...

Pam encaisse sans broncher. En bonne Anglo-Saxonne, pas question pour elle de laisser filtrer la moindre rancœur, affleurer la moindre larme... À une amie, elle confie : « Petite fille, je tombais souvent de cheval. J'ai appris à ne jamais pleurer. » Mais tout son être crie vengeance. Non contre Gianni en particulier, mais contre les hommes. Elle rentre à Paris, repart à l'aventure, s'installe dans un grand appartement quai de New-York, qui s'appelle alors quai de Tokyo. On le rebaptise à cette époque, et elle s'amusera beaucoup de cette coïncidence... De jolis meubles, un très bon chef, un art de recevoir sans faille (elle a, comme Wallis, toujours à portée de main un petit carnet pour tout noter), une gaieté communicative — valeur sûre pour une femme... Le Tout-Paris défile bientôt chez elle et les conquêtes ne sont pas longues à venir. Tous sont des hommes riches, puissants, aux noms célèbres. Mais toujours pas de mariage à l'horizon ! L'amour est une course de fond... Pam part alors à la conquête des États-Unis.

Une nouvelle vie commence avec la rencontre de Leland Hayward. Il est producteur de comédies musicales et l'agent des plus grandes stars de New York et de Londres. Pam l'épouse en 1960. Elle a quarante ans, lui cinquante-huit. Ils vivent à New York, dans un appartement sur la Cinquième Avenue qu'elle décore avec beaucoup de goût et l'aide de Stéphane Boudin, de la maison Jansen. Elle y prend tellement de plaisir qu'elle propose au décorateur d'être son représentant à New York ! Aussitôt dit, aussitôt fait, Pam ouvre une boutique d'antiquités à Manhattan. C'est là que je la rencontre pour la première fois, un jour où je pousse sa porte par hasard. Très au fait de la qualité de sa marchandise, elle avait appris à Paris à reconnaître le bon grain de l'ivraie, savait parler argent et était une vendeuse hors pair.

Pam est heureuse, Hayward l'adore, et ses nouveaux amis s'appellent Truman Capote, Gary Cooper, Frank Sinatra. Elle s'enthousiasme pour ce monde du spectacle et devient la coqueluche de Broadway. Un milieu à cent lieues de ses anciennes connaissances de la jet-set, non dénué de charme, dont elle apprend tous les rouages. Hélas, les rentrées d'argent sont aléatoires et cette vie de bohème chic se couvre de nuages. D'autant que Leland tombe gravement malade. Fidèle à elle-même, Pam fait front et veille sur son mari jusqu'à sa mort, en 1971.

Pamela, seule et sans grands moyens, déprime. Elle a cinquante et un ans. Pas vraiment l'âge d'une débutante. Mais le destin veille. Quelques mois plus tard, lors d'une réception, elle tombe sur son premier et riche amant, Averell Harriman ! La petite histoire raconte que Pam a fait en sorte de se faire inviter à cette soirée. Mieux… qu'elle a demandé à être placée à une table juste derrière lui, pour pimenter la scène et l'obliger à se tourner vers elle. Ce qu'il ne manque pas de faire tout au long du dîner ! Pamela lui offrira alors son plus beau sourire et veillera à articuler le mieux possible en s'adressant à lui… Âgé de soixante-dix-neuf ans, son fiancé n'entend plus très bien, mais il a une qualité inappréciable : il est veuf. Pamela n'hésite pas longtemps. Deux mois après leurs retrouvailles, ils sont mariés !

Leur complicité est immédiate, leur entente parfaite. Ils se connaissent depuis toujours. Un passé commun les unit. Ils n'ont pas besoin de faire leurs preuves. Et puis il n'y a pas de temps à perdre... Pamela prend très à cœur son rôle de Mme Harriman. Jouissant d'un train de vie quasi sans limites, elle redécore l'appartement avec le zèle qu'on imagine, fait le tri parmi la collection de tableaux d'Averell et le convainc d'acheter une très jolie propriété en Virginie, une autre à la Barbade... Quand Averell commence à donner quelques signes de fatigue, elle se transforme à nouveau en garde-malade admirable.

Surtout, elle plonge avec délice dans les arcanes de la politique et peut enfin assouvir la soif de pouvoir qu'elle avait connue auprès de Winston Churchill. Harriman est une figure du parti démocrate. Pamela le seconde, organise des forums et des collectes de fonds. Elle crée son propre comité, le Political Action Committee, très vite rebaptisé « Pam Pac » ! Elle devient l'éminence grise du parti, donne son avis sur tout, rédige des articles pour les journaux. Pam séduit, confie, influence, soutient, détruit. Son énergie, la rapidité de son ascension, l'assurance que confère l'argent, son franc-parler, enfin, lui valent aussi quelques surnoms sympathiques : la Duchesse, la Reine, l'Impératrice...

Je suis allée, à cette époque, plusieurs fois chez elle à Georgetown, dans la banlieue résidentielle de Washington, lors de grandes réceptions destinées à récolter des fonds. Des chefs d'entreprise y réservaient des tables à cinq mille dollars le couvert. Contrairement à la France, les sociétés américaines ont le droit de financer largement les campagnes de leur favori. J'étais alors souvent aux États-Unis, car Edmond était propriétaire de la Banque de Californie. D'une certaine façon, Pamela et moi étions un peu complices, car moi aussi je faisais et fais encore du *fund-raising*, je sais combien il est difficile de solliciter les uns et les autres. Demander de l'argent pour des musées ou des maisons d'enfants n'est jamais une chose facile. Cependant, il y a différentes façons de demander : Pamela avait le style européen, elle n'était pas agressive, elle savait vous rendre généreux, et vous l'étiez avec le sourire, alors que, généralement, les Américaines sont plus directes : « Ce sera tant ! » En douze ans, elle récoltera plus de soixante millions de dollars...

Quand Averell meurt en 1986, Pam hérite d'une fortune. Elle a soixante-sept ans, une énergie de combattante et tient enfin sa revanche, elle qui disait : « La vie vous apprend que la passion, l'amour, l'amitié, tous ces beaux sentiments existent, mais que le lien le plus indestructible est l'intérêt. » Veuve et puissante, Pamela peut se consacrer à son nouveau défi, le plus beau de sa carrière : lancer son jeune protégé, le gouverneur de l'Arkansas, un certain Bill Clinton... Métamorphosée par l'argent et le succès, Pam est au zénith. Lorsque, en 1992, Clinton est élu président des États-Unis, elle savoure sa victoire.

Ce pouvoir a peut-être été une arme à double tranchant. Prudemment, Bill Clinton préfère tenir Pam éloignée de la Maison-Blanche et lui propose le poste d'ambassadeur à Paris... Elle met son mouchoir sur son amour-propre et accepte l'offre. Après tout, la place n'est pas négligeable. Jamais une femme n'a occupé ce poste. Et, à défaut de fréquenter le « bureau ovale », elle renoue avec la ville de ses plus belles années...

Le Tout-Paris l'accueille à bras ouverts. Les amants d'antan sont devenus de vieux messieurs qui viennent prendre le thé chez Madame l'ambassadeur. Pam avait eu l'intelligence d'entretenir des liens d'amitié avec ses anciens flirts. Je la revois alors fréquemment, et pour cause, nous sommes voisines ! La fenêtre de mon salon rue de l'Élysée est face à sa chambre à coucher, et durant l'hiver, lorsque les arbres ont perdu leurs feuilles, nous nous parlons de terrasse à terrasse. Elle m'invite pour ses dîners ou ses projections de films. Je me souviens en particulier d'une réception donnée en l'honneur de Sharon Stone... Les plus mauvaises manières de table qu'il m'ait été donné d'observer chez une personnalité aussi en vue !

Grâce à Pamela, la résidence de l'ambassadeur des États-Unis en France, située dans un hôtel particulier du faubourg Saint-Honoré, devient l'un des rendez-vous les plus prisés de la vie mondaine parisienne. Le plus surprenant, c'est que cette demeure appartenait au grand-père d'Edmond. Enfant, il venait y jouer. Son père, le baron Maurice, la céda en 1948 au gouvernement américain. Redécorée par Pamela et à ses frais, la résidence se voit gratifier de quelques toiles qu'elle a héritées d'Averell : sur les murs, elle accroche ses Renoir, Picasso, Matisse, Seurat, sa dizaine d'Helleu, et le fameux tableau de Van Gogh, *Les Roses blanches*... Tout le monde se presse à ses réceptions, fasciné par son parcours, son goût du luxe, sa sensibilité européenne et son intimité avec le président le plus puissant du monde.

À plus de soixante-dix ans, Pamela était encore très belle. « Le plus beau lifting des États-Unis », plaisantait-on, véritablement elle rayonnait. Sa chevelure, à présent plus blonde que rousse, était parfaitement laquée, ses yeux bleu métallique à peine soulignés d'un trait de noir, sa peau blanche légèrement rehaussée de blush. On devinait que sa beauté était une préoccupation de tous les instants. J'ai lu qu'elle était capable, avant une grande réception, de rester au lit trois jours sans manger, à ne boire que de l'eau et du jus de citron... Et je sais pourquoi : elle adorait la cuisine française, en particulier le « brie de Meaux de la ferme des trente arpents », le fromage que nous produisons près d'Armainvilliers et qu'Edmond était ravi de lui faire envoyer chaque semaine !

Certains voyaient en elle la plus grande courtisane de l'après-guerre. À la mort de leur père, les enfants de Harriman furent insensibles au charme de Pam. Ils l'accusèrent d'avoir dilapidé dans des investissements hasardeux la part de fortune qui devait leur revenir et lui intentèrent un procès. Pam dut vendre trois tableaux pour les calmer... Néanmoins, je ne crois pas qu'elle ait profité de sa position pour amasser une fortune. L'argent n'était pas son moteur. Ses bijoux n'avaient rien d'exceptionnel, c'étaient des créations classiques et sans histoires. Seul importait ce plaisir voluptueux qu'elle ressentait à compter au nombre des puissants. Sous ses allures de femme du monde, elle cachait une volonté de fer et l'on n'imagine pas avec quelle pugnacité elle défendait le GATT ou les quotas audiovisuels.

Force de caractère, intelligence, courage, Pam représente la plus belle *carrier woman* de notre époque. Elle a véritablement réussi sa vie. Elle n'a pas hésité à se consacrer totalement aux hommes qu'elle a aimés, à les mettre en valeur, et elle en a retiré un grand bénéfice : ils lui ont permis de se réaliser. Je comprends cette conception de l'amour : un sentiment noble, serein, intense, mais pas destructeur, un sentiment réfléchi qui vous porte vers l'homme que vous avez élu, parce que vous savez que, grâce à lui, vous allez vous épanouir. Un sentiment qui vous tire vers le haut et jamais ne vous écrase...

Bien sûr, vivre avec un homme fortuné âgé de soixante-dix-neuf ans vous donne une réputation d'infirmière de choc... Celle qui tient la seringue d'une main et le testament de l'autre ! Pamela avait en quelque sorte acheté un mari en viager, mais ce n'est pas l'appât du gain qui la motivait. Elle eut simplement l'opportunité de vivre enfin comme elle l'avait rêvé et elle saisit cette chance. Comme je le dis toujours : dans la vie, on a toutes cinq minutes de chance, mais, à la sixième, c'est à nous d'agir ! Pamela a travaillé au-delà des espérances. Et sa disparition à l'âge de soixante-seize ans, au matin du 5 février 1997, en est le plus beau, le plus glamoureux des symboles. Car quelle autre femme pouvait trouver la mort dans la piscine d'un palace plus somptueux que le Ritz ?

Quelques mois après son décès, son fils et unique héritier organisa une vente aux enchères à New York. Le contenu des résidences de Paris, de Washington et de Virginie fut dispersé. Toute une existence adjugée en quelques heures. Commes le furent celles de Jackie et de Wallis... Des années d'efforts pour construire un cadre parfait, des centaines d'objets qui rappellent le chemin accompli, des souvenirs qui réconfortent les soirs de doute, le tout anéanti d'un coup de marteau. Comme si l'harmonie s'était défaite à leur mort.

Cependant ces femmes sont devenues de véritables mythes, elles fascinent les foules et les gens se battent pour posséder une parcelle de leur univers, alors qu'ils ne les ont jamais rencontrées. Encore que... Il y a une chose qu'il m'amuserait de savoir : quel est l'enchérisseur anonyme qui a acheté par téléphone le lit à colonnes de Pam ? Gageons qu'il fut son amant. Un amant nostalgique.

Dans l'histoire des stratèges de l'amour, il existe un autre lit à colonnes, à la notoriété plus littéraire, mais qui n'en a pas moins servi, celui d'une grande dame des lettres, d'une séductrice modèle, Louise de Vilmorin. La féminité incarnée.

La première fois que j'ai franchi le seuil de sa maison de Verrières, c'était en 1952, pour un casting. Louise de Vilmorin cherchait une comédienne pour l'adaptation de son roman, *Julietta*, que devait réaliser Marc Allégret. Je me suis présentée, j'ai lu un bout de dialogue, Louise m'a gentiment remerciée, mais finalement c'est Dany Robin qui eut le rôle. Dany avait le côté jeune fille de bonne famille qui convenait, tandis que je faisais trop légère... Toutefois, Marc Allégret me donna plus tard ma chance en me faisant jouer dans *En effeuillant la marguerite* avec Brigitte Bardot. Il était assez fair-play, car il me poursuivait de ses avances que j'avais un mal fou à repousser... au contraire de Françoise Giroud, qui confie dans son dernier livre s'être consumée d'amour pour lui, en vain ! La vie est vraiment mal faite !

Louise arborait alors une cinquantaine rayonnante, son visage était celui d'une femme soignée, de beaux cheveux châtains impeccablement coiffés, des yeux d'un vert profond, des lèvres bien dessinées, un long cou sur un buste droit et le maintien d'une aristocrate parfumée à « L'Heure bleue » de Guerlain. On devinait une femme extrêmement raffinée, à l'élégance sobre. Elle portait toujours du bleu marine, sa couleur de prédilection, disait que, passé un certain âge, c'est ce qu'il y a de plus seyant. Elle n'avait pas tort et resta fidèle jusqu'à sa mort à ce style : un joli tailleur de chez Dior et un beau bijou, un collier de perles ou une création en or d'Alexandre Iolas. Cette image immuable, même vêtement, même coiffure, même bijou, reposait sur un principe simple : « On change un cheveu, on voit trois rides. » Une observation d'une pertinente lucidité qui trahit la grande séductrice ! Aujourd'hui, on ferait plutôt le contraire : quand une femme modifie sa coiffure, c'est pour détourner votre regard de son lifting !

L'âge la contrariait, comme n'importe laquelle d'entre nous, mais elle n'avait recours à aucun artifice. Pas besoin de chirurgie pour que le charme opère. Elle disait seulement : « J'accepte tout ce qu'on me donne, sauf mon âge. » Les gens riaient et n'y pensaient plus. Car Louise de Vilmorin était la femme la plus spirituelle que j'aie rencontrée. Et une femme intelligente, qui fait rire tout en restant distinguée, peut faire des ravages auprès des hommes. Dès qu'elle prenait la parole, Louise les charmait. Sa voix grave, son regard pétillant de malice et la beauté de ses gestes — ses mains volaient autour d'elle comme des oiseaux — les séduisaient aussitôt.Très divertissante, elle connaissait les potins du moment, et, si elle racontait parfois des plaisanteries osées, c'était sans la moindre trace de vulgarité. Elle pouvait tout aussi bien déclamer un de ses poèmes, elle était capable de reparties, de mots d'esprit qui faisaient mouche.

Je pus m'en rendre compte dans les années 1960, lorsque Edmond et moi fûmes invités aux fameux dîners du dimanche soir à Verrières, où défilait le Tout-Paris. La maison de Louise était bourgeoise : style XVIIIe, façade néoclassique, fenêtres à petits carreaux et fronton. La pièce maîtresse de cette élégante demeure était le grand salon. Tendu de tissu bleu imprimé de fleurs blanches, un motif entré depuis dans l'histoire de la décoration, il dégageait une atmosphère chaleureuse et féminine. Avec élégance, il rappelait l'identité de l'hôtesse et marquait un territoire. J'ai retrouvé un jour ce tissu et j'en ai tapissé les murs de ma chambre à Quiberon... Mon territoire est plus modeste.

Nous l'avons vu avec Wallis et Pamela, le grand talent d'une maîtresse de maison, c'est de mettre en valeur chacun de ses hôtes et de faire rebondir la conversation. Louise était experte en ce domaine. Elle savait stimuler l'assistance et n'interrompait jamais un invité. Elle s'adressait aux femmes pour les faire participer, bien que son but fût avant tout de contenter les hommes présents. Et ça marchait ! Ils repartaient les yeux rêveurs et les plus romantiques lui écrivaient des remerciements lyriques pour cet enchantement, ce ravissement intemporel, ce climat irréel...

Ainsi Roger Nimier s'enflamme pour elle. Il a vingt-six ans, elle en a cinquante. Quand on est amoureux, qu'importe la date de naissance ! Il lui envoie une vibrante déclaration d'amour, elle y répond avec esprit ; ils entretiendront, jusqu'à la mort accidentelle de l'écrivain, en 1962, une tendre amitié. De même, le génial et imprévisible Orson Welles devient un agneau devant Louise, la bombarde de télégrammes qui lui demandent de le rejoindre. Sans parler de Cocteau, qui voulait l'épouser et lui faire un enfant... Elle ne tentera pas l'expérience. Il en fut de même de tous les autres qui se sont succédé depuis son premier amour, Antoine de Saint-Exupéry.

Dès l'adolescence, Loulou, comme l'appellent ses proches, aime raconter des histoires. Son esprit déjà très vif, sa fantaisie et sa gaieté lui assurent un grand succès auprès de ses amis. Parmi eux, le jeune Antoine de Saint-Exupéry, qui est fou d'elle. Ils se fiancent, mais il n'y aura pas de mariage. Peut-être parce que justement ils sont trop intimes pour imaginer une vie conjugale. On dit aussi que la mère, Mélanie de Vilmorin, a peur de la vie aventureuse du pilote et lui préfère un riche héritier américain, Henry Leight-Hunt.

Une nouvelle vie commence pour Louise, qui se retrouve à Las Vegas. Après le plaisir du dépaysement, elle s'ennuie rapidement, Verrières et ses amis lui manquent ; son mari est nommé à Paris, mais son mariage bat de l'aile, malgré la naissance de trois filles. Courtisée parce que très belle, Louise ne reste pas insensible aux hommages masculins.

Ils seront nombreux à la tenir dans leurs bras, mais aux séducteurs professionnels, brillants mondains ou héritiers tranquilles, Louise préférera les écrivains, ses semblables... Car elle a écrit son premier roman, *Sainte-Unefois*, et a confié le manuscrit à son frère pour qu'il le remette à André Malraux... Celui-ci le juge intéressant, le fait lire par Gide, Drieu, et lance la carrière littéraire de Louise.

Malraux ne lui est pas inconnu. Ils s'étaient croisés chez Yvonne de Lestrange, la cousine d'Antoine de Saint-Exupéry, et Louise avait été séduite par l'écrivain de *La Condition humaine*, déjà célèbre pour ses prises de position politiques, pour son goût de l'aventure et ses conquêtes féminines.

L'homme est marié ; néanmoins il ne résiste pas au plaisir de séduire une jolie femme. Louise se laisse tenter ; cependant, les deux amants étant trop fiers pour baisser la garde, leur liaison n'a pas de suite... Louise se console auprès de Jean Hugo, en songeant que de toute façon Malraux est invivable, donneur de leçons, sans humour. Mais c'est un être à sa mesure...

Elle termine un deuxième roman, *La Fin des Villavide*, le donne à Gaston Gallimard, imagine un avenir avec lui, puis tombe sous le charme d'un aristocrate hongrois, le comte Pali Palffy, et l'épouse. La jeune femme part vivre dans un décor très romanesque, château dans les Carpates, forêts, chasses, neige, mais ne jouit pas longtemps de ce conte de fées, brutalement brisé par la déclaration de guerre.

La nouvelle comtesse quitte le château réquisitionné par les Allemands et atterrit un beau jour à Budapest, où elle fait la connaissance de Tommy Esterhazy. S'ensuit un début d'idylle, qui prend vite des allures de vaudeville : l'homme est marié à une ancienne femme du comte Pali Palffy ! Celle-ci découvre des lettres, prévient son ancien mari. Louise est contrainte de divorcer, mais elle n'épouse pas pour autant Tommy et rentre en France.

Il serait temps de se calmer et de se concentrer un

peu. Le Paris de l'après-guerre va lui en fournir l'occasion. Louise est à présent célèbre. Son troisième roman, *Le Lit à colonnes,* a été adapté au cinéma, avec Jean Marais et Odette Joyeux, et a rencontré un grand succès. Figure du Tout-Paris, amie très proche de sir Duff Cooper, le très mondain ambassadeur de Grande-Bretagne, Louise est de toutes les fêtes. Ses nouveaux romans, *Julietta* et *Madame de,* en font un écrivain populaire. Elle a sa statue au musée Grévin. Elle enchaîne les articles dans les journaux, les commentaires sur la mode, Chanel lui demande de l'aider à rédiger ses Mémoires.

Dans ce tourbillon de travail et de reconnaissance, la romancière n'oublie pas de surveiller du coin de l'œil un autre parcours semé d'honneurs, celui de Malraux, à présent ministre du général de Gaulle. Elle le revoit, mais l'heure n'est pas aux grandes retrouvailles. Elle cache sa déception sous un vernis de frivolité et continue sa course. Cependant, Louise a cinquante ans, et la mélancolie, même si elle ne l'avoue pas, commence à faire son travail de sape. Une opération de la hanche, qui la laisse légèrement boiteuse, attaque plus encore son apparent optimisme.

Il lui faudra attendre le début des années 1960 pour voir son rêve se réaliser. Malraux prend l'habitude de venir la rejoindre à Verrières. Enfin, elle l'a pour elle seule. Il n'est plus question de sensualité entre eux, mais, comme pour Pamela et Harriman, ils se connaissent depuis longtemps, elle lui apporte une vie confortable, une tendresse et une complicité intellectuelle. Le salon de Verrières devient celui de Malraux.

La grande professionnelle qu'était Louise a réussi son pari : si elle a multiplié les aventures et mené une vie décousue, elle n'a pas pour autant oublié les bons vieux principes de séduction. Sa maison de Verrières était bien un décor pensé pour recevoir l'être convoité, l'endormir d'attentions et le rendre prisonnier...

Une question revient souvent dans les lettres que je reçois : comment continuer à séduire son mari, arrivée à un certain âge ? Comment éviter la routine d'un couple quand sonne l'heure de la retraite ? Quand la vie sexuelle est une histoire ancienne et qu'on entre dans ce qu'Edmond appelait la paix du caleçon ! Une seule réponse : il faut plus encore valoriser l'homme, répondre à ses attentes, lui préparer ses plats préférés, supporter ses amis et lui donner l'impression qu'il est le centre du monde.

La recette convient à Malraux. Il se sent si bien à Verrières qu'il prend ses aises, ce qui agace parfois Louise. Il n'a pas changé, il est même pire qu'avant, il a un jugement sur tout, ne plaisante toujours pas — elle qui aime tant rire —, ne jure que par de Gaulle, pour lequel Louise n'a pas une grande passion, et ne s'occupe que de bâtir sa légende. Elle l'a surnommé « mon grand gisant »... Quand elle est de bonne humeur, elle fanfaronne : « Mon Dédé est quelqu'un d'important. » L'admire-t-il autant qu'elle l'admire ? Il n'aura pas un mot sur ses romans. Comme, d'ailleurs, Edmond sur les miens ! Sauf à la fin de sa vie, où il aimait que je lui lise mes derniers textes, qui le divertissaient.

Louise est secrètement triste de cette entente sans chaleur. Bien sûr, ils terminent leurs jours ensemble, mais Malraux l'aime-t-il ? A-t-il seulement aimé dans sa vie, ce monstre d'égocentrisme ? Il écrit ses *Antimémoires* et elle n'y figure pas. « J'avais vu dans ses yeux certaines promesses », dit-elle joliment pour cacher l'étendue de sa déception.

Enfin, il lui vole la vedette. Tout le monde lui fait la cour pour être invité à Verrières, mais pas pour de bonnes raisons… « Tu comprends, se plaint-elle à son ami Jean Chalon, quand j'invite quelqu'un à Verrières, on ose me demander si André sera là, comme si Louise ne valait plus le dérangement. Parfois, j'ai l'impression de ne plus être moi-même. Je suis Marilyn Malraux. » L'humour, élégance des purs, est la seule chose qui sauve quand on a le cœur gros.

En 1964, ils parlent mariage. Comme une jeune fille, Louise en rêve et l'annonce à son frère. Quel beau dénouement ! Peut-être un peu trop digne d'un roman de gare… Ils ne concrétiseront pas cette douce folie romantique. Elle restera la « compagne de Malraux ».

Après tout, ce statut lui convient. Durant son existence, elle a tout connu, des aventures romanesques, des amants fougueux, la gloire et la fête, alors qu'espérer de plus ? Elle se satisfait de ce quotidien auprès de son grand homme, même dans son ombre. Son œuvre littéraire lui survivra ; quant à son parcours de femme, Louise peut en être fière. Elle a collectionné les hommes mais n'en a jamais été l'otage. Elle partageait ma devise : avec les hommes, être dans leurs bras, à leurs pieds, jamais entre leurs mains ! Tous l'ont aidée à faire sa route. Et lorsqu'elle en quittait un, c'était pour en prendre un autre. Comme disait l'une de mes amies : « Il faut toujours avoir devant soi deux portes ouvertes ! » Louise n'a jamais connu la solitude. « La pire chose au monde pour une femme, disait-elle, c'est d'être une femme libre. » Voilà une parole de vraie séductrice.

2

Les « pas-de-chance »

> « Quand je suis amoureuse ou que je vis une aventure, je cesse de travailler. »
>
> Ava Gardner

J'imagine que vous êtes nombreuses à envier le parcours d'une Jackie ou d'une Pamela. Mais qu'on ne s'y méprenne pas ! Durant mon existence, je n'ai eu qu'une dizaine d'amies de cette envergure, car bien peu de femmes parviennent à se maintenir à ce niveau. C'est qu'il faut avoir une exigence inflexible. Pas question de se satisfaire d'une victoire modeste, d'un lot de consolation. Si la médaille est en toc, on doit se ressaisir aussitôt, reprendre la course et remettre son titre en jeu. La plupart des femmes en sont incapables. Elles échouent parce que, devant un choix décisif, elles laissent le cœur supplanter la raison. Elles rêvent d'une histoire hors du commun, mais s'emportent au premier regard, croient au grand amour et sont fatalement déçues.

Curieusement, on trouve un grand nombre de ces

candides parmi les comédiennes. Sans doute la lecture des scénarios et des belles histoires romanesques les a-t-elle transformées en d'incorrigibles midinettes. Souvent, elles sont également des proies faciles à séduire et n'opposent que peu de résistance au playboy un rien persuasif. Comment, dès lors, choisir le bon candidat? Si la sexualité passe avant tout, elles ne peuvent espérer bâtir une relation durable. La passion qui consume est très bien, mais avec les années le feu s'éteint. Et, si rien ne vient pallier ce refroidissement, chacun retourne à sa solitude.

Rêve d'amour fou, gros appétit sensuel, naïveté de jeune fille, tous ces ingrédients sont réunis lorsque l'on veut dresser le portrait de l'une de nos dernières stars, Liz Taylor.

J'ai fait sa connaissance lors d'un week-end chez mon cousin Guy de Rothschild, au château de Ferrières. Liz vivait alors avec Richard Burton et leur relation était à la hauteur de leur réputation : Bloody Mary et disputes fracassantes. C'était un week-end de chasse et tandis que les hommes battaient les fourrés, les femmes étaient au salon, à prendre le thé, à jouer aux cartes ou, comme moi, à faire de la tapisserie. Liz ne faisait ni l'un ni l'autre. Elle préférait rester dans sa chambre, sans doute occupée à entretenir sa beauté. Je me rappelle ses yeux sublimes, leur intensité lorsqu'elle les plongeait dans votre regard, mais j'avais été étonnée par sa forte poitrine et sa petite taille. Comme pour beaucoup d'actrices, la caméra transformait sa silhouette. Cependant, elle possédait un réel magnétisme et je ne suis pas surprise que Richard Burton ait succombé à son charme.

Ils passèrent ensemble treize années. Treize années

de passion tumultueuse, avec moult ruptures et deux mariages ! Je ne m'en étonne pas : si Edmond et moi avions divorcé, je suis convaincue que, comme eux, nous nous serions remariés, tant nous avions de choses essentielles en commun... Mais pour Liz Taylor et Richard Burton, il semble que la vie de couple fut sans espoir. La seconde tentative fut plus pathétique encore que la première.

Durant toute son existence, Liz a couru après l'amour. Sans doute parce qu'elle dut, très jeune, se comporter en adulte, faire face aux exigences de Hollywood, composer avec les rapports hypocrites de ce milieu. Elle avait pris la relève de Shirley Temple et, à quinze ans, elle était déjà une actrice célèbre. Très tôt, elle goûta à la gloire et à son revers : la solitude. Quant à Shirley Temple, elle devait se reconvertir loin des studios de cinéma. Je l'ai rencontrée de façon inattendue : elle faisait partie du conseil d'administration de la Banque de Californie que dirigeait Edmond. J'allais souvent déjeuner avec elle. Elle s'était métamorphosée en femme d'affaires et plus personne ne la reconnaissait.

Liz Taylor a à peine dix-huit ans lorsqu'elle épouse son premier mari, l'un des hommes les plus riches d'Amérique. Nicky Hilton est en effet l'héritier des hôtels du même nom. Le mariage défraie la chronique, luxe et démesure, mais, pendant le voyage de noces sur son yacht, Nicky délaisse le lit conjugal pour aller jouer au poker et boire avec ses matelots... Premier divorce. Un an plus tard, Liz tombe sous le charme de l'acteur anglais Michael Wilding. Il a le double de son âge. Le mariage se défait très vite.

Liz n'a pas le temps de déprimer. Elle reçoit un jour

un télégramme : « N'acceptez de rendez-vous avec aucun homme. Vous allez m'épouser. » Mike Todd n'est pas producteur de films pour rien. Il sait que nul ne résiste à un peu de romanesque. Il a trente ans de plus qu'elle, pourtant Liz succombe. Il est vrai que, bien que petit, il était très séduisant. Edmond et moi le voyions parfois à New York, Los Angeles ou Miami, aux galas de charité en faveur d'Israël. Un troisième mariage s'annonce, le bonheur semble au rendez-vous : par amour pour Mike, Liz se convertit au judaïsme. Pour avoir fait la même chose, je sais que cette décision ne se prend pas à la légère. Après l'annonce de leur mariage, Edmond me confia : « J'espère qu'ils ne divorceront pas. On ne divorce pas d'une femme qui s'est convertie par amour ! » Liz donne une fille à son mari, mais le destin décide de dramatiser le scénario : Mike Todd meurt en avion. Liz n'a pas trente ans.

Dans le monde du spectacle, lors de coups durs, on dit : *The show must go on.* Liz connaît cette règle, elle relève la tête. Elle croit pouvoir refaire sa vie avec un ami de la famille, le chanteur Eddie Fisher. Quatrième mariage. Mais alors qu'elle l'a contraint à se séparer de son épouse, Debbie Reynolds, événement qui avait scandalisé l'Amérique bien-pensante, elle se désintéresse vite de lui. Elle le traite avec dédain et peut même se montrer cruelle. Un jour qu'il lui offre un collier de diamants, elle rabaisse le geste en critiquant la qualité des pierres ! La dame a un fichu caractère.

En septembre 1961, Eddie Fisher accompagne Liz Taylor à Rome, où elle s'apprête à jouer dans la superproduction *Cléopâtre.* Sur le tournage, la star se retrouve face à une personnalité hors norme,

Richard Burton. Ancien mineur du pays de Galles, grand comédien shakespearien, buveur invétéré, coureur de jupons, il est à la mesure de Liz. Les deux monstres sacrés tournent leur première scène ensemble, et c'est le choc ! Il est vrai que Burton incarne un Marc Antoine terriblement séduisant. Assise à côté de lui lors d'un dîner, j'avais remarqué qu'il avait la peau du visage grêlée, comme celle de Robert Redford, mais cette imperfection le rendait plus viril encore. Sa force s'accompagne cependant d'une certaine faiblesse, car, passablement ivre lors des prises, il doit être guidé, épaulé par Liz, qui ne demande pas mieux. Leur liaison est immédiate, animale. Eddie Fisher et l'épouse de Burton sont les témoins impuissants de cette attirance réciproque. Écœurés, ils quittent Rome. La place est libre pour le couple scandaleux.

Le tournage de *Cléopâtre*, qui durera plus d'un an, sera chaotique, ruineux et ingérable. Les producteurs s'arrachent les cheveux devant les frasques des deux amoureux, leurs retards, leurs caprices, mais eux n'en ont que faire. Ils sont seuls au monde. Pas question de se séparer à la fin du film. Leur relation est passionnée, émaillée de disputes, de hurlements et de réconciliations scintillantes de diamants. Un homme peut faire de vous une déesse, mais pas forcément l'icône de toute une vie. Et, si Liz n'a pas le flair pour dénicher le compagnon idéal, elle a tout de même un talent : l'art de se faire offrir de très gros bijoux ! Enfant gâtée, elle a pris l'habitude de recevoir des cadeaux et sait inspirer le présent qui lui fait plaisir... Elle aime qu'on lui prouve son amour à coups de carats. Une exigence qui renforce peut-être son aura, mais flirte avec le mauvais goût : porter trop de bijoux dès le matin, c'est comme faire son marché en robe du soir !

Star elle est, en star elle se comporte. Mais, en face, il y a une autre star, Richard... D'où un conflit permanent, car malgré l'affection sincère que peuvent se porter deux êtres de cette trempe, leur ego ne permet pas de compromis. Or, l'amour est fait de compromis. Dans un couple, il ne peut y avoir deux vedettes, il faut que l'un s'efface devant l'autre. Si vous ajoutez un goût prononcé pour le théâtral, un certain exhibitionnisme dû à une déformation professionnelle et une propension à résoudre leurs problèmes dans l'alcool, vous comprendrez l'ambiance dans laquelle baigne la relation entre Liz Taylor et Richard Burton. Si, grâce à lui, l'actrice renoue avec ses racines anglaises, soigne sa diction, gomme son accent américain, il n'est pas question qu'il se comporte en maître. Quand il le faut, elle lui rappelle d'où il vient.

Burton obtient finalement le divorce d'avec sa femme, Eddie Fisher accorde celui de Liz, plus rien ne s'oppose à la célébration de cet amour-haine. Le 15 mars 1964, Liz Taylor et Richard Burton échangent leur consentement dans une suite du Ritz-Carlton de Montréal. Elle porte aux oreilles des boucles de diamants et d'émeraude que Richard lui a offertes pour son trente-deuxième anniversaire, assorties d'un collier et d'une broche qu'elle vient de recevoir en guise de cadeau de mariage... Un vrai sapin de Noël !

Durant une dizaine d'années, le couple fera le bonheur des paparazzi et sera l'attraction des foules. Leur train de vie n'a plus rien à voir avec celui des acteurs de cinéma. Leur goût du luxe et leurs dépenses somptuaires les font entrer dans le petit cercle de la jet-society. Ils s'installent dans un chalet à Gstaad, bronzent au Cap-d'Antibes, sillonnent la Méditerranée sur un superbe yacht, le *Kalizma*. Les gens les invitent, à la fois fascinés et inquiets par leur comportement. Ils viennent de tourner ensemble *Qui a peur de Virginia Woolf ?* et *La Mégère apprivoisée*, deux films où les scènes de ménage sont terribles, destructrices. On devine que ce ne sont là que des transpositions à peine voilées de la réalité...

Car le temps n'a en rien calmé leur humeur. Liz alterne dépressions et crises d'autorité, Burton insultes et cadeaux pour se faire pardonner. Les bijoux s'entassent sur la table de nuit de Liz. En 1969, il lui offre l'un des plus gros diamants du monde. Onassis le voulait pour Jackie, mais son prix l'avait découragé. Le caillou est baptisé le « Burton-Taylor » et entre dans l'Histoire. Pourtant blasée, la star pousse un cri de stupeur en le découvrant.

Je les revois en 1971 au bal Proust que donnent Guy et Marie-Hélène de Rothschild au château de Ferrières. Cette noble demeure avait été construite à la fin du XIXe siècle par Joseph Paxton, l'architecte qui réalisa aussi sur les bords du lac Léman le château de Prégny qu'Edmond hérita de son père et où j'allais vivre avec lui. Ces deux maisons étaient d'une grande splendeur et possédaient chacune sa part de romanesque. À Prégny, l'impératrice Sissi était venue déjeuner la veille de son assassinat. À Ferrières, le Kaiser Guillaume Ier s'était exclamé : « Un roi n'aurait pu se le permettre, il fallait être Rothschild ! »

Inutile de dire que ce château était le cadre rêvé pour une fête costumée. Les invités le comprirent aussitôt et chacun joua le jeu. Toute la société élégante de l'époque se para de plumes d'autruche, de robes en dentelle et de sautoirs de perles, d'habits ou d'uniformes pour les messieurs. Je portais une robe de chez Christian Dior, noire, en tulle de point d'esprit, largement décolletée, et un superbe collier d'émeraudes et de diamants qui attirait les regards. Drapées de taffetas et de velours, la comtesse Charles de Gramont, Hélène Rochas, la vicomtesse de Ribes, Charlotte Rampling, Marisa Berenson, et, trônant au milieu de cette cour, Liz Taylor, avec une incroyable coiffure de diamants et de roses surmontée d'une aigrette. Le photographe Cecil Beaton immortalisa ces spectaculaires métamorphoses. Sur le cliché qu'il prit de Liz, on la voit de profil, son beau regard clair regardant au loin, plus impériale encore que de coutume, très « Cléopâtre » ! Burton se tient sagement derrière elle...

Image trop belle pour être vraie. Les excès en tout genre, le désordre de cette vie anarchique et débridée, la fatigue qu'elle entraîne, même si l'on se déplace en Rolls et si l'on dort dans les plus grands palaces, usent chaque jour un peu plus le lien qui les unit et corrompt la qualité de leur relation. Le naufrage est fatal. Liz le voit venir, mais elle est incapable de mettre un terme à cet amour suicidaire, bien que son mari la trompe, qu'il soit ivre mort dès onze heures du matin. Ils se séparent cependant un jour où — changement de ton ? lassitude ? — un sursaut d'orgueil l'emporte.

Liz se console dans les bras d'un play-boy, Henry Wynberg, Burton part tourner en Italie avec Sophia Loren. Le divorce est prononcé en Suisse en 1974. Ils ne se quittent pourtant pas tout à fait, chacun observant l'autre et attendant un signe de sa part. Et le plus incroyable se produit. Même dans le scénario des *Feux de l'amour*, on n'oserait pas imaginer pareil rebondissement : lors d'un voyage en Israël, devant le mur des Lamentations, Liz demande à Richard de l'épouser à nouveau. Et il accepte ! Pour cette cérémonie, un seul cadre possible : l'Afrique. Ne sont-ils pas d'insatiables carnassiers ?

Ce brusque retour de flamme sera bref. Les scènes reprennent, la vie à deux est infernale. Burton n'est pas loin de l'état d'épave, Liz multiplie les crises d'hystérie. Depuis longtemps elle n'est plus à la première place au box-office et glisse sur la pente de la star déchue... Mais c'est pour une autre raison que son histoire avec Burton trouve brusquement un terme : entre deux ivresses, il tombe amoureux d'une jeune femme, Susan Hunt, et décide de vivre avec elle. Liz est anéantie.

La descente aux enfers commence. Elle cherche à le rendre jaloux et à tromper sa solitude dans les bras d'amoureux, aussitôt répudiés, incapables de lui faire oublier la trahison subie. Elle épouse un homme politique, John Warner, mais s'ennuie vite et divorce peu de temps après. Liz perd pied. Un peu plus d'alcool, un peu plus de tranquillisants, la ronde classique des vedettes de cinéma. Elle est devenue très grosse et sa déchéance est triste à voir. Elle croit un jour pouvoir reconquérir Burton, à l'occasion d'une pièce qu'on leur propose de jouer ensemble, mais sans succès. De toute façon, il est trop tard. L'amant terrible s'éteint d'épuisement en 1984.

Cette fois, c'est fini. On pense que Liz ne s'en relèvera pas. D'autant que son corps se révolte, son dos la fait atrocement souffrir. Depuis une chute de cheval à l'âge de douze ans, sa colonne vertébrale est très fragile. Elle enchaîne les opérations et les analgésiques. Quand le mal se calme, elle est terrassée par des pneumonies à répétition. Pis, en 1997, on découvre que la star est atteinte d'une tumeur au cerveau. Pour la énième fois, elle quitte sa demeure de Bel Air pour l'hôpital de Los Angeles et, là, on craint le pire...

Mais, avec courage, Liz ne lâche pas prise. Elle survit à l'intervention et apparaît le crâne rasé, marqué d'une large cicatrice. Comme pour prouver aux yeux du monde qu'elle est une battante et que l'heure n'a pas encore sonné, elle plaisante : « La mort n'a pas encore réussi à apprivoiser la mégère ! » Reine des apparitions surprises, miraculeuses, elle assiste au festival de Cannes ou de Deauville. Cependant, la renaissance est de courte durée, très vite suivie dans les magazines de photos dramatiques : Liz en fauteuil roulant, Liz sortant de la clinique de Betty Ford, où l'on soigne les grands alcooliques...

C'est là précisément, en cure de désintoxication, qu'elle rencontre un camionneur, Larry Fortensky. Le septième mari... Je ne suis pas sûre que Liz ait fait le bon choix, mais il faut la comprendre : elle était en perdition, lui aussi, ils ont vécu ensemble leur déchéance et leur renaissance, cette épreuve crée des liens. À nouveau, la diva est prête à croire à l'amour, parce qu'on lui témoigne encore un peu d'attention. L'homme n'est pas beau, il est loin d'être fortuné, n'a aucune manière et ne connaît personne... Que rêver de mieux comme antidote à la malchance ? Si, avec ce mari, la vie n'est pas plus facile, alors c'est à désespérer ! Le mariage tiendra quatre ans.

Liz pouvait conquérir les plus grands, les plus riches,

comme le milliardaire Malcom Forbes, qui s'était prétendument amouraché d'elle (cela ressemblait plutôt à un joli coup médiatique), mais non, il lui fallait le romanesque, l'inconnu, le risque. Le gentil Larry a sans doute accepté son rôle de prince consort et de garde-malade sans l'ombre d'un état d'âme, bien content d'entrer dans la place. Marcher trois pas derrière Liz ne le gênait guère.

Autre détail qui a son importance, Larry a vingt ans de moins que Liz. Et, pour une femme mûre, un homme jeune est toujours touchant, émouvant. Elle éprouve pour lui un sentiment teinté d'une forme de désir maternel. C'est peut-être le chant du cygne de sa sensualité !

J'ai croisé beaucoup de femmes qui n'avaient pas peur d'afficher une relation condamnable. Je me souviens en particulier de lady Deterding, qui était tombée follement amoureuse du beau play-boy Massimo Gargia. C'était dans les années 1960, le garçon avait trente ans, lady Deterding quatre-vingts ! Il se vantait d'être un parfait amant, mais il avouait également être motivé par les cadeaux qui suivaient ses étreintes... Avec cette femme, il avait décroché le tiercé : le chic, le choc et le chèque ! Difficile de maîtriser sa passion dans ces conditions... Comment s'en étonner ? Quand un garçon de cet âge aime une femme très âgée, cherchez l'intérêt. Pas forcément l'argent, mais le style de vie, le confort, et puis, faisons preuve d'optimisme, le savoir, la culture, l'expérience... Chacun apporte ce qu'il peut apporter. Le garçon offre sa jeunesse, sa beauté, sa fraîcheur d'âme (si possible...). Les femmes mûres qui veulent être aimées pour elles-mêmes se voilent la face. Il faut avoir la générosité de son âge et, avec les années, payer double ou plus !

Liz Taylor est dotée d'une bonne nature, elle aime venir en aide et donne sans compter. Alors peut-être a-t-elle simplement eu envie de rendre Larry heureux. Quitte à écorner son aura. Difficile d'emmener le camionneur sur le yacht de Valentino ou celui de Kashoggi ! Mais qu'importe d'être mal assortie... Elle a remporté les plus grands succès, connu les personnalités les plus brillantes, elle n'a plus rien à prouver. Son engagement pour la lutte contre le sida en est la plus belle et la plus généreuse expression. Elle a été la première à prendre la parole sur ce sujet, alors que le Tout-Hollywood ignorait quelle attitude adopter. Un combat qu'elle mène à bout de bras, qui l'occupe complètement, quand ses problèmes de santé ne l'immobilisent pas. Elle n'a peut-être pas réussi son parcours amoureux, mais elle a un cœur gros comme son diamant !

Marilyn avait également un grand cœur ! Mais la petite fille qui cherchait l'amour en vain, qui reproduisait les mêmes erreurs, n'avait pas l'instinct de survie de Liz Taylor, capable de renaître, tel un phénix, après chaque drame.

Ma première rencontre avec la star remonte à mon séjour à Hollywood en 1956. J'étais venue faire un bout d'essai pour Darryl Zanuck, président de la Twentieth Century Fox. C'était pour le film tiré du roman de Hemingway, *Le soleil se lève aussi.* Tout s'était plutôt bien passé et je pensais avoir mes chances, mais finalement je n'ai pas fait le film. La maîtresse de Zanuck, Bela Darvi, s'y est opposée ! Toutefois, elle n'a pas été choisie pour autant. C'est Juliette Gréco, grande séductrice elle aussi, dont j'avais parlé à Zanuck, qui a décroché le rôle...

J'avais fait le voyage une première fois à Hollywood en 1954. Le directeur de casting à Paris de la Twentieth Century Fox m'avait remarquée et proposé un rôle. J'avais vingt-deux ans, des rêves de gloire plein la tête et des étoiles dans les yeux... Quelle n'a pas été ma déception lorsque s'est révélé l'envers du décor ! Une véritable ambiance d'usine, aux horaires épuisants, aux conditions de travail très dures et aux libertés individuelles bridées. La future star devait se fondre dans le moule de la compagnie si elle souhaitait avoir un avenir. Signer un contrat de sept ans dans ces circonstances ? J'ai refusé.

On m'avait demandé de me décolorer les cheveux en blond platine... Ce qui ne me semblait pas vraiment correspondre à mon registre, mais les Américains aiment multiplier les versions d'un produit qui marche.

Marilyn était déjà un mythe et, pour moi aussi, elle était unique. Je connaissais les derniers détails de sa vie amoureuse et tout ce qui la concernait me passionnait. Deux ans plus tard, je pouvais enfin la rencontrer et faire l'expérience de son incroyable magnétisme. Peu de temps après avoir tourné mon bout d'essai, je repartis pour New York. Un soir, Zanuck m'invita à un dîner dans le célèbre club El Morocco. Au cours de la soirée, Marilyn apparut, elle s'approcha de notre table, me salua et discuta quelques minutes avec Zanuck en buvant un verre. Je n'ai rien suivi de ce qu'ils se dirent, uniquement occupée à détailler chaque trait du visage de Marilyn. Sa beauté était étonnante, lumineuse. Ses yeux, sa bouche, sa peau si claire irradiaient véritablement. Quant au blond platine de ses cheveux, il lui allait autrement mieux qu'à moi...

La vedette me fit un compliment sur ma pochette Hermès; ses mots me touchèrent tellement que je la lui tendis! « Tenez, elle est à vous. » Elle me remercia en riant et j'ai encore dans l'oreille son rire cristallin, irrésistible. En nous quittant, Marilyn oublia ses gants sur la table. Je courus au vestiaire pour la rattraper et les lui rendre. Elle me répondit alors que, s'ils me plaisaient, elle me les offrait... Une paire de gants blancs signés Christian Dior! « C'est bien la moindre des choses... En souvenir de la France. » Confuse et balbutiante, j'acceptai l'échange.

Je la revis quelque temps plus tard. J'attendais les résultats des bouts d'essai et Zanuck m'avait confiée à sa secrétaire. La pauvre ne savait guère comment m'occuper. Un jour elle me proposa de l'accompagner chez Marilyn à qui elle devait remettre un scénario. Je sautai sur l'invitation, très excitée par cette proposition. Pénétrer dans la vie privée de la star, découvrir son univers intime, voilà qui excitait ma curiosité au plus haut point! J'imaginais déjà les brassées de roses dans l'entrée, les armoires débordant de robes pailletées et les effluves du « N° 5 » de Chanel flottant dans chaque pièce... Je ne pouvais pas plus me tromper! L'appartement où elle séjournait était totalement impersonnel, aucun objet, aucune fleur, on eût dit une chambre d'hôtel. Je compris alors l'insécurité de cette femme, son absence d'équilibre, son impossibilité à se fixer. Je crois beaucoup à ce que traduit un intérieur, et, là, on sentait l'oiseau sur la branche, à la recherche d'un nid ! Ce qui attire un homme, c'est aussi un univers chaleureux, où il se sente bien, où il ait envie de rester un peu… ou beaucoup…

Marilyn était le contraire de Jackie, c'est sa fragilité qui fascinait. Comme si elle n'avait pas de colonne vertébrale. Elle vivait selon l'instant et selon son humeur. Or, de nature dépressive, elle ne parvenait pas à tenir longtemps le cap. Les moments de joie étaient rapidement suivis de grands plongeons dans le doute, la tristesse, le spleen. Confiante et vulnérable, elle reproduisait le scénario classique des histoires d'amour qui flanchent. C'était le magazine *Nous Deux* ou la chanson de Piaf : *Chaque fois, j'y crois…* Trop offerte pour que le compagnon n'en profite pas, trop exigeante pour qu'il ne prenne pas la fuite ! Trois maris et pas mal d'amants en ont fait les frais ! En outre, une hypersensibilité à fleur de peau.

Dès l'enfance, Marilyn a éprouvé un besoin d'affection dévorant. Avec une mère absente et volage et un père inconnu, la petite Norma Jean Baker grandit chez des parents d'adoption, du côté de Hollywood. À seize ans, elle a son premier émoi amoureux et se marie avec le fils d'un voisin, Jim Dougherty. Mais la vie de couple n'est pas pour elle. Le garçon part à la guerre et Norma Jean entre dans une usine de fabrication de parachutes. C'est là que le destin la distingue. Un photographe venu faire des clichés pour l'armée de l'air la remarque. Elle débute comme modèle, enchaîne avec des petits rôles, puis c'est l'explosion : la photo du calendrier où elle apparaît nue ! Sa carrière décolle, grâce précisément à Zanuck. Marilyn Monroe est née. Elle découvre la gloire, le plaisir d'être courtisée, mais y répond avec trop d'empressement, trop de naïveté. Le premier mari a été balayé par une cour de prétendants pas forcément bien intentionnés. Marilyn affronte ses premiers tourments.

Toutefois, en 1954, elle croit avoir déniché l'homme de sa vie. Elle épouse Joe Di Maggio, un champion de base-ball, sympathique et viril, le Zidane de l'époque. Le mariage tiendra neuf mois... Marilyn s'ennuie. Deux ans plus tard, elle s'unit à l'écrivain Arthur Miller. La star et l'intellectuel. Pourquoi pas ? Le duo peut fonctionner, s'il existe une véritable complémentarité. Nous en avons un exemple près de nous : Bernard-Henri Lévy et Arielle Dombasle. L'homme qui écrit appartient à un monde inconnu qui fascine.

Marilyn et Arthur Miller resteront ensemble cinq ans. Ce qui n'est finalement pas si mal, eu égard à ce que peut signifier la vie quotidienne avec une femme mythique. Car malgré ses succès à l'écran, la petite fille en manque d'amour n'a pas mûri et n'a pas tué ses démons. Angoisses existentielles, problèmes de santé, fausses couches. Ses séjours à l'hôpital sont de plus en plus fréquents. « Je ne suis que de la chair à caméra », se plaint-elle. Arthur Miller la sauve plusieurs fois du suicide, mais un jour jette l'éponge. Non sans avoir écrit spécialement pour elle le scénario des *Désaxés*... Le tournage sera un cauchemar pour toute l'équipe.

La relation tumultueuse qu'elle noue avec John Kennedy n'arrange rien. Au départ secrète, leur liaison se transforme vite en passion impérieuse et obsessionnelle. Du moins pour Marilyn. Lui, sur ses gardes, observe une plus grande réserve. Et pour cause... Mais l'enthousiasme de Marilyn devient bientôt gênant. Elle lui téléphone sans cesse à la Maison-Blanche, le poursuit de ses crises, pleure, supplie, s'offre. Jusqu'au fameux soir du 19 mai 1962, où elle lui susurre au micro devant des milliers de personnes un *Happy Birthday, Mister President...* voluptueux et ahurissant d'audace.

C'était un coup digne de Hollywood ! Avec, en plus, la robe couleur chair, cousue sur elle, qui ne cache aucun détail de son anatomie... Certes elle ne pouvait arriver en tailleur Chanel, mais trop, c'est trop ! Cette façon d'exhiber sa relation avec le président était un acte théâtral... et suicidaire. Quel homme, même flatté, ne serait embarrassé par un tel cadeau et ne maudirait secrètement celle qui en est l'auteur ? Agir de la sorte, c'est brûler ses vaisseaux, la dernière chose à faire si l'on espère reconquérir l'autre.

Lorsqu'on a découvert le corps sans vie de Marilyn, au matin du 5 août 1962, personne n'a été surpris. Depuis longtemps, on connaissait son état dépressif et sa consommation quotidienne de pilules. Le film qu'elle était en train de tourner, *Something's Got to Give* (« Quelque chose doit craquer »), n'était-il pas tragiquement prémonitoire ? Sur sa table de nuit, les boîtes de médicaments étaient posées, bien en évidence. Une mise en scène trop parfaite pour être honnête ? Marilyn aurait-elle été réduite au silence parce que trop encombrante ? On ne le saura sans doute jamais. Quoi qu'il en soit, elle se serait finalement tuée, si on ne l'avait suicidée... La passion et la politique ne font pas bon ménage.

Marilyn s'était construit un personnage sensuel et provocant, mais derrière le sex-symbol le plus glamour de la planète se cachait une midinette crédule et désarmée. Il faut avoir un peu de cynisme pour mépriser un amant indélicat, faire le deuil d'une relation qui meurt, relever la tête et hausser les épaules... Marilyn en était dépourvue. « La vérité fondamentale de ma vie tient en une phrase : quand un homme me désire, je me sens en sécurité. » Quelle illusion ! De plus, son drame a été de ne pas avoir d'enfants, car eux seuls vous donnent la force de supporter les déceptions sentimentales, la solitude, l'âge qui avance. Sans leur soutien, on se laisse sombrer.

Mais quel genre d'homme aurait convenu à Marilyn ? Un comédien ? Impossible. Quelle star aurait accepté de vivre dans l'ombre de cette femme ? Arthur Miller n'était pas un mauvais choix, car sa notoriété n'entrait pas en conflit avec celle de Marilyn, mais on ne peut demander à un écrivain, occupé par ses problèmes de création, de se transformer en psychanalyste. Au fond, Joe Di Maggio était l'homme auprès duquel Marilyn aurait dû vivre. Elle en a sans doute eu conscience... Lorsque, à sa mort, on a fouillé ses affaires dans l'espoir de trouver un mot d'explication, on a découvert dans son carnet d'adresses un brouillon de lettre plié en quatre : « Cher Joe, si seulement j'avais réussi à te rendre heureux, j'aurais accompli la chose la plus belle et la plus difficile au monde : rendre une personne heureuse. Ton bonheur, c'est mon bonheur et... » La mort ne lui a pas laissé le temps d'accomplir ce noble projet.

On a beaucoup dit que Marilyn cherchait un père... Ne chantait-elle pas *My heart belongs to daddy* ? Sa passivité, son insécurité permanente ne sont pas sans rappeler une autre femme malheureuse en amour, mais surtout fille de son père, Christina Onassis.

Ne disait-elle pas : « Comment pourrais-je tomber amoureuse d'un garçon quand j'ai un père comme le mien ? » Nul doute que la personnalité d'Aristote a dû marquer la fillette. Car malgré ses absences, ses colères, ses frasques amoureuses, il était pour elle un dieu. Son seul point de repère dans une existence chaotique et peuplée d'êtres qui ne pouvaient rivaliser avec l'image paternelle.

Quand je la croise dans l'avion Paris-Genève, la jeune femme en est à son troisième mari, le Russe Serge Kausov. Avant lui, Christina a épousé un homme d'affaires californien, « un gentil petit millionnaire », comme elle le déclarera elle-même, rencontré à Monaco, à la piscine de l'Hôtel de Paris. Joseph Bolker a quarante-huit ans, elle en a vingt, qu'à cela ne tienne, ils se marient en 1971 à Las Vegas. Onassis s'étrangle de rage en apprenant la nouvelle. L'alerte est de courte durée. Le mariage tiendra sept mois.

Christina retourne à sa bande de copains, qui, de Saint-Moritz à Skorpios, l'île de son père, profitent de la vie avec plaisir, désinvolture et beaucoup d'argent. Parmi cette faune très jet-set, elle est sensible au charme d'un jeune héritier, élancé et blond... Thierry Roussel. Je connaissais son père, Henri. Il était grand chasseur, comme Edmond, et il nous arrivait de nous croiser au Kenya. Christina le présente à Onassis, qui juge le candidat pas si mal, mais Thierry Roussel n'a aucune envie de jouer les princes consorts. Il décline l'offre.

En 1975, Aristote Onassis s'éteint. À son chevet, Christina crie sa douleur. Son univers s'écroule. Elle a déjà perdu sa tante et sa mère, les deux sœurs Livanos. En 1973, son frère Alexandre s'est écrasé dans son avion... On imagine son état moral. Elle est seule et à la tête d'un empire de deux milliards de dollars. Il lui faut un compagnon capable de l'épauler. Elle croit le trouver, lorsqu'elle rencontre un fils de banquier, Alexandre Andreadis. Elle pense qu'il incarne le genre d'homme qui aurait plu à son père... Le jour du mariage, il oublie les alliances. Mauvais présage ! Ils se séparent quelques mois plus tard.

Troisième essai avec Serge Kausov, croisé lors d'un voyage en Russie. Il est alors employé d'une entreprise de la marine marchande soviétique ! Leur liaison a l'air d'une plaisanterie, mais elle tient. Serge Kausov quitte sa mère patrie et épouse Christina en 1978. Les rumeurs les plus folles entourent l'événement : et si c'était un agent du KGB en train de prendre le contrôle de l'une des plus grosses flottes de pétroliers ?

Mais l'homme se révèle solide, honnête et attentionné. J'ai pu le constater par moi-même le soir où ils sont venus dîner chez nous, à Prégny. Petit, blond, il n'était pas beau, mais non dénué de charme. Durant cette soirée, il ne quitta pas des yeux Christina.

Ils fêtent leur premier anniversaire de mariage à Skorpios et la fille du Grec semble enfin heureuse... Une sérénité de courte durée. Elle s'ennuie rapidement de son rôle d'épouse comme il faut et, sans doute, méprise un peu son mari. Si elle est la pauvre petite fille riche dont chacun profite, elle a aussi tout de l'enfant gâtée, capricieuse et superficielle. Elle se lasse très vite de ceux qui l'entourent, quand ce ne sont pas eux qui fuient ses crises d'autorité !

Christina quitte donc son mari russe et retourne à sa

cour mondaine. Fatale erreur! Elle plonge dans le tourbillon des plaisirs artificiels, des faux-semblants et des viles flatteries. Déjà peu sûre d'elle-même, elle perd l'équilibre, sillonne la planète, danse un soir à New York, le lendemain à Paris, s'abrutit de musique et tente d'oublier ses démons : fiascos amoureux et complexes physiques.

Depuis l'enfance, elle traîne son corps comme un boulet. Elle sait qu'elle n'est pas belle. Elle l'a lu dans le regard tendre de son père, dans la gentillesse embarrassée de Maria Callas, dans les yeux condescendants de Jackie. Elle le devine à présent dans l'attitude de ces inconnus d'un soir qui acceptent de l'embrasser, simplement parce qu'elle est un gros paquet de dollars! Elle enchaîne les régimes qu'elle noie de litres de Coca-Cola et saupoudre d'antidépresseurs. Le résultat n'est pas à la hauteur des espérances...

Après quelques années de ronde folle, pathétique, aveugle, elle repense à Thierry Roussel et songe que cet homme est peut-être le salut : elle le revoit. Ils se marient en 1984. La naissance d'Athina, moins d'un an plus tard, est pour Christina le plus bel événement de sa vie. Enfin, elle a réussi quelque chose dont elle est fière. Elle sera absolument subjuguée par sa fille et, lorsque Thierry Roussel s'éloignera, elle se repliera plus encore sur son enfant.

Le couple divorce en 1987. Quatrième échec. Christina ne croit plus à l'amour, mais elle se doit de tenir pour Athina... Hélas, le corps ne suit pas. Usé d'avoir trop battu la chamade, son cœur lâche lors d'un voyage en Argentine en 1988. Christina n'a que trente-huit ans.

Quelle tristesse que cette vie gâchée! Mais l'exercice

était perdu d'avance. Plus que la célébrité, l'argent fausse les rapports amoureux. La pauvre petite fille riche aurait voulu qu'on l'aime pour elle-même, c'était impossible ! Belle ou pas, quand on est aussi fortunée, il faut accepter d'être courtisée pour son compte en banque et espérer que ceux qui s'intéressent à vous soient de qualité. Démarche qui exige de la perspicacité, du discernement, de la rigueur... Ce dont Christina était dépourvue.

Il est de toute façon très difficile pour une jeune héritière de trouver le juste équilibre, afin de mener sereinement sa vie. Un garçon peut mieux s'en sortir, car il a été éduqué pour succéder à son père. Il est très rare qu'une fille triomphe dans cet exercice. L'argent est encore un métier d'homme. Les femmes ne sont pas préparées à régner sur un empire — à quelques exceptions près, dont mon amie Estée Lauder ; partie de rien, elle n'a pas eu à gérer un héritage et a construit année après année sa réussite, ce qui est beaucoup plus réconfortant et valorisant.

De la difficulté à réussir sa vie, lorsqu'on est une héritière, une autre pauvre petite fille riche aurait pu en parler : Barbara Hutton.

Avec Edmond, nous nous étions rendus dans sa maison japonaise de Cuernavaca, au Mexique. L'endroit était extraordinaire. Baptisée « Sumiya », la propriété de quinze hectares était située face au volcan Popocatépetl. On aurait pu se croire au pied du Fuji Yama. Après avoir pénétré sous un porche de bois sculpté, on arrivait devant une grande maison construite de façon traditionnelle. Au-dessus de l'entrée, une inscription : « Ici est le paradis ». À l'intérieur, les salons aux portes coulissantes se succédaient, couverts de tatamis. Des tigres du Bengale ornaient les murs. Ouverte sur l'extérieur, la demeure de Barbara ne faisait qu'un avec la nature et jouissait d'une vue exceptionnelle. Le jardin, lui aussi japonais, mêlait les essences, les différents sables, les rochers et les ruisseaux, dans une parfaite harmonie. En traversant un petit pont de bois, on rejoignait l'autre fantaisie de l'endroit : la copie d'un théâtre kabuki de la ville ancienne de Kyoto... Barbara poussait très loin son amour du Japon ! Au grand désespoir d'Edmond, qui n'avait pas du tout envie de dormir sur un futon, lui qui transportait son matelas et son oreiller, quel que soit le palace dans lequel il descendait ! Suivant une tradition familiale, mon beau-père, le baron Maurice, agissait de même.

Barbara Hutton avait depuis l'adolescence une passion pour la Chine et le Japon. Elle y était allée à de nombreuses reprises et en avait rapporté des milliers d'objets. Elle s'était constitué l'une des plus belles collections privées de porcelaines d'Extrême-Orient. Elle aimait tout de cette culture, la musique, la danse, l'histoire. Lorsque nous l'avons vue, dans les années 1960, elle n'était déjà plus que l'ombre d'elle-même et la jeune femme aux goûts artistiques si raffinés s'était transformée en une vieille dame un rien abusive.

Ses sautes d'humeur étaient célèbres, ses caprices légendaires. Barbara avait rejoint l'image caricaturale que la presse avait construite à ses débuts, celle d'une héritière malheureuse, à la vie détruite par l'argent. Elle avait cumulé sept mariages qui avaient été autant d'échecs, et dilapidé sa fortune. Elle finissait seule, avec son amertume, ses quarante kilos, car elle était anorexique, et un sentiment de gâchis complet qui expliquait sa méchanceté.

Barbara s'offrait des maris, comme elle s'offrait des diamants. Gâtée, elle avait toujours tous ses caprices aussitôt satisfaits. Un jour, son père lui demande de l'accompagner en Europe. La jeune fille accepte à condition qu'il lui fasse cadeau d'un petit bijou. Avant le départ... détour par chez Cartier. On lui présente plusieurs bagues serties de rubis. Elle les contemple un instant, en désigne une, la plus chère ! Au moins, elle a l'œil, conclut, flegmatique, son père.

Je peux en témoigner, car Edmond m'a passé autour du cou pour mon quarantième anniversaire un collier que Barbara avait possédé. Un collier de perles fines de toutes les couleurs. Une merveille ! Barbara Hutton avait une passion pour les pierres précieuses et ce qu'elle portait était toujours unique : souvent à cause de la taille des pierres, mais aussi en raison de l'histoire du bijou, de son originalité. Elle osait recevoir dans son palais de Tanger avec, sur la tête, une tiare d'émeraudes qui avait appartenu à la Grande Catherine !

La milliardiaire fit preuve de beaucoup moins de discernement dans le choix de ses maris. Dès son adolescence, elle ne sut séduire le jeune héritier Astor ou Rockefeller. À quinze ans, Barbara, petite-fille de Frank W. Woolworth, fondateur de la chaîne de magasins du même nom, avait un appartement sur la Cinquième Avenue, un wagon particulier pour ses déplacements en train. Lors de son entrée officielle dans le monde, son père donna un bal de mille personnes au Ritz. Mais cet univers effraie plus qu'il n'attire... Ceux qui accordaient une attention spéciale à la jolie blonde potelée aux yeux bleus déjà tristes n'étaient pas les plus intéressants. Enfant rêveuse et solitaire, elle avait, très jeune, pris l'habitude du vide qu'elle créait autour d'elle. Elle se consolait en écrivant de la poésie, une passion qu'elle cultiva toute sa vie. Elle était loin d'être sotte, et cette grande lucidité allait finalement empoisonner son existence. Comment être aimée pour ce que l'on est quand on est si riche ?

Barbara Hutton tenta l'expérience à sept reprises. La première, par inadvertance et naïveté. Séjournant à Biarritz, elle fait la connaissance du prince Mdivani. Alexis Mdivani est un Russe blanc émigré, auréolé d'un titre de prince à l'authenticité douteuse, mais à la prestance sans faille. Il est marié et dépense sans compter l'argent de sa femme. En plus, il est joueur de polo ! Barbara le trouve terriblement romanesque, le fréquente à Paris. Ils nouent une idylle ; l'épouse feint tout d'abord de ne pas voir ce qui se trame, jusqu'au jour où le scandale éclate. Divorce. Le prince Mdivani est libre... Du coup, l'aventure amuse beaucoup moins Barbara, qui fuit à Bali. Le prince coureur de dot la poursuit jusque dans son hôtel. Finalement, elle cède et accepte le mariage.

Lorsque Barbara l'épouse en 1933 à l'église russe de la rue Daru, elle n'a pas vingt et un ans. Cette union la flatte : la petite-fille de marchands se transforme en une princesse de roman. Comme cadeau de mariage, elle offre à son mari une écurie de chevaux argentins. Au contact du prince, elle se métamorphose, adopte son goût pour la grande vie et devient une femme très élégante. Voyages autour du monde, folles dépenses (elle a reçu, lors de sa majorité, une cinquantaine de millions de dollars), vie mondaine internationale.

Cependant, Barbara se lasse vite des matchs de polo et de la frivolité de son mari. D'autant qu'elle hume en la personne d'un aristocrate danois, le comte Reventlow, un nouveau parfum de mystère et d'aventure qui la captive. Elle divorce de son prince et convole avec le très austère comte. Très vite naît un fils, Lance. Le couple s'installe à Londres, dans la plus grande résidence privée après Buckingham Palace... Un semblant de vie heureuse commence, mais rapidement le mari se révèle autoritaire, sans tendresse, insipide et, surtout, intéressé. Il lui fait renoncer à la citoyenneté américaine, sous le prétexte d'échapper au fisc, en vérité pour mieux contrôler l'héritage. Barbara se laisse convaincre, mais le charme est rompu. La jeune femme décide de mettre un terme à leur union. Elle fréquente Howard Hughes, succombe ensuite au charme d'un joueur de golf sympathique et facile à vivre, vite détrôné lorsqu'elle croise le regard de Cary Grant.

Cary Grant est alors une star. Après les titres de noblesse, Barbara ne résiste pas aux lumières de Hollywood. L'acteur a une sensibilité d'artiste et il est le premier homme à comprendre la complexité de sa personnalité, ses frustrations. Il est attentionné et honnête. Lorsqu'ils se marient en 1942, il signe un document dans lequel il s'engage à ne pas demander de dédommagement en cas de divorce...

La relation avec Cary Grant redonne à Barbara confiance en elle-même. Il est son ange gardien, il la protège. Pourtant, leurs humeurs sont souvent contradictoires : il fuit les journalistes, elle aime qu'on parle d'elle dans la presse, il est d'une avarice maladive, elle est d'une prodigalité inconsidérée. Autre sujet de discorde : elle ne sait que faire de ses journées pendant que lui tourne. Elle s'ennuie, commence à boire. La belle entente s'assombrit et finit par un divorce. Le troisième ! Barbara a trente-trois ans.

Le doute s'installe, bientôt définitif. L'héritière est convaincue qu'elle ne sera jamais heureuse en amour. Elle profite de sa liberté retrouvée au bras de nouveaux compagnons, rapidement abandonnés au bord de la route. Elle change de cadre. En 1946, elle achète un palais à Tanger et se lance dans sa décoration. Mieux, elle se prend d'une telle passion pour sa nouvelle ville d'adoption qu'elle en devient la reine, distribuant des milliers de dollars aux œuvres de charité et, accessoirement, faisant élargir les ruelles de la médina pour y rouler en Rolls !

Elle ne veut plus entendre parler de mariage ; toutefois, quand elle fait la connaissance du prince Igor Troubetzkoï, elle ne résiste pas à la tentation. Elle l'épouse et emménage avec lui au Ritz. De nouveau princesse, Barbara n'en est pas moins indécise. Incapable de se satisfaire de ce qu'elle a et de construire une vie commune, elle est irascible, lunatique, dépressive. Elle ne mange pas, ne dort pas, sort la nuit se promener dans les rues de Paris, accumule les problèmes de santé et devient dépendante des amphétamines. En un mot, elle est invivable. Le prince Troubetzkoï finit par demander le divorce.

D'une instabilité maladive, Barbara repart en voyage, habite un jour à New York, un autre en Californie, revient à Paris. En 1953, elle se rend à un tournoi de polo à Deauville et fait la connaissance du joueur Porfirio Rubirosa. Il est alors accompagné de l'inénarrable Zsa Zsa Gabor. Il avait été marié à

Danielle Darrieux, avait épousé ensuite une amie de Barbara Hutton et autre richissime héritière, Doris Duke. Le mariage n'avait pas duré, mais le play-boy était reparti avec beaucoup de cadeaux... Quand on le présente à Barbara, la réputation de Rubi n'est plus à faire. Elle aurait dû se méfier. Au contraire, elle se précipite dans la gueule du loup.

J'ai encore en tête les commentaires que son mariage déclencha. Les joueurs de polo avaient un pouvoir de séduction dont on n'a plus idée aujourd'hui. Ils étaient beaux, virils, et savaient se comporter dans les salons. Peu de femmes leur résistaient. Pour Rubirosa, un petit détail ajoutait à son attrait, à sa légende. On le disait doué de prouesses physiques qui laissaient rêveuses ses admiratrices : il était infatigable et gardait toujours le contrôle de ses sens. On le surnommait : « Toujours prêt » !

Je l'ai souvent croisé à Deauville et à Paris dans les années 1950, mais je n'ai pas été séduite outre mesure. Trop professionnel ! C'était un chasseur, comme l'était le prince Ali Khan ou l'autre grand séducteur de l'époque, le marquis de Portago. Barbara en fit très vite les frais.

Pourquoi faut-il que les Américaines épousent toujours leurs coups de cœur ? Quelle manie ! Impossible de sortir avec un homme si la situation n'est pas régularisée. Il est vrai qu'en Amérique on ignore tout du badinage amoureux, exclusivité française. Évidemment, le nouveau mariage de Barbara fut un naufrage. Elle couvrait Rubirosa de cadeaux, un avion, une plantation dans son île de Saint-Domingue, une écurie de chevaux de polo, tandis que lui la trompait sans scrupule. Deux mois plus tard, la séparation était annoncée dans la presse. La cinquième.

Avec quelques millions en poche, Rubirosa retourna auprès de Zsa Zsa pour un moment. Ils étaient de la même veine. L'actrice hongroise qui voulait être reine de Hollywood avait elle aussi une vision très pragmatique du mariage. Véritable Barbe-Rose de notre siècle, elle enchaîna huit maris sans faillir. Avec un sens particulier de l'honnêteté. Un jour que j'étais allée la voir dans sa maison sur les hauteurs de Los Angeles, elle me confia, avec son humour coutumier et en roulant les « r » : « À la fin d'une histoire d'amour, je suis très correcte. Je renvoie toujours les bagues qu'on m'a offertes... mais je garde les pierres ! »

Barbara n'avait pas cette présence d'esprit. « Le mariage, je sais comment on y entre, je ne sais jamais comment en sortir », disait-elle. Lorsque, à Cuernavaca, j'évoquais avec elle le souvenir de Rubirosa, espérant qu'elle soulèverait un coin de voile sur le détail qui faisait fantasmer toutes les femmes, elle brisa net toute spéculation, expliquant qu'il s'agissait seulement d'un mariage de raison, d'une histoire de taxes, d'impôts... Rubirosa bénéficiait d'un statut de diplomate, son prestige en avait fait une sorte d'ambassadeur de son pays, l'île de Saint-Domingue, et j'imagine qu'il devait jouir d'avantages fiscaux. Mais je ne suis pas sûre que l'opération fût bénéfique à Barbara.

Après cette expérience malheureuse, elle renoua avec un vieil ami, ex-champion de tennis, le baron Gottfried von Cramm. Il l'entoura de beaucoup de soins mais ne jouissait pas des mêmes qualités que Rubirosa... Dans sa suite du Ritz, Barbara trompait son ennui en buvant de plus en plus, elle se nourrissait de vodka et d'olives et perdait peu à peu pied. Elle pouvait se montrer avec ses amis particulièrement odieuse et le lendemain les couvrir de cadeaux somptueux. Autour d'elle commençaient à graviter pas mal de parasites.

Quand je la revois, elle a divorcé de von Cramm et s'est remariée à un personnage trouble rencontré au Maroc, un certain Raymond Doan, peintre et spiritualiste, devenu le prince Vinh Na Champassak, après que Barbara lui eut acheté le titre... Le mariage fut célébré à Cuernavaca, dans une ambiance irréelle où le pathétique le disputait au ridicule. La cérémonie se voulait bouddhiste et Barbara y apparut en caftan, des clochettes aux chevilles et la plante des pieds teinte au henné. Malgré cette mise en scène, le nirvana n'était pas au rendez-vous. Le paradis de Sumiya ne tint pas ses promesses.

À partir de là, Barbara dérape complètement. À Tanger, elle se comporte en reine absolue et multiplie les excentricités, les caprices. Elle se brouille avec ses amis, distribue ses bijoux autour d'elle, sans distinction, sans état d'âme. La fameuse tiare de la Grande Catherine s'enfuit avec le septième mari.

Lors d'un voyage en Espagne, elle a une aventure avec un jeune torero de vingt ans... C'est la fuite en avant. La mort de son fils, qui s'écrase en avion, achève de la détruire. Elle se reproche d'avoir été une mauvaise mère. Seule, abandonnée de tous, ayant fait le vide autour d'elle, escroquée par ses hommes d'affaires, quasiment ruinée, elle meurt en 1979.

Barbara se lassait trop vite de ses compagnons pour espérer connaître une vie sentimentale sereine. Elle était trop exigeante et trop égoïste pour construire une histoire durable. En amour, on n'exige rien, on suggère... Elle ne connaissait pas le mot « compromis » et le sens du mot « dévouement » lui était totalement étranger. Elle voulait qu'on l'aime, soit ! Mais était-elle aimable ?

Ce n'était pas l'égoïsme, bien au contraire, qui caractérisait une autre « grande mangeuse d'hommes » qu'il m'a été donné de croiser, mais plutôt un fichu caractère. Elle n'observait qu'une seule règle : faire ce que bon lui semblait !

Ava Gardner était une sensuelle. « Le plus bel animal du monde », l'avait baptisée la presse, à juste titre : un animal voluptueux, qui ne suivait que son instinct, qui fascinait ses proies, mais à qui il manquait un brin de jugement...

La première fois que nous nous sommes rencontrées, c'était à New York, en 1957, lors d'une cérémonie à laquelle j'assistais avec Unifrance-Film. J'y représentais le cinéma français, avec un film de Louis de Funès, *Comme un cheveu sur la soupe...* Inutile de dire que ce n'était pas le chef-d'œuvre du siècle ! J'en ai d'ailleurs gardé un souvenir désagréable : à la fin du tournage, un photographe n'avait rien trouvé de mieux, pour avoir un cliché original, que de me pousser à l'eau, alors que je portais une très jolie robe neuve... Une fois essorée, elle ressemblait à une vieille serpillière ! Le marquis Louis de Funès était un être charmant, mais, dans la vie, il n'avait rien du pitre qu'on admirait à l'écran. Il me faisait plutôt penser à un grand fonctionnaire d'État, non dénué d'humour.

Quelques années plus tard, il me fit cette remarque, alors que j'étais jeune mariée : « Les mains de banquier, ça ne vous donne pas de rides ! » Il n'avait pas tout à fait tort.

J'ai revu ensuite Ava en 1958, à Madrid, où je tournais un film avec un acteur beau comme un dieu, Vicente Para. Souvenir mémorable : la première scène que nous avons dû jouer ensemble, sans nous connaître, était une scène d'amour ! Le tournage a duré deux semaines et, tous les soirs, il y avait de grands dîners en notre honneur, souvent suivis de sorties en boîtes de nuit. C'est là que j'ai croisé à nouveau Ava Gardner. Elle était devenue la coqueluche de la ville. Elle hantait les clubs, dansant le flamenco de façon déchaînée. Sa beauté enthousiasmait les hommes, mais elle était déjà sur la pente... Sa relation passionnée avec le torero Luis Miguel Dominguin s'achevait.

Le parcours d'Ava est unique. Voilà une femme à la volonté inflexible, qui a connu une réussite professionnelle éblouissante — on se souvient de *Pandora*, de *Mogambo* ou de *La Comtesse aux pieds nus* — et qui a tout raté sur le plan sentimental. Non parce qu'elle était une midinette ou trop conciliante, mais parce qu'elle cherchait la passion, celle qui consume, sans se soucier des conséquences. De nature rebelle, elle ne supportait pas l'autorité des studios. « Quand je suis amoureuse ou que je vis une aventure, je cesse de travailler », disait-elle. Dans ses rapports avec les hommes, elle était entière, impulsive, incontrôlable. Et ils étaient nombreux à subir ses humeurs, tous fascinés par son voluptueux physique.

Pourtant, le premier mari n'a rien d'un play-boy. Mickey Rooney mesure un mètre soixante et est plutôt laid. On dirait un vieil enfant. Mais l'homme est, en 1942, une grande vedette, et la jeune Ava, âgée de vingt ans, se laisse séduire par ce parfum de succès. Découverte trois ans plus tôt par la Metro Goldwyn Mayer, elle est vite passée du statut de figurante à celui de starlette. Le mariage lance plus encore sa carrière, bien qu'il ne dure qu'un an. L'actrice tente une nouvelle expérience avec Artie Shaw, le fameux clarinettiste de jazz. L'essai n'est pas concluant : un an de vie commune qui se solde par un divorce. Elle est ensuite conquise par la cour empressée que lui fait un superbe garçon, le producteur et milliardaire Howard Hughes. Pluie de roses sur sa villa, bijoux, escapades au Mexique. Mais l'homme, connu pour ses névroses et ses lubies, la fait espionner jour et nuit, afin de connaître ses moindres faits et gestes. Un instinct de possession insupportable pour Ava, qui fuit.

C'est alors qu'elle ressent son premier vrai coup de cœur, ce battement qui vous brise la poitrine et vous rend prête à tout. Elle croise Frank Sinatra. La liaison est passionnée, sulfureuse. Le crooner, italien catholique, marié, est père de trois enfants. Son épouse refuse de divorcer. La presse s'empare de l'histoire d'amour indigne et Ava gagne une réputation de voleuse d'hommes, de mante religieuse...

Durant plusieurs années, ils vont s'aimer, se déchirer, leurs deux caractères s'opposant sans cesse, mais leur attirance physique les ramenant inexorablement l'un vers l'autre. Sinatra peut être brutal et arrogant, Ava tyrannique et capricieuse... Elle avoue : « Si j'étais un homme, je ne m'aimerais pas ! » Leurs carrières respectives sont aussi cause de disputes, de rivalités. Ils se font des scènes terribles qu'ils noient dans l'alcool. Je revois encore Sinatra, à un gala de charité à Las Vegas, lisant son discours, un grand verre à la main. Je pensais naïvement qu'il buvait de l'eau pour s'éclaircir la voix… C'était de la vodka !

Sinatra se fera prier pour divorcer. Mais Ava a de la ressource. Elle n'hésite pas à le tromper pour le rendre jaloux, et lorsqu'elle tombe dans les bras de son partenaire, Mario Cabré, durant le tournage de *Pandora*, il finit par craquer. Il s'envole pour l'Espagne et ramène l'indomptable Ava aux États-Unis. À la presse, les deux amants terribles, assagis un bref instant, annoncent leur mariage, avant de se battre à nouveau la veille du grand jour ! Leurs amis parviennent in extremis à les réconcilier.

Leur union durera trois ans, semée de séparations, de scènes de jalousie et de réconciliations sur l'oreiller. Sinatra était petit, malingre, macho et irrésistible. Surtout lorsque, pour satisfaire aux acclamations de son public, il entonnait, l'œil langoureux, *Stranger in the night*. Mais, plus que l'homme, je crois que c'était cette atmosphère de tempête, de portes qui claquent, qui était indispensable à la star. Elle cherchait avant tout une vie pimentée. Aventurière, oui, bourgeoise, jamais !

Un couple de mes amis entretenait ce genre de relation. Ils ne pouvaient passer une soirée sans se disputer. Nous en avions eu un avant-goût dès le soir de leur mariage — le second pour chacun d'eux. Une réception était donnée chez Maxim's et, tandis que le brouhaha des conversations mondaines emplissait la très élégante salle, des éclats de voix, puis des insultes jetèrent un froid. Nous fûmes d'autant plus embarrassés lorsque nous comprîmes que la dispute opposait les nouveaux mariés… L'homme reprochait à son épouse de flirter avec son voisin ! La jalousie est une chose naturelle, elle est même une des composantes de l'amour. S'il est vrai que c'est un poison, nous sommes tout de même maîtres du dosage. Finalement, après un psychodrame, le couple s'enlaça sur la piste de danse et tout le monde respira.

Dans *Pandora*, Ava Gardner incarne une femme fatale indifférente aux hommes qui se consument d'amour pour elle. L'un d'entre eux lui reproche d'être incapable d'aimer et de ne rechercher que des sensations fortes… « Votre insatisfaction est faite de fureur et de destruction. » Tout le portrait d'Ava !

L'Espagne va lui offrir ce qu'elle attend. En 1953, Ava fait à nouveau le voyage pour le tournage de *La Comtesse aux pieds nus*, où elle incarne Maria Vargas, une danseuse de cabaret. Elle renoue avec l'atmosphère découverte deux ans auparavant pour *Pandora* et plonge avec délice dans le climat chaud, violent, exubérant d'un pays latin et d'un peuple fier, si bien en accord avec sa personnalité fougueuse. Sinatra est dépassé par plus fort que lui.

Elle devient l'amie d'un autre amoureux de l'Espagne, Ernest Hemingway, avec lequel elle partage la passion de la tauromachie et celle de l'alcool. Mais c'est bien sûr sa liaison avec Dominguin qui va la lier définitivement à cette terre. « Il était grand, avec des yeux sombres, attentifs et perçants… J'ai su, sans l'ombre d'un doute, qu'il était fait pour moi », écrit-elle dans ses Mémoires. À l'époque, l'homme est le torero le plus célèbre au monde. Picasso est son ami, Hemingway l'encense : « C'est don Juan dans la peau de Hamlet » ! Car Dominguin porte l'estocade avec autant d'habileté dans l'arène qu'au lit! Comment s'étonner de ce succès? Comme le joueur de polo, le torero a un très fort pouvoir sensuel. Sa force physique, son corps constamment mis en danger, sa silhouette moulée dans son habit de lumière, son courage, le distinguent des autres hommes.

Quand il rencontre Ava, Dominguin se remet d'une blessure qui a failli lui être fatale. Ils se font face. « *No english,* s'excuse-t-il. *No español* », répond-elle. Ils n'auront pas besoin de se parler. Ils se comprennent autrement... Nuits blanches et folles soirées dans les bars d'hôtel. « Une vie de baisers et de champagne », raconte Dominguin. Ava se laisse submerger par la passion, décide de ne plus mettre le pied à Hollywood et de s'installer en Espagne. Elle achète, à quelques kilomètres de Madrid, un ranch baptisé La Bruja (la sorcière). Sur le toit trône une girouette avec balai et chapeau pointu...

Ava a divorcé de Sinatra. Elle est libre, offerte, prête à vivre sa nouvelle aventure. Mais il ne saurait être question de bonheur serein. Dominguin est un séducteur, aussi difficile à retenir que la comédienne, et après le plaisir de l'étreinte charnelle la souffrance n'est pas longue à apparaître et à taillader le cœur... Ava connaît cette douleur, elle sait comment la combattre. Une grande rasade de whisky!

J'ai souvent croisé Dominguin. Il était de toutes les manifestations mondaines de l'époque. Je le voyais en particulier aux chasses auxquelles nous participions avec Edmond en Espagne et, réellement, il avait du charme. Même si j'avais été célibataire, je me serais bien gardée d'approcher ce genre d'homme, dont je savais qu'il n'y avait rien à attendre. Je me trompais à moitié : il quittera un jour Ava pour épouser une jeune actrice italienne, Lucia Bose, et fonder une famille. À qui se fier !

Ava accepte cet abandon avec le fatalisme qui est désormais sa philosophie. Elle sait qu'elle ne ferait pas une mère idéale. Et puis elle est trop sensuelle pour être fidèle. Dominguin racontait qu'elle avait un appétit insatiable et, bien qu'il fût un grand sportif, il était totalement épuisé après leurs étreintes. Elle était Rubirosa en jupons...

Ava se jette sur tout ce qu'elle trouve : des *Latin lovers* de seconde catégorie, comme Walter Chiari, un charmant comédien italien que j'avais aperçu dans les studios de Rome, de jeunes gitans, des play-boys de passage, des soldats américains... qu'elle poursuit de ses ardeurs et oublie dans l'alcool. Elle ne se relèvera pas de ce dérapage incontrôlé. Tout à fait lucide sur sa déchéance, elle accepte son sort et porte son désespoir avec panache. Dans *La Croisée des destins*, elle est pathétique et l'on devine son déclin. *La Nuit de l'iguane* tournée en 1963 sera le chant du cygne.

En 1978, je l'ai revue à Monaco, au mariage de la princesse Caroline avec Philippe Junot. C'est terrible à dire, mais je me souviens d'elle accrochée au buffet, un verre à la main...

Après une ronde d'amants et pas mal de bouteilles, dans un sursaut de lucidité, elle part s'installer à Londres. Elle y vivra de façon recluse jusqu'à sa mort, en 1990. Consciente de son autodestruction, elle refusera toute interview. Elle aura ce mot très beau : « Si je n'ai pas le bonheur, qu'on me laisse au moins ma misère. »

Je l'ai croisée, une dernière fois, un matin très tôt, dans le parc de Kensington, où elle promenait ses chiens. Elle portait des lunettes noires, un chapeau, un pull-over et un pantalon. Un look faussement anonyme, qui lui donnait un air de Greta Garbo et qui n'était pas éloigné de celui de Jackie à la fin de sa vie.

« L'amour se mesure à ce que l'on accepte de lui sacrifier », cette phrase revient comme un leitmotiv dans le film *Pandora.* Ava lui aura tout sacrifié, jusqu'à sa propre vie. La femme qui aime trop abat son jeu ; c'est une erreur : même l'amoureuse la plus éperdue doit toujours garder en main certains atouts si elle veut gagner.

Cette fin pathétique ravive en moi le souvenir d'une autre actrice morte dans des conditions particulièrement tristes, Romy Schneider.

J'aimais beaucoup Romy que j'avais connue sur un tournage au début des années 1960. J'étais venue rejoindre mon ami, le maquilleur Michel Deruelle. J'avais déjà fait la connaissance d'Edmond et mis un terme à ma carrière, mais je continuais à fréquenter Michel ; grâce à lui, je gardais un contact avec le monde du cinéma.

Romy était très attachante, sa voix surtout était magique — elle ressemblait beaucoup à celle d'Ariane, ma belle-fille. Son accent grave, chaleureux, qui pouvait parfois être sombre, captait aussitôt l'attention.

On sentait que l'actrice espérait beaucoup de l'amour et qu'elle mettait dans sa vie sentimentale la même rigueur, la même attente que dans sa carrière cinématographique. Mais, à placer la barre trop haut, comment ne pas être insatisfaite ? Très Sissi impératrice, Romy cherchait un prince consort. Un homme qui serait disponible vingt-quatre heures sur vingt-quatre. Paradoxalement, elle choisissait des hommes à forte personnalité, qui voulaient exister par eux-mêmes et non à travers elle. Fatalement, elle se plaignait de ne pas avoir leur soutien.

Alain Delon était l'un des hommes les plus beaux qu'il m'ait été donné de rencontrer. Ce n'était pas Gianni Agnelli, sa beauté n'était pas aristocratique, mais dans le genre « mauvais garçon », il était à tomber ! Je suis sûre qu'il a passionnément aimé Romy, même s'il l'a finalement quittée.

Ils sont réunis pour la première fois en 1958, à l'occasion du film *Christine*. Le coup de foudre n'est pas immédiat. Il lui trouve un côté petit-bourgeois, elle le juge vulgaire et arrogant. Le temps finira par corriger cette erreur d'appréciation. À la fin du tournage, Romy emménageait avec Alain à Paris.

Delon sera un partenaire de choix. C'est lui qui présente Romy à Luchino Visconti. Et lance ainsi sa carrière internationale. Adieu Sissi et ses robes à crinoline ! Elle tourne avec Orson Welles, Otto Preminger, Jacques Deray, Joseph Losey, Granier-Deferre, Costa-Gavras. Elle devient l'actrice emblématique de Claude Sautet, joue dans tous ses films. Il est fasciné par sa beauté altière qu'il met en valeur en lui dégageant le visage, en lui nouant les cheveux en catogan, en la faisant mincir, révélant ainsi la grande sensualité de son corps. Il est également sensible à sa personnalité trouble, faite de force et d'insécurité, d'humour et de larmes rentrées.

Car Romy n'est pas heureuse en amour. Combien de

fois m'a-t-elle dit que son travail lui procurait une grande satisfaction, mais que le bonheur lui glissait entre les doigts ! Après la folle aventure avec Delon, qui a duré cinq ans, elle croit atteindre la sérénité grâce au metteur en scène allemand Harry Meyen, qu'elle épouse en 1965. Deux ans plus tard, la naissance de son fils David illumine sa vie, mais ne sauve pas la relation qui se termine par un divorce.

C'est à cette époque que nous nous sommes revues. Nous allions toutes les deux en cure de thalassothérapie à Quiberon, chez mon amie Marie-Josée Bobet. Une cure toute relative, car, dès que nous avions la possibilité de nous échapper, nous allions nous régaler de caramels salés, « les Petits Guillaume ». Et c'est avec Romy qu'un jour, dans le petit avion qui nous ramenait à Paris, j'ai découvert la maison de pêcheurs qui est aujourd'hui la mienne. Alors que nous la survolions, le pilote nous a déclaré qu'elle était à vendre. Romy m'a dit en plaisantant : « Et si tu l'achetais ? — Pourquoi pas ? » ai-je répondu. Je l'ai acquise comme ça, sans l'avoir visitée. Un an plus tard, nous sommes venues voir ma propriété : c'était un hangar où les pêcheurs entreposaient leurs filets !

Nous nous sommes ensuite perdues de vue, puis je l'ai retrouvée après la mort de son fils David, en 1981... Entre-temps, Romy avait épousé en 1975 son secrétaire, Daniel Biasini, qui lui avait donné une fille deux ans plus tard, Sarah. Cependant, leur union s'était soldée par un divorce. Romy avait perdu tout espoir de réussir sa vie sentimentale.

Paradoxalement, elle était alors au faîte de sa gloire. Elle avait obtenu un césar pour *L'important c'est d'aimer*, puis un second pour *Une histoire simple*. Elle était l'actrice préférée des Français. Toutefois, ses crises d'angoisse faisaient place à un désespoir entier, implacable. Son équilibre déjà précaire avait été ébranlé par le suicide de Harry Meyen et par des ennuis de santé qui la rongeaient. La mort accidentelle de son fils lui porta un coup fatal.

Ce n'était plus la même femme que j'allais voir l'après-midi dans son appartement de l'avenue Bugeaud. Sa beauté s'était altérée. Derrière ses yeux cernés, son visage sans éclat, je devinais les nuits d'insomnie, les médicaments, l'alcool, le découragement. Elle portait souvent une grande djellaba, s'asseyait par terre et me parlait de sa solitude et de ses frustrations, mais avec encore une forte combativité. J'essayais de la distraire, de lui changer les idées avec des futilités, en lui apportant, par exemple, de nouvelles crèmes de beauté de la fondation Rothschild. Mais, très vite, la conversation reprenait un tour sombre. Elle avait des problèmes d'argent. Elle voulait déménager. Elle ne savait que penser de son nouveau compagnon. Allait-elle une nouvelle fois au-devant de désillusions ? Romy avait besoin d'être assistée et sécurisée sans cesse. Elle était capable de m'appeler en pleine nuit pour me demander une énième fois mon avis. Il me fallait sentir ses angoisses, mais me taire et l'écouter.

Lorsqu'on a annoncé la terrible nouvelle, le 29 mai 1982, ce fut un choc ! Bien sûr, ses amis connaissaient sa détresse et craignaient son suicide, elle avait déjà fait des tentatives à Quiberon, mais Romy affirmait à tout le monde vouloir vivre pour sa fille, Sarah. Hélas, il y a un moment où le cœur s'arrête de battre pour de bon...

Un jour, il y a quatre ans, je reçois un appel téléphonique d'une dame qui demande à me voir. Elle souhaite m'offrir pour mes œuvres de charité une très belle tapisserie. Puis je n'en entends plus parler, jusqu'à il y a quelques mois, quand sa fille m'informe que sa mère, décédée à l'âge de quatre-vingt-seize ans, me lègue par testament cette tapisserie. Après avoir sympathisé avec cette adorable personne, je me propose de prendre possession du présent à son domicile. À mon grand étonnement, elle habite au 11, rue Barbet-de-Jouy, là même où Romy Schneider avait cessé de vivre ! J'avoue ne pas avoir eu le courage de m'y rendre.

Il est terrible de réaliser que tant de ces célébrités ont été si malheureuses qu'elles en sont venues à mourir de solitude et de manque d'amour ! Leur vie aurait pu être merveilleuse, mais leur bonheur était gangrené par une angoisse paralysante. Elles appartiennent à cette catégorie de femmes que j'appelle les « pas-de-chance ». Elles ont toujours fait le mauvais choix, par faiblesse, par aveuglement, par naïveté. L'amour n'est pas un sentiment innocent. Il requiert une grande maîtrise de soi. Être deux, c'est facile, tout peut arriver ; être deux, c'est fragile, tout peut se briser... Sans doute l'amour est-il le plus doux des euphorisants, mais à condition de ne pas se laisser dévorer par lui.

Être une star et une épouse accomplie, est-ce donc incompatible ? Faut-il choisir entre sa carrière et une vie sentimentale sereine ? Peut-être est-il préférable de se retirer à un certain moment. Renoncer aux feux de la rampe pour vivre dans la discrétion, mener une vraie vie de couple épanouie et heureuse. Marilyn disait :

« Une carrière, c'est fantastique, mais on ne peut pas se blottir contre elle la nuit lorsqu'on a froid. » Au grand jeu du cinéma, on vend la notoriété, on ne vend pas la sécurité avec. Comme l'écrivait Mme de Staël : « La gloire n'est, pour les femmes, que le deuil éclatant du bonheur. »

3

Les « mammas »

« Je rêvais d'une vie ordinaire. »
Rita Hayworth

Tout en écrivant ce livre, j'interroge ma femme de chambre :

« Carmen, qu'est-ce que vous faites pour rendre heureux votre mari ?

— Je lui fais des petits plats, Madame.

— Et il vous en aime davantage ?

— Oui, quand c'est bon ! »

Juliette Gréco l'a chanté : la cuisine retient les maris à la maison. Et la recette est valable pour tout le monde. Star ou pas star, il est une majorité de femmes qui ne jurent que par les fourneaux. J'ai connu de nombreuses célébrités qui concevaient ainsi le bonheur. Au cinéma, elles incarnaient des vamps aventureuses, mais ne rêvaient que de confort bourgeois. Loin de l'image que les écrans projetaient d'elles, elles n'aspiraient qu'à mener une existence calme et discrète, auprès d'un mari convenable. Très conscientes du danger d'une vie trop exposée, elles ne s'intéressaient pas à la compétition. Elles se contentaient de la troisième marche du podium, car pour elles la victoire était ailleurs... Dans les acclamations d'un public plus restreint, leur famille, leurs enfants. Lorsqu'elles quittaient les studios, qu'elles refermaient la porte de leur loge, elles redevenaient des mères attentionnées, des mammas italiennes qui préparaient les pâtes pour toute la maison.

La *pasta* ! C'est le jardin secret de Sophia Loren ! Voilà une star qui a réussi à se tenir éloignée des récifs de la notoriété. Elle a su préserver sa vie privée. Elle s'est construit un univers stable et harmonieux, à l'abri de la presse. Pas de scandales, ni de divorces fracassants, ni de drames passionnels dans la vie de Sophia. Sauf, bien sûr, l'énorme tumulte qu'a déclenché son histoire d'amour avec Carlo Ponti.

La jeune femme n'a pas vingt ans lorsqu'elle voit son destin pris en main par le producteur. L'actrice qui a débuté comme figurante dans *Quo vadis ?* en est encore aux balbutiements. Elle enchaîne les petits rôles, pose pour des romans-photos, fait preuve d'une volonté de fer. Carlo Ponti devine de quoi est capable cette Napolitaine, débarquée à Cinecittà, après avoir gagné un aller-retour pour Rome en participant à un concours de beauté. Soutenue par une mère exigeante, la « Princesse de la mer » voit loin.

Sofia Scicolone a déjà été rebaptisée une première fois Sophia Lazzaro, Carlo Ponti lui préférera Loren. Cours de diction pour atténuer son accent du Sud, apprentissage de toutes les subtilités du jeu dramatique, savant dosage de sensualité contenue et d'élégance bon genre... la métamorphose commence. Il ne faudra que quelques années à Sophia pour se transformer en créature de rêve. La marchande de pizzas laisse la place à une beauté sophistiquée, robe de taffetas et talons aiguilles. Sophia découvre son pouvoir de séduction. Sa beauté est pourtant singulière : ses yeux, sa bouche, son nez, sa taille, tout est trop grand ! Mais le public masculin est aussitôt conquis. Elle devient la rivale de Gina Lollobrigida.

L'élève apprend vite et bien. Pour une raison évidente : elle est amoureuse de son professeur... Carlo Ponti a vingt-trois ans de plus qu'elle, il est marié ; il se dégage de sa personne tant de droiture, d'intelligence et de bonté que Sophia n'hésite pas. Sans doute entre-t-il dans son sentiment une frustration qui remonte à l'enfance... Sophia a été privée d'affection paternelle. Cet homme d'expérience qui lui propose un bras protecteur est comme la figure d'un père. Toujours est-il qu'elle se donne à lui corps et âme. Elle ne le quittera plus.

Ce qui ne va pas sans créer quelques complications. À cette époque, l'Italie n'autorise pas le divorce. Lorsque Carlo Ponti décide d'épouser Sophia, il est déclaré bigame ! Bien évidemment, la presse se passionne pour la briseuse de couple et le mari indigne. Ceux-ci fuient à l'étranger pour se protéger des paparazzi et vivre leur amour dans l'anonymat des grands hôtels, mais ils sont sans cesse rattrapés par les photographes. Finalement, Carlo Ponti accède à la nationalité française et échappe aux lois italiennes. Le 9 avril 1966, ils peuvent se marier.

À mes yeux, cette histoire d'amour est la plus belle concrétisation d'une entente entre deux personnes. Le Pygmalion et la petite starlette, c'est *My Fair Lady* ! Elle illustre parfaitement ce qui doit unir un couple : respect, estime, don de soi, constance, honnêteté. Ces deux êtres se sont passionnément aimés, portés par le regard de l'autre, et, fait rarissime, leur ego ne leur a pas fait d'ombre. Durant toute sa vie, Sophia a voulu être digne de la confiance que Carlo Ponti avait placée en elle.

Elle ne le décevra pas et son parcours sera exemplaire. Après ses succès en Italie, elle s'envole pour Hollywood et entame une carrière américaine. Elle joue dans une dizaine de films. Je la croise à cette époque en Angleterre. Je tournais dans une comédie musicale intitulée *Girls at Sea*. La vedette était sur un plateau voisin, où elle jouait en compagnie de Cary Grant. Je me souviens qu'on venait de lui voler ses bijoux et que Cary Grant avait eu cette phrase qui m'avait stupéfiée : « Oh, elle les avait déjà tellement portés ! »

Cependant, c'est dans son pays natal que Sophia est sacrée star, grâce à un autre homme auquel elle doit beaucoup, Vittorio De Sica, qui lui fait tourner en 1960 *La Ciocciara* — l'histoire de Sophia. Si j'avais été à sa place, je crois que je me serais laissé séduire par Vittorio De Sica, qui était très bel homme... Dès lors, elle enchaîne les triomphes. En 1977, sa performance face à Marcello Mastroianni, dans le chef-d'œuvre d'Ettore Scola, *Une journée particulière*, lui assure sa place dans le panthéon des stars.

Je fais sa connaissance durant ces années-là grâce à mon amie Mercedes de Gunzburg. Sophia cherchait à s'installer à Paris et après quelque temps emménagea dans un appartement en face de l'hôtel George V. Elle était alors très connue, au faîte de sa gloire, mais elle voulait quitter l'Italie et son ambiance de terreur. Les Brigades rouges sévissaient et toutes les personnalités du pays craignaient qu'on ne kidnappe leurs enfants. Il y avait aussi une autre raison : le fisc italien lui réclamait une somme colossale, totalement irréaliste aux yeux de l'actrice. Aidée de Carlo Ponti, elle s'est débattue longuement, puis a choisi la fuite. Sophia était très malheureuse de cette situation qui la rendait impopulaire, le peuple lui reprochant de ne pas vouloir payer ses impôts. Enfin, elle eut le courage de retourner dans son pays et même de faire de la prison ! Je ne connais pas beaucoup de femmes de cette envergure.

Nous nous sommes revues à Megève, où elle louait un chalet à côté du nôtre. Quand elle est venue vivre à Genève, nous sommes devenues amies. Ses fils, Carlo junior et Eduardo, étaient dans la même école que mon fils Benjamin, le collège de Florimont, et Sophia allait les chercher comme n'importe quelle mère. Seule sa silhouette parfaite et un je-ne-sais-quoi de magique la distinguaient des autres.

Je l'ai souvent invitée aux dîners que je donnais à Prégny. Avec Edmond, nous avons beaucoup reçu. Sophia faisait toujours sensation, d'autant que j'aimais mélanger les personnalités, placer un chercheur ou un homme politique à côté de la star, ce qui était plus divertissant pour elle, et tout à fait nouveau pour eux ! Je revois le visage radieux du président de Rhône-Poulenc, qui ne pouvait détacher son regard des yeux en amande de Sophia ! Elle feignait de ne rien remarquer et continuait à lui sourire gentiment.

Son principe de séduction était à l'opposé de celui

de Jackie. Sophia ne posait pas de questions, elle n'en avait pas besoin, elle attendait qu'on s'adressât à elle et répondait par le plus désarmant des sourires et un battement de faux cils. Aujourd'hui, il n'y a plus que les mannequins pour se comporter ainsi, mais la comparaison s'arrête là : Sophia n'est pas du style à faire du jet-ski à Saint-Tropez ! Grâce à son prestige et à sa beauté, il lui était inutile de faire un effort, mais je crois qu'il n'y avait là aucune assurance excessive. Au contraire, malgré le succès et quelques années d'expérience, Sophia est demeurée timide.

Elle dit qu'elle ne s'est jamais considérée comme une star... Il est permis d'en douter quand on la voit drapée dans les sublimes robes de Loris Azzaro, mais il est vrai qu'elle n'a jamais oublié d'où elle vient. Elle est restée Sofia Scicolone, la jeune fille pauvre du village de Pozzuoli, dévorée d'ambition, les pieds sur terre, mais également réservée, pudique, très croyante, viscéralement attachée à la famille. Elle a bâti son propre univers, où les êtres aimés étaient liés comme par le sang : Carlo Ponti était un père, Vittorio De Sica un oncle, Marcello Mastroianni un frère.

Malgré peut-être quelques nuages, Sophia fit tout pour protéger son mariage, le bien le plus important à ses yeux, avec ses fils Carlo junior et Eduardo. Elle appartient à ce genre de femmes qui ne quittent pas le bateau, n'abandonnent pas l'homme qui les a « faites ». En outre, quinze ans d'attente avant de pouvoir épouser Carlo Ponti et de lui donner des enfants lui avaient permis de réfléchir. C'est l'idéal de vie qu'elle se souhaitait. Et elle s'est battue pour l'obtenir... Les médecins avaient formellement déclaré à Sophia qu'elle ne pourrait pas avoir d'enfants ! Elle n'a jamais voulu les croire. Elle peut aujourd'hui être satisfaite : son histoire d'amour fait rêver et ses fils sont magnifiques.

L'année dernière, nous nous sommes retrouvées au cocktail donné en l'honneur de Jean Barthet, à Paris, peu de temps avant la mort du célèbre modiste. J'ai été impressionnée par son allure. L'actrice n'avait pas pris un gramme, sa chevelure ondulait juste ce qu'il fallait, sa peau était parfaite, le maquillage dessiné au millimètre, et ses jambes aussi fines que celles d'un mannequin... J'étais fascinée par un tel spectacle, car je sais ce qu'il exige de travail et de rigueur.

Sophia ou la sophistication faite femme ? Sans aucun doute. Dès ses premiers succès, elle a dévalisé les magasins, accumulé les chaussures et les chapeaux, affiché une attention constante pour la mode, les défilés ; cependant, cette savante architecture disparaît lorsqu'elle passe derrière les fourneaux et qu'elle cuisine pour toute la famille. Sophia est double, et je suis sûre qu'aujourd'hui ce qui lui fait le plus plaisir, c'est d'être une mère de famille. Très glamour, cela s'entend !

Mener une vie de famille bien tranquille et à l'abri des photographes, voilà aussi ce que désirait Rita Hayworth. Mais la star à la crinière rousse n'a pas eu la chance de Sophia.

Quel dommage ! Cette femme de grande qualité méritait d'être heureuse. Je la vois encore sur le champ de courses à Deauville. Elle accompagnait le prince Ali Khan, qui l'exhibait comme un trophée. Cette foule mondaine et bruyante qui s'amusait d'un bon mot ou d'un excès de snobisme n'était pas son milieu. Elle parlait à peine, esquissait un sourire, mais on voyait bien qu'elle rêvait de s'enfuir au plus vite !

Le couple était mal assorti. La star était trop grave pour lui. Les hommes de son genre aiment les femmes gaies, légères, pétillantes. Ali appartenait à la même catégorie que Rubirosa, à cette race d'hommes qui engendrent l'amour : quand une femme le regardait, elle ne pensait pas à aller faire ses courses ! Pour ma part, même si à l'époque je n'étais encore qu'une jeune starlette, je me tenais éloignée de ces prédateurs, auxquels on ne pouvait se fier. De toute façon, je n'étais pas du tout le style d'Ali, pourtant j'étais rousse...

Que Rita n'ait pas vu le piège et les limites du personnage reste pour moi une énigme. Comment une femme en vient-elle à croire qu'avec elle « il » sera différent ?

Lorsqu'elle épouse le prince Ali Khan, Rita devine rapidement l'erreur de casting. Elle en a déjà fait l'expérience avec ses deux précédents maris. Le premier, Edward Judson, est un homme d'affaires qui prend sa fonction de Pygmalion très au sérieux. Il métamorphose la jeune Margarita Carmen Cansino, danseuse d'origine espagnole, la fait maigrir, changer de nom, et surtout, teindre en rousse. Ce sera un vrai coup publicitaire ! La carrière de Rita s'envole, mais l'amour en pâtit. Le mari se révèle tyrannique et âpre au gain. Il négocie ses contrats et touche sa part des bénéfices. Mieux, lorsqu'ils finissent par divorcer, il exige la quasitotalité des biens de Rita et les obtient !

L'actrice n'est pas batailleuse et préfère se soumettre plutôt que de lutter. Une attitude qu'elle a depuis l'enfance, quand son père l'obligeait à danser sans relâche afin de gagner quelques sous. Dès l'âge de quatre ans, la petite Margarita a hanté les cabarets et autres night-clubs pour s'exhiber dans des numéros que mettait au point Eduardo Cansino. Avec ses maris, elle adopte le même comportement : elle se laisse prendre en main, quitte à y laisser... sa chevelure.

Lorsqu'un soir Orson Welles l'appelle au téléphone, elle n'ose y croire. L'homme est considéré comme un génie et tourner sous sa direction, une consécration. Mais avant de lui proposer un film, il la demande en mariage... Rita accepte, fascinée par l'intelligence, le magnétisme d'Orson Welles. Naïve et amoureuse, elle lui donne très vite une fille, Rebecca.

Explose alors la bombe *Gilda.* Le succès fracassant du film donne à Rita la dimension d'une star mondiale. Elle ne fait plus qu'un avec son rôle de femme fatale, fascinante silhouette à la chevelure sensuelle et au corps moulé dans un fourreau, qui fait glisser le long de son bras un gant noir comme on enlève un bas... «*Put the blame on Mame.* Faites-en le reproche à maman», susurre-t-elle. Les hommes en sont fous. Rita devient le sex-symbol le plus célèbre de l'époque. Les GI punaisent au-dessus de leurs lits sa photo en négligé de dentelle noire, et la bombe atomique qui explose sur l'atoll de Bikini est baptisée *Gilda*...

Hélas, le malentendu est total. Rita n'est pas cette créature de rêve qui vampe les hommes en leur faisant espérer des moments intenses et voluptueux. Au fond d'elle-même, elle demeure la petite Margarita, timide, cherchant à bien faire pour plaire à tout le monde. Elle est dépassée par le mythe qu'elle est devenue. L'amour qu'elle attend d'un homme, elle le voudrait à sa dimension : modeste, serein et épanoui. Un mari protecteur et des enfants auxquels elle consacrerait le restant de ses jours.

Orson Welles sait tout cela et décide de s'en servir. Je le pense suffisamment machiavélique pour se douter des conséquences de son geste : il propose à Rita de tourner pour lui. Celle-ci est folle de joie et ne l'en aime que davantage. Toutefois, pour son rôle dans *La Dame de Shanghai*, il lui faut un nouveau look. Orson Welles lui demande de couper sa chevelure ! Pis, il organise devant les journalistes la scène du sacrifice. Comme toujours, Rita se laisse faire et se retrouve les cheveux courts, décolorés en blond ! *Gilda* est morte et, en un sens, Rita s'en réjouit. D'autant qu'elle est sûre de jouer dans un grand film. Elle n'a pas tort, mais elle n'imagine pas quelle sera la réaction du public à la sortie en salles... On crie au scandale ! Le public, tel un amoureux trahi, se sent bafoué et renie celle qu'il a adorée. Dans l'ombre, Orson Welles savoure cette nouvelle provocation, ce pied de nez à la gloire, au statut de star, au rêve américain... Mais il tue par là même son mariage. Rita est désespérée. Et ses crises de larmes, son attitude soumise rendent Welles plus détestable encore. Il fuit cette épouse qui ne comprend rien au génie et passe son temps à sangloter.

Rita part en Europe pour la promotion du film. Elle séjourne sur la Côte d'Azur et, lors d'une soirée au Palm Beach, à Cannes, elle fait la connaissance d'Ali Khan. Elsa Maxwell, l'intrigante chroniqueuse américaine des stars et *public relation* hors pair, l'a convaincue d'accepter l'invitation : elle imagine déjà la rencontre à venir et pressent qu'elle tient là le scoop de l'année ! Cette grosse dame très laide peut faire ou défaire une réputation en un rien de temps. Crainte de tout le monde, elle est invitée partout. Dans cette époque de l'après-guerre, la Côte d'Azur est le rendez-vous obligé d'une société internationale, qui se partage entre l'hôtel Eden-Roc, la maison de Gianni Agnelli et celle des Windsor. Réceptions, casinos, bateaux... l'ambiance est à la fête, aux mondanités, au faste. Un parfum que j'allais respirer quelques années plus tard.

Quand Ali pose le regard sur la silhouette de Rita, au moment où elle pénètre dans la salle de bal, il sent son cœur se serrer. La star a retrouvé sa chevelure, sa beauté est rayonnante et elle est venue en célibataire... Une proie de choix pour ce grand séducteur. D'autant que son attirance pour elle n'est pas nouvelle. Pendant la guerre, lorsqu'il séjournait au Caire, il avait découvert sur les écrans de cinéma le visage de Rita et, comme tous les hommes à travers le monde, il avait fantasmé sur ses formes sensuelles. Il s'était juré qu'un jour il l'aurait pour lui seul !

Il lui fait aussitôt la cour, l'invite chez lui au Château de l'Horizon. C'était une grande villa blanche des années 1930 près de Golfe-Juan, au bord de la mer, très élégante, mais qui avait à mes yeux un inconvénient majeur : la ligne de chemin de fer passait juste derrière... Rita a deviné le play-boy en mal de conquêtes et, même s'il se montre charmant, elle reste sur la défensive. Elle ne veut plus souffrir pour un homme. Ses deux expériences précédentes lui ont appris que les beaux sentiments cachent aussi l'envie, la méchanceté, les larmes à venir. Les hommes peuvent être si cruels...

Elle connaît la réputation d'Ali. Le fils de l'Agha Khan est déjà marié à une Anglaise qui lui a donné deux fils, mais dont il vit séparé. Ses moyens, du moins ceux mis à sa disposition par son père, lui permettent une vie nonchalante et luxueuse, peuplée de jolies femmes. Cependant, l'homme a des qualités : il est attentionné, étranger à toute idée de manipulation, et ce regard doux, qui fait fondre les femmes, semble parfois se teinter de mélancolie. Rita se prend à rêver... Peut-être a-t-il lui aussi le secret désir de changer de vie ?

Elle part tourner à Séville et consent à ce qu'il l'accompagne. Elle ne lui échappera plus. Elle rentre ensuite aux États-Unis, il la poursuit et, finalement, elle cède à ses avances. Très vite, la presse s'empare de leur idylle. Le scandale est énorme. Rita n'a pas divorcé d'Orson Welles et les ligues de vertu américaines se déchaînent. S'ensuivent les interminables procédures, prosaïques et sinistres, la bataille autour de Rebecca, les questions d'argent. Rita fait front et, le 27 mai 1949, dans un Vallauris en fête, elle peut épouser l'homme qu'elle aime.

Son mariage est digne d'une superproduction hollywoodienne. Le petit village provençal a été décoré de lampions et de guirlandes, comme pour un 14 Juillet. Rita et Ali font leur apparition dans une Cadillac blanche décapotable sous les acclamations d'une foule en liesse. Les photographes se piétinent pour prendre le bon cliché, celui qui fera le tour du monde. La nouvelle mariée porte une robe de Jacques Fath en mousseline de soie bleue et une grande capeline. Elle est resplendissante.

Après la cérémonie, une réception est donnée au Château de l'Horizon, décoré de trente mille roses. Autour de la piscine, où l'on a fait couler quatre cent cinquante litres de parfum et où flottent deux couronnes d'œillets blancs en forme de A et de M (pour

Margarita), se pressent plusieurs centaines d'invités. Le monde des courses y côtoie celui du cinéma, quelques membres du gotha, des princes orientaux et tous les mondains de l'époque. Huit chefs ont préparé les buffets et cinq camions sont venus livrer champagne et mets raffinés.

Rita a trente et un ans et veut croire à son mariage. Mais ce grand spectacle la gêne ; fatalement, il faut en passer par là, soupire-t-elle. À présent, elle veut vivre auprès d'Ali un bonheur plus intime, moins tapageur, loin de la foule dont elle a toujours eu horreur. Elle veut connaître le plaisir simple et merveilleux d'avoir une maison bien à soi, elle qui a passé son enfance dans une roulotte. Erreur... Ali a épousé « la déesse de l'amour », selon le magazine *Life*, et non une bourgeoise ! Et si, entre deux cocktails, il se plaint de la superficialité de son existence, il ne renonce pas pour autant à son style de vie.

On ne change pas un homme. J'en sais quelque chose : Edmond, à l'inverse d'Ali Khan, était un casanier qui détestait les mondanités. Il ne voulait jamais entendre parler de grandes soirées... Je devais ruser, tout organiser en secret et, avec des trésors de diplomatie, le mettre devant le fait accompli ! Il maugréait et me faisait jurer de ne plus recommencer. Il ne goûtait pas les plaisirs de la société, auxquels il préférait la solitude de la voile ou de la chasse. Durant plusieurs années, il m'a proposé de l'accompagner sur son bateau, le *Gitana*. Mais Edmond était seul maître à bord, et si parfois il condescendait à me laisser barrer je me suis vite sentie de trop dans cet univers de « célibataire » ; quant à la chasse... À peine ai-je eu un fusil entre les mains que je me suis révélée pas mauvaise du tout ! À la fin d'une journée dans la brousse africaine, j'étais toute fière de mes trophées, jusqu'au moment où j'ai croisé le regard d'Edmond. Bien évidemment, il me félicitait, mais je voyais briller dans son œil une petite étincelle d'agacement : j'étais entrée en compétition avec lui. De caractère un rien macho, il n'appréciait que modérément mes succès. Non, on ne change pas un homme.

Rita n'avait pas de problème de rivalité, mais d'identité. La naissance d'une petite fille, Yasmina, ne dissipera pas le malentendu. Au contraire. L'actrice se consacre à son rôle de prédilection, celui de mère, et met entre parenthèses sa carrière cinématographique. Ali joue les pères extasiés devant les caméras, mais se lasse vite de cette nouvelle vie qu'il juge pas assez glamour. Il a épousé une star et souhaite qu'elle le reste. Recluse dans un chalet à Gstaad, Rita voit grandir le fossé entre eux. Avec fatalisme, elle acceptera l'impasse de leur relation et aura ce mot fameux : « Tous les hommes veulent coucher avec Gilda et se réveillent avec Rita... »

Cette confusion d'images est fréquente chez les actrices. L'une d'entre elles allait en faire la douloureuse expérience quelques années plus tard. Martine Carol, que j'avais doublée dans *Caroline chérie* et avec qui j'avais joué dans *Madame du Barry*, avait bâti sa carrière sur un paradoxe : elle était devenue célèbre parce qu'elle dévoilait ses charmes à l'écran (quand ce n'étaient pas les miens), alors qu'elle ne rêvait que d'amour courtois. Cette erreur d'interprétation a empoisonné sa vie et ses amours. Les hommes la courtisaient parce qu'ils avaient en tête le corps de Caroline, la moue de Caroline, la voix de Caroline... mais c'était Martine qu'ils tenaient entre leurs bras ! Les hommes croient souvent que la vie n'est qu'une suite de scènes filmées. Une ambiguïté que Martine avait alimentée en cédant à un goût prononcé pour la publicité : n'avait-elle pas, à ses débuts, mis en scène une tentative de suicide au pont de l'Alma devant d'opportuns photographes ? Scène prémonitoire... Un jour, la tentative fut jouée pour de bon.

Rita Hayworth n'ira pas jusque-là. Durant deux ans, contrainte et forcée, elle accompagne Ali dans toutes les fêtes qui sont le quotidien du prince, réceptions où elle s'ennuie, boîtes de nuit où elle ne danse pas, champs de courses, elle qui déteste les chevaux. Puis elle finit par craquer. Elle rentre aux États-Unis avec ses deux filles et tente un come-back sur les plateaux. Hélas, le succès n'est pas au rendez-vous. La place est à présent occupée par une blonde pulpeuse nommée Marilyn Monroe...

Une fois divorcé, Ali se console dans les bras d'une autre star, Gene Tierney, que je croisais souvent à New York au Twenty One, le grand restaurant où il fallait être vu. C'était, avec l'El Morocco et les sandwichs de chez Rubin's, l'adresse incontournable. Rita comble sa solitude en épousant un chanteur raté et fauché, Dick Haymes. Fiasco complet. Elle semble avoir plus de chance avec le producteur James Hill, qui souhaite également mener une vie de famille paisible. Mais sans doute est-ce trop tard pour Rita, qui commence à perdre pied. Elle ne supporte pas de se voir vieillir, fait ôter tous les miroirs de sa maison et prend l'habitude de boire. Persuadée d'avoir raté sa vie, elle accepte froidement l'idée de son naufrage. La maladie d'Alzheimer la coupe définitivement du monde réel.

« Je rêvais d'une vie ordinaire », disait celle qui avait fait fantasmer le monde entier. Elle n'a pas été entendue, et encore moins comprise. Les hommes sont comme des enfants, ils aiment ce qui brille et ce qui est difficile à conquérir. C'est le propre du séducteur : décrocher le gros lot ! Et Rita en était un. Le principe est identique pour les collectionneurs : ils préfèrent toujours un objet privé à celui qui est derrière la vitrine du marchand ! Si Edmond avait eu l'âme d'un cambrioleur, beaucoup de ravissants bibelots exposés chez nos amis se seraient volatilisés... Je crois qu'on appelle ce sentiment l'envie. Il n'est pas très noble, mais profondément humain.

Cette conception de l'amour — la femme désirée parce qu'elle incarne pour l'homme l'inaccessible ou, du moins, le rare —, une autre star en a fait les frais. Elle aussi aurait bien voulu troquer sa vie publique pour un repos mérité, mais on ne lui en donna pas la possibilité : Maria Callas.

Lorsque Onassis l'entend chanter lors d'un concert à Paris, il ne connaît rien à l'opéra, mais il comprend que Maria Callas est unique. Pour cet homme qui peut tout s'offrir, elle est un irrésistible objet de convoitise. Toutefois, il n'est pas complètement cynique. Beaucoup de choses les rapprochent : ils sont grecs tous les deux, ils ont connu une enfance difficile, ils ont gravi les échelons du succès et de la fortune à force de travail et de volonté, et ils sont à présent au sommet. Entourés, fêtés, courtisés, ils n'en sont pas moins, d'une certaine façon, seuls.

Bien que tous deux mariés, ils se laissent griser par l'aventure. Maria par romantisme, pour jouer son propre opéra, tenir pour de vrai le rôle de la femme amoureuse, celle qui s'offre ; Onassis par goût du jeu, du risque, du geste flamboyant. Ils sont aussi irrésistiblement attirés l'un vers l'autre et ils vivront une grande passion physique.

Mais, chez un homme, l'élan sensuel s'éteint plus ou moins rapidement. Il met autant d'empressement à se désintéresser d'une femme qu'il en mettait à la séduire... Un ami italien d'Edmond, « grand pécheur devant l'Éternel », m'avait dit un jour : « Une femme, c'est comme une tasse de café. Au début, cela excite, ensuite, cela énerve ! » Je suis convaincue que tous les hommes en sont persuadés !

Maria continuera à aimer follement Onassis, quand lui sera passé à un plus gros joyau : Jackie. La Callas sera abandonnée. On a raconté qu'il avait été très dur avec elle durant cette période, ne la prenant plus au téléphone, la traînant dans les boîtes de nuit, au risque d'abîmer sa voix, et même s'en moquant. Mais n'est-ce pas toujours ainsi ? Quand on n'est plus porté par l'amour, on ne fait plus aucun effort, on oublie les sacrifices que l'autre a faits pour nous. Le désamour peut être un crime, car certains mots ou certains silences tuent !

Maria Callas était loin d'imaginer un tel épilogue, lorsque Onassis entre dans sa vie le 3 septembre 1957. Il la rencontre à Venise au cours d'un bal organisé par Elsa Maxwell, la méchante commère, et auquel je m'étais rendue avec un fiancé de l'époque... Il la revoit à un concert de bienfaisance à Paris, moins d'un an plus tard. Dès lors, tout s'emballe. Subjugué, il lui téléphone et lui propose de donner, à Londres, une fête en son honneur. Elle accepte. En juin 1959, après un récital à Covent Garden, il organise au Dorchester une réception somptueuse. Invités prestigieux, champagne, roses, Maria est éblouie. Peu de temps après, fatiguée par ses engagements, elle aimerait se reposer. Onassis l'invite avec son mari en croisière sur le *Christina.* Seront également du voyage sa femme Tina, ainsi que Churchill et son épouse. Une compagnie on ne peut plus plaisante... entre amis.

Cependant les premiers épisodes de « la croisière s'amuse » tournent vite au cauchemar Onassis fait une cour pressante à Maria, et la tension monte chaque jour un peu plus entre les quatre protagonistes. Un inconfortable malaise rôde. Le mari de la diva, Giovanni Battista Meneghini, racontera plus tard que tout le monde se baignait nu... ce dont je doute. Ce qui est certain, c'est que le petit jeu de la séduction atteint son paroxysme lorsque le bateau touche les côtes grecques. Ils arrivent au pied du mont Athos. Le patriarche de l'Église orthodoxe bénit les deux exilés grecs, de retour au pays. Et, là, tout bascule. Maria croit que l'homme est providentiel. N'est-ce pas un signe, ce Grec richissime qui met sa fortune à ses pieds et peut lui permettre de souffler un peu ? La fin de la croisière est orageuse, mais Maria a pris sa décision. À la fin de l'été, elle se sépare de son mari.

La cantatrice tire ainsi un trait sur dix années de bonheur et abandonne celui auquel elle doit beaucoup. Car c'est lui, Giovanni Battista Meneghini, qui a permis à l'adolescente grecque née à New York de faire une telle carrière. Bien sûr, sa voix est déjà exceptionnelle. Mais lorsqu'elle choisit l'Italie pour se lancer, à l'âge de vingt-quatre ans, elle est encore un vilain petit canard : grosse, myope et timide. Sa silhouette n'a rien à voir avec le corps presque maigre dont on a le souvenir. La jeune femme pèse près de cent kilos ! Enfant, sa mère la gavait, persuadée qu'« une belle voix ne s'épanouit que dans la graisse. » Un homme sait voir au-delà.

Lorsqu'il l'entend au festival de Vérone, Meneghini devine la perle rare. Contrairement à Onassis, lui est fou d'opéra. Industriel plus très jeune et sans charme particulier, il a néanmoins quelques moyens et les met à la disposition de la chanteuse. « Chantez, je m'occupe du reste ! » Que rêver de mieux ? Maria accepte cette proposition d'association généreuse, qui se transforme en relation amoureuse.

Giovanni Battista Meneghini est un mécène attentif : il prend en main la carrière de sa protégée avec beaucoup de jugement. Il sélectionne ses rôles, décide des montants des cachets, signe les contrats. Elle s'en réjouit et, en 1949, elle lui propose de l'épouser. Il ne demande pas mieux, bien que la chose soit compliquée : il est italien et catholique, elle est américaine et orthodoxe. Les démarches sont longues, mais finalement, après une dérogation du Vatican, ils peuvent s'unir devant Dieu.

La cantatrice est une épouse attentionnée : elle aussi prépare des petits plats pour son mari quand elle n'est pas sur scène. Sans doute, son sang grec, le poids d'une tradition séculaire… Cette vie équilibrée lui convient tout à fait. Aidée par son époux, Maria a désormais confiance en elle, son talent s'en ressent et explose. Ils vivront dix ans de bonheur sans nuages. Jusqu'à l'arrivée d'Onassis.

Cette page qui se tourne correspond à une évolution dans la carrière de Maria Callas. Dans toutes les salles du monde, elle triomphe grâce à une voix miraculeuse. La chanteuse possède en effet trois registres, une voix grave, profonde, une nuance plus claire et légère, enfin un timbre très aigu. Alors que d'habitude les cantatrices se cantonnent à un style de répertoire, Maria Callas passe de Verdi à Wagner, de Puccini à Bizet sans l'ombre d'une difficulté ! Toutefois, ce talent remarquable ne va pas sans risque : enchaîner *La Traviata* et *Tristan et Isolde*, *Aïda* et *Lady Macbeth* demande un travail de tous les instants et fatigue la voix...

D'autant que Maria est acharnée et rarement satisfaite d'elle-même. Quand elle n'exige pas le maximum de sa voix, elle répète inlassablement son rôle en comédienne. C'est son deuxième talent : l'intensité dramatique qu'elle donne aux personnages qu'elle interprète. « Je ne suis pas une chanteuse, je suis une comédienne qui chante », disait-elle, et, de toute évidence, elle a une connaissance instinctive de la scène.

Son jeu est celui d'une tragédienne ; Luchino Visconti en sera émerveillé. Il lui prodigue ses conseils et grâce à lui elle incarne une Traviata magnifique. La Callas acquiert un style unique : peu de mouvements et des gestes stylisés qui exhalent la force, la profondeur, l'intensité. Elle est habitée ! La passion nourrit ses héroïnes, qui meurent toutes par amour. Elle ne *joue* pas Violetta, elle *est* Violetta ! Le public ne s'y trompe pas et des milliers d'admirateurs se battent pour assister à ses concerts.

Cette rigueur de tous les instants, ce travail et cette obsession de la perfection ne vont pas sans contreparties : Maria se tue à la tâche et répare sa fatigue par les médicaments. Déjà, sa voix l'a trahie, elle a dû annuler des concerts, et sa santé est chancelante. Elle ne tient que par sa volonté de fer, son exigence pour elle et pour les autres... car la Callas a du caractère, elle est la diva, avec tout ce que cela signifie de capricieux et d'autoritaire. Elle est capable de colères fracassantes, de brouilles avec ses partenaires ou avec les chefs d'orchestre. Elle a une réputation que les ragots, les scandales, les procès alimentent plus encore. La gentille femme au foyer peut être dans les coulisses une véritable harpie !

Maria n'a pas que des admirateurs transis. Certains lui préfèrent sa rivale, Renata Tebaldi, une soprano qui règne alors sur les scènes internationales. Les deux femmes se méprisent. La presse se fait un plaisir de suivre cette bataille de dames avec ses coups bas, ses intimidations. Maria n'est pas la plus humble des deux. Royale, elle déclare qu'il n'y a qu'elle à pouvoir interpréter à la suite Lucia, Violetta, la Gioconda, Médée... La comparer à Tebaldi, c'est comparer du champagne à du Coca-Cola !

Maria Callas écrit sa légende au détriment de sa santé. Elle en est consciente et c'est ce qui la décide à sauter le pas avec Onassis. Elle va pouvoir se reposer, profiter un peu de la vie, revenir à son rôle préféré : se consacrer à un homme en épouse soumise. Elle espace ses engagements et s'installe à Paris. Elle attend le bon vouloir d'Onassis. Qui semble déjà avoir l'esprit ailleurs... Et si leur relation n'avait été qu'un caprice, la folie d'un été ?

Dernièrement, on a révélé un scoop : Maria Callas aurait eu un enfant d'Onassis. Malheureusement, le bébé serait mort deux heures après l'accouchement...

Je ne sais ce qu'il faut en penser. Et si l'enfant avait vécu ? Jackie ne serait peut-être pas arrivée... Quoi qu'il en soit, Maria ne réussira jamais à se faire épouser.

Quand une femme quitte son foyer, elle n'a pas conscience de ce qui l'attend. Divorcer, soit, mais pour aussitôt se remarier... Or Onassis ne semble pas pressé, alors qu'il est séparé de Tina, lassée d'être bafouée. Maria sent venir la dépression. Son succès la rendait forte, mais elle est la fragilité même. Sa santé ne s'améliore pas, elle est sujette aux vertiges, souffre de sinusite chronique. Sa tension est très basse et les régimes qu'elle s'impose la fragilisent davantage encore. Enfin, la vie que lui fait mener l'homme d'affaires l'épuise plus qu'elle ne l'apaise. Une vie luxueuse, certes, mais vide, anarchique, d'une totale insécurité... En 1964, elle donne ses dernières représentations. Jackie est déjà dans la place.

Avec Edmond, nous les croisions souvent à cette époque, durant l'été. Les gens qui ont des bateaux fréquentent à peu près les mêmes endroits en même temps. On se retrouvait à Portofino, on dansait au Moana, à Monaco, on dînait au Harry's Bar, à Venise, où nous avions l'habitude de terminer les régates. Aristote Onassis emmenait toujours avec lui son petit groupe de fidèles, les Churchill, le secrétaire de la reine d'Angleterre, Jock Colville, et son épouse Meg, couple délicieux que nous recevions à la chasse à Armainvilliers. Étaient également invités sur son yatch Greta Garbo, et puis, bien sûr, Maria. Un jour, il y eut en plus Jackie !

Nous avions été invités à un déjeuner sur le *Christina*, au large des côtes grecques. Edmond avait horreur de ces rendez-vous mondains auxquels nous pouvions difficilement échapper. En outre, il n'aimait pas le yacht du milliardaire, un ancien bateau militaire, une frégate de la marine canadienne de cent mètres de long que l'armateur avait fait transformer. Il n'avait de passion que pour les voiliers. Nous avions eu un yacht une année, l'*Athma*, mais Edmond ne l'a pas gardé : il ne supportait pas le bruit du moteur ! Et le *Christina*, avec ses ors, sa cheminée en lapis-lazuli, ses toiles de maîtres, sa piscine qui pouvait se changer en piste de danse, n'était pas à son goût. Mais Onassis était son ami et il savait qu'il pourrait s'isoler un moment avec lui pour parler business, leur préoccupation majeure.

Lors de ce déjeuner, j'ai vu à l'œuvre la tactique de séduction de Jackie : elle ignorait superbement la Callas ! Elle lui manifestait la plus totale indifférence. Ce qui ne manquait pas de cran. Dans ce genre de situation, deux stratégies sont possibles. Soit vous vous mettez en frais pour la femme officielle, afin d'attirer l'attention du mari — en somme, vous devenez son amie pour mieux vous rapprocher du butin convoité —, soit vous niez son existence : pour vous elle ne constitue pas un obstacle puisqu'elle est transparente... Comportement qu'adoptait Jackie envers Maria Callas.

Généralement, les femmes qui intriguent choisissent la première méthode, la méthode « cheval de Troie » : on se fait accepter pour mieux détruire. Comme je dis toujours : on réussit par les hommes, mais on arrive par les femmes. La seconde méthode n'est pas dépourvue de panache, mais il faut avoir la personnalité de Jackie pour l'assumer ! On ne peut adopter ce comportement que si l'on est déjà *quelqu'un*. Car, en face de vous, vous avez très vite une ennemie.

Désarçonnée par ce travail de sape et cette rivale si sûre d'elle-même, Maria Callas a senti le sol se dérober sous ses pieds. Un vrai coup de poker !

Jackie savait qu'elle tenait une proie potentielle. Aristote Onassis lui avait manifesté cette sorte d'attention qui ne trompe pas. On devine tout de suite quand un homme s'intéresse à vous. Personne ne pouvait savoir alors que la veuve de John Kennedy allait prendre cette place, sauf elle... Je suis certaine que cette idée avait commencé à faire son chemin dans la tête de Jackie, qui plaçait ses pions pour l'avenir. Onassis ne devait pas être dupe, mais il laissait faire, un peu par naïveté probablement. Il ne faut pas oublier la grande part de crédulité que tout homme porte en lui. Même le plus puissant. Les hommes s'imaginent toujours être maîtres de la situation, alors que souvent on se joue d'eux.

En juillet 1965, Maria Callas faisait partie des nombreuses personnalités conviées en Écosse pour un bal où les femmes se distinguèrent par leur élégance. J'avais revêtu une très jolie robe en mousseline bleu marine d'Yves Saint Laurent, rehaussée d'un collier de diamants, perles et rubis, et de boucles d'oreilles « poires » de perles roses. Au cours de la soirée, j'avais échangé quelques mots avec Maria et j'avais pu me rendre compte que celle que j'avais connue à son apogée, resplendissante, bronzée et enjouée, n'était plus que l'ombre d'elle-même. Elle venait de donner ses ultimes représentations, en avait annulé plusieurs, et on la sentait en bout de course.

Trois ans plus tard, Onassis épousait Jackie. Maria Callas commença à mourir. Pour la détourner de son chagrin, Liz Taylor organisa le même soir un dîner en son honneur chez Maxim's. Mais la diva, abandonnée par sa voix et par l'homme qu'elle aime, n'a plus la force de lutter. Il lui reste neuf ans à vivre. Elle tourne le sublime *Médée* de Pasolini, puis donne des cours de chant aux États-Unis, les fameuses *master classes* pour élèves très doués. Des leçons inestimables où elle transmet, parfois avec violence, tout ce qu'elle a appris de son art et de la vie. En 1974, elle chante une dernière fois en public.

Nous la voyions quelquefois à Genève chez notre ami Pierre Sciclounoff. Avocat d'Onassis, d'Edmond, de Paul-Louis Weiller, il connaissait les hommes les plus riches et les femmes les plus belles... Sa table était très courue, car Pierre, grand gastronome, recevait admirablement bien dans un superbe hôtel particulier. Un soir, je me suis retrouvée assise en face de Maria Callas. Elle était étonnante, car elle disait non à tous les plats qu'on lui présentait. Dès que le maître d'hôtel se penchait vers elle, elle tournait la tête de gauche à droite... Je ne pus m'empêcher de lui faire une remarque, et elle m'expliqua que c'était le plus radical de tous les régimes. Elle n'avait pas tort. Petit déjeuner de roi, déjeuner de prince, dîner de pauvre, tel est le régime le plus efficace... que je n'ai jamais pu suivre !

Maria avait plus de volonté que moi. C'était une spécialiste des régimes. Elle me raconta que, de tous ceux qu'elle avait essayés, le meilleur consistait à ne manger que des pâtes... Je vous assure ! Des pâtes, rien que des pâtes, comme Macha Méril l'a écrit, jamais mélangées avec de la viande ou du poisson, seulement avec un légume cuit et à peine un filet d'huile d'olive. C'est ce qu'avait fait Maria en 1954, et elle avait perdu quarante kilos ! Le résultat avait été si spectaculaire qu'une société avait lancé une campagne de publicité : « C'est en mangeant nos pâtes que Maria Callas a réduit de moitié ! » La diva intenta immédiatement un procès. Et le gagna.

Tout en l'écoutant, je la détaillais. Fascinante, elle n'était pourtant pas belle : tout était exagéré dans son visage, les yeux, les sourcils, le nez, la bouche. Il est intéressant de constater que, comme Sophia Loren ou Jackie Kennedy, la Callas n'était pas une beauté sans défaut. Sa beauté venait de l'intérieur, on sentait une tension dramatique, une quête d'absolu, une blessure jamais cicatrisée. C'était une écorchée vive qu'on ne pouvait que trouver attachante, mais j'imagine qu'elle devait faire peur aux hommes. Avec Onassis, elle était trop possessive, trop pesante pour qu'il ne perdît pas patience. Quand un homme vient de divorcer, il a surtout envie de respirer. Il attend de sa nouvelle conquête de la gaieté, de la distraction, de la nouveauté et surtout pas de comptes à rendre ! Il a divorcé, n'est-ce pas déjà une belle preuve d'amour ? Que demander de plus ? Le mariage, sanglotait Maria. Visiblement, l'armateur n'en avait pas envie... Si Tina avait rempli un long moment le rôle d'épouse, c'est surtout parce qu'elle lui avait donné deux enfants et parce qu'elle avait su faire des concessions. Ce qui ne l'avait pas empêchée d'avoir des flirts, un avec Rubirosa, un autre avec Reynaldo Herrera. Quand on rêve d'un amour bourgeois, il ne faut pas vouloir épouser M. Onassis !

Celui-ci s'éteint en 1975. Il paraît que, dans les derniers instants de sa vie, il se serait rapproché de Maria... Se sentait-il coupable ou simplement abandonné ? Maria lui survivra deux ans. Un jour de septembre 1977, on la découvre morte dans son appartement du 36, avenue Georges-Mandel. Elle y avait passé ses dernières années dans une complète solitude, occupant ses journées à écouter des enregistrements de ses concerts, seulement entourée de sa femme de chambre, Bruna, et de son chauffeur-maître d'hôtel, Ferruccio. Son corps sera incinéré et ses cendres dispersées dans la mer Égée. Le royaume sur lequel naviguait la flotte d'Onassis.

Ce désir d'une vie sereine, cette fidélité dans le souvenir, la réclusion volontaire d'une star qui a été adorée par le monde entier ont été le lot quotidien d'une autre idole célèbre, d'une figure mythique qui ne rêvait que de préparer des pot-au-feu pour son homme, Marlene Dietrich.

On se souvient de son adresse avenue Montaigne, mais sait-on que c'est par amour pour Jean Gabin qu'elle choisit un jour de s'installer en France ? Il était l'homme de sa vie, et, si elle n'a pu l'épouser, elle le considérait comme son plus bel amour. Avec Gabin, elle voulait tourner la page, loin des plateaux de cinéma. Elle se voyait finir ses jours au calme, près de lui.

Jean Gabin était une personnalité peu banale, à l'image de ses films : bourru, chaleureux, pudique, pas très drôle, insondable. J'ai joué avec lui dans *Les Grandes Familles*, j'avais le rôle de Lulu, la maîtresse de Pierre Brasseur. Il était charmant, mais un peu trop « cinéma ». On avait l'impression qu'il avait tout vu, tout entendu. Il portait un jugement définitif sur tout.

Trait de caractère propre aux acteurs, voilà pourquoi je n'ai jamais flirté avec le milieu du spectacle. Les hommes y sont trop narcissiques. Des années plus tard, j'ai rencontré Jean Gabin au Fouquet's. Il avait appris que je m'étais mariée et m'a dit : « Alors, il paraît que tu as épousé un baron ? » Puis il avait enchaîné : « Dans ce milieu, ou tu nages, ou tu coules ! »

Cet esprit gouailleur, ce côté populaire et irrévérencieux, qui me laissaient de marbre, avaient touché le cœur de Marlene. Leur histoire avait vu le jour durant la guerre. En 1941, Jean Gabin quitte la France occupée pour aller se réfugier aux États-Unis. Il débarque à New York, n'y connaît personne, ne parle pas anglais, n'a guère le moral. Lorsqu'il rencontre Marlene, il saisit aussitôt cette main tendue. Ils se sont croisés à Paris et l'« Ange bleu » avait déjà pu apprécier le charme de la « Bête humaine ». Dès leurs premiers rendez-vous, elle succombe. Dans ses Mémoires, elle écrira : « Gabin était l'Homme, le super-Homme. Il était l'idéal que recherchent toutes les femmes. Rien de faux chez lui. Il était bon, il surpassait ceux qui essayaient vainement de l'imiter. »

Pourtant, leurs univers respectifs sont très différents. Gabin est tout sauf un intellectuel, alors que Marlene a une passion pour la littérature et, plus particulièrement, pour l'écrivain Erich Maria Remarque — avec lequel elle eut d'ailleurs une liaison —, pour la musique — elle a pris des cours de violon durant son enfance —, pour la culture en général. Gabin ne lit pas, ne va jamais au concert, ne joue que de l'accordéon ! Elle se moque gentiment de lui, perd patience devant son fichu caractère, une vraie tête de mule, et, en même temps, fond devant ce faux dur, bon et honnête.

À Hollywood, ils mènent bientôt une vraie vie de couple, l'actrice prenant en main la carrière du Français. Elle lui fait apprendre l'anglais et le présente à Darryl Zanuck. Les propositions se mettent à tomber. Tous les jours, il se rend au studio et tourne. Le soir, il rejoint Marlene, qui l'attend à la maison comme une bonne épouse, et savoure les petits plats français qu'elle lui a amoureusement préparés... afin qu'il n'ait pas trop le mal du pays ! Sa réputation de cuisinière devient vite fameuse et c'est toute la colonie française qui en profite. Ainsi Jean Renoir gardera-t-il un souvenir ému des choux farcis de la star. Pour ceux qu'un tel talent surprendrait chez la plus grande vedette du cinéma, il faut savoir qu'outre son amour pour Gabin, Marlene a toujours nourri une grande affection pour la France, dont elle a, adolescente, appris la langue.

Sur un nuage, elle est prête à arrêter de tourner pour son « homme ». De toute façon, sa carrière, commencée avec *L'Ange bleu,* connaît un creux. Arrivée en 1930 aux États-Unis, elle a très vite rencontré le succès et conquis sa place : elle a succédé à Garbo. Moins distante que la Divine, mais pas familière pour autant, Marlene a imposé son style. Elle a de l'esprit, sait être ironique, et son pouvoir de séduction est fait d'une sensualité toujours très maîtrisée. Elle a également beaucoup de volonté et une conduite irréprochable. Pas de scandale dans la vie de Marlene. Elle est l'une des rares stars à n'être responsable du divorce de personne.

Pas de scandale non plus dans l'existence de Greta Garbo, qui prit un soin maniaque à disparaître de la vie publique, fuyant les caméras, les journalistes et les mondanités. Ses apparitions n'en étaient que plus exceptionnelles. J'ai eu le privilège de la croiser quelquefois, car elle était l'amie de Cécile de Rothschild, qui habitait à côté de chez nous à Paris. Elle lui rendait souvent visite et je les voyais passer devant la maison, Cécile très grande et racée, Garbo incognito, cachée derrière des lunettes noires. Elles avaient l'habitude de se promener de longues heures à travers les rues et, à leur retour, elles s'asseyaient sur un banc dans le square en bas des Champs-Élysées. Lorsque j'y emmenais jouer Benjamin, je leur adressais quelques mots. Je savais combien Garbo tenait à sa tranquillité.

Pour en revenir à Marlene et aux années 1940, aux États-Unis l'heure est à l'insouciance. De nouvelles stars font leur apparition, plus pulpeuses, plus « sexy », mais, dans sa somptueuse résidence de Beverly Hills, l'actrice ne s'inquiète pas encore, toute à la joie de savourer son bonheur auprès de Gabin. Malheureusement, ce style de vie commence à impatienter le comédien, qui a de plus en plus de mal à supporter son exil doré, tandis qu'en France on se bat. Il finit par rentrer en 1943, s'engage dans les Forces françaises libres et se retrouve dans un tank de la 2e DB.

Marlene est désespérée, mais elle ne s'avoue pas vaincue : à son tour, elle s'engage ! Elle part soutenir le moral des troupes et rejoindre Gabin. Elle s'investit dans cette mission, fait preuve d'un très grand courage, met son existence en danger plusieurs fois et court les bataillons. La journée en uniforme et le soir en robe pailletée. Elle envoie des lettres enflammées à Gabin, qui lui répond pareillement. Et le plus incroyable se produit : elle tombe sur lui, un soir, sur le front en Belgique… Une vraie scène de film. Elle le reconnaît de dos, crie son prénom, il se retourne et la voit. « Merde alors ! » Les deux amants s'étreignent devant des soldats ahuris par le spectacle. Mais le bonheur est bref, il faut à nouveau se séparer. Ils se revoient à la libération de Paris et leur amour se joint à la liesse de la rue. Ils rêvent d'une vie bourgeoise, avec une maison, des enfants, mais n'osent y penser sérieusement. Par peur de briser le rêve ?

Marlene rentre aux États-Unis, elle a besoin d'argent. Sa carrière marche au ralenti. Elle revient en France, avec la ferme volonté de vivre auprès de Gabin. Ils font un film ensemble, *Martin Roumagnac* ; le succès n'est hélas ! pas au rendez-vous. Cet échec les ébranle, comme un discrédit sur leur histoire. La folle passion n'est plus qu'un lointain souvenir. Et une fois le romanesque enfui, difficile de ranimer le feu de l'amour. La star repart pour l'Amérique, revient à nouveau, incapable d'oublier Gabin. Le geste de Marlene me laisse admirative. Elle a pris un risque énorme : poursuivre un homme qui vous échappe… c'est jouer quitte ou double ! Non seulement il ne faut pas douter de soi mais il faut une force de conviction pour deux. Je ne pense pas que j'en aurais été capable. Je suis trop prosaïque : un de perdu, dix de gagnés !

Marlene s'installe à Paris, au 12, avenue Montaigne, mais Gabin s'éloigne. Et finalement épouse un mannequin, beaucoup plus jeune que la star.

Celle-ci est en état de choc. Comme dans toute histoire d'amour qui s'achève, elle ne peut croire que l'acteur a décidé de tourner la page. Elle se laisse submerger par la jalousie. Elle le suit au restaurant, s'assoit dans un café en face de l'immeuble qu'il habite et guette la fenêtre de son appartement. Un comportement excessif qui n'a que très rarement, voire jamais, d'effet. Marlene n'arrivera pas à le reconquérir. Gabin refuse de la voir. Lui qui l'appelait affectueusement « la Grande » la surnomme maintenant « la Prussienne »...

Marlene fut particulièrement meurtrie par cette attitude. D'autant qu'elle avait toujours fait en sorte de rester amie avec les hommes qui avaient traversé sa vie. Les ruptures fracassantes, les chantages et les crises de nerfs n'étaient pas son style. Au contraire. Marlene est une fidèle. Et même si le temps l'éloigne de ses coups de cœur, elle ne les oublie pas et prend de leurs nouvelles.

Elle ne divorcera jamais de son mari, Rudolph Sieber. C'est lui qui l'avait révélée dans le Berlin des années 1920. Elle lui avait donné une fille, Maria. Très intelligent, il comprit vite qu'il valait mieux ne pas l'emprisonner et il accepta de la voir partir pour Hollywood. Marlene lui gardera toujours son affection et, lorsqu'il refera sa vie avec une nouvelle compagne, elle deviendra son amie.

Elle éprouva également une amitié très forte pour Joseph von Sternberg, à l'origine de sa carrière avec *L'Ange bleu* et qui lui offrit des chefs-d'œuvre, comme *Morocco* ou *L'Impératrice rouge.* Imprésario, confident, créateur de génie, il sera toujours là pour affiner son image de séductrice, aiguiser son talent, contrôler la lumière, le maquillage et les vêtements. On ne sut jamais jusqu'où allait cette grande complicité ; pas au-delà du respect mutuel de deux intelligences hors du commun, il me semble.

Marlene a aussi beaucoup aimé Ernest Hemingway, écrivain et grand chasseur, qui séjournait fréquemment en Autriche à côté de notre chalet de chasse. Elle affirmait que leur relation était platonique. Comment en douter ? Ils ont passé leur vie à s'écrire. Et, dans son appartement à Paris, la photo d'Ernest trônait en bonne place.

Avec Erich Maria Remarque, la relation a été plus sensuelle, mais l'estime, l'entente intellectuelle comptaient énormément. Marlene n'était ni comme Ava Gardner ni comme Liz Taylor, incapables de concevoir que le lit ne serve qu'à dormir. Elle gardait toujours le contrôle de soi. Elle répétait : « La sexualité ne m'a jamais intéressée. »

Le propos peut surprendre aujourd'hui, où l'on considère la sexualité comme la clef de voûte d'une vie harmonieuse et équilibrée. Partout, dans les magazines, à la télévision, on vous explique que si vous n'avez pas trois orgasmes par semaine, vous devez consulter de toute urgence un sexologue. Alors que chaque femme a une libido différente et que plus d'une a été heureuse malgré l'absence d'excès sexuels.

Marlene était une femme très rationnelle, les pieds sur terre. Son éducation l'avait formée ainsi. « Une fille de soldat ne pleure pas », lui répétait sa mère, qui avait épousé un lieutenant de la police royale prussienne. À la mort de celui-ci, la petite Maria Magdalena, pas encore rebaptisée Marlene, avait soutenu sa mère. Et lorsque le second mari avait été tué au front, Marlene avait observé la même maîtrise. Chez les Dietrich, on ne s'apitoie pas sur son sort.

L'« Ange bleu » s'est amusée toute sa vie à casser le mythe qu'elle incarnait. Elle affirmait être, au fond, une femme ordinaire à qui le destin avait joué un tour et racontait qu'elle n'avait eu à ses débuts aucune vocation particulière pour le cinéma. Ça ou autre chose... Elle disait avec son humour pince-sans-rire : « À vingt ans, je n'étais rien, à quatre-vingt-deux, je suis une femme banale ; entre les deux, j'ai été actrice. »

Cette ironie était sa marque de fabrique, sa griffe. Tout le monde a encore en tête son mot le plus fameux, qu'elle eut lors de son tour de chant. L'actrice était déjà âgée lorsqu'elle entreprit de chanter sur les scènes du monde entier. Un soir, à la fin de son show, alors que les roses des spectateurs jonchaient la scène, elle se pencha vers les fleurs et lança au public : « Alors, vous vouliez voir si je pouvais encore me baisser ? »

Ah ! ce dernier récital à l'Espace Pierre-Cardin en 1973... Pour rien au monde je ne l'aurais manqué. Marlene avait soixante-douze ans, et le public pleurait, bouleversé par sa voix rauque, ensorcelante, la robe rebrodée de perles, si moulante qu'on la disait cousue sur elle avant chaque représentation, son manteau de renard blanc qui traînait sur le sol. On applaudissait à tout rompre cette femme admirable de talent, d'intelligence, de dignité et de courage.

Bien sûr, elle n'était pas facile. Quoi de plus normal ? Quand on attend beaucoup de soi-même, on est terriblement exigeant avec les autres. Pierre Cardin racontait que la préparation du spectacle avait été une expérience très éprouvante. Chaque détail avait été étudié, discuté, réglé au millimètre, et la lumière, ce halo rose qui la nimbait, le sujet de légères tensions... Marlene Dietrich était une perfectionniste. Cocteau l'avait résumée par ce mot : « Son nom commence comme une caresse et s'achève comme un coup de cravache. »

Mais que serait une star sans caprices ? C'est grâce à eux que s'écrivent les légendes... Car la Marlene qui entoure d'attentions ses amis, cuisine pour eux, quand ce n'est pas pour ses petits-enfants, avec lesquels elle se montre chaleureuse, intéresse moins les foules. Encore que… Cette autre facette de sa personnalité intrigue. Elle prouve que cette femme avait un cœur et nous la rend attachante.

Je l'ai croisée un jour avenue Montaigne, avant qu'elle ne cesse totalement de sortir de chez elle. Elle faisait quelques pas au bras d'un de ses amis proches. Ils étaient quelques-uns, très peu, au nombre desquels se trouvait Jean-Claude Brialy, à avoir le grand privilège de partager ses dernières années et de pouvoir pénétrer dans son appartement. La star y vivait en recluse, entourée de ses souvenirs et de photos des hommes qu'elle avait aimés, les volets fermés depuis que des paparazzi avaient grimpé dans les arbres pour voler quelques clichés. Elle n'acceptait aucune interview, ne regardait jamais ses films, n'avait aucune nostalgie pour sa carrière. Seule comptait ce qui avait fait battre son cœur. Lorsque Gabin mourut, peu de temps après son premier mari, Marlene déclara : « Je suis veuve pour la seconde fois. » Une parole qui prend toute sa force quand on sait que l'avenue Montaigne s'appelait autrefois l'avenue des Veuves !

J'aime cette fidélité. L'idée qu'une star puisse être folle d'une autre star. Une comédienne formidable en a fait une démonstration exemplaire, Lauren Bacall, qui assuma toute sa vie l'étiquette que le destin lui colla un jour sur le dos : épouse de Humphrey Bogart. Voilà une actrice qui sut très bien gérer sa carrière et sa vie de famille. Elle se consacra à son mari naturellement et sans drame existentiel. Mieux, elle en retira un supplément d'âme ! Il faut dire que l'homme était exceptionnel.

Quelle femme n'a rêvé de ressembler à Lauren Bacall ? Elle a dix-huit ans lorsque la légende s'empare d'elle. Mannequin, elle fait la couverture du magazine *Harper's Bazaar.* Elle se nomme encore Betty Bacall et vit à New York chez sa mère, une émigrée roumaine. Plus pour longtemps. Sa beauté empreinte de mystère, son profil parfait sont aussitôt remarqués par Hollywood. Howard Hughes, la Columbia, David Selznick sont intéressés. Le réalisateur Howard Hawks lui fait tourner un premier bout d'essai et signer aussitôt un contrat. Il n'a encore rien à lui proposer, mais il ne veut pas voir filer l'oiseau rare. En attendant, il l'envoie suivre des cours de comédie, de chant, et la rebaptise Lauren. Le grand jour arrive. Il a un film pour elle. Et ce n'est pas un rôle de figuration. La jeune fille doit donner la réplique à Cary Grant dans *Le Port de l'angoisse.* Elle saute de joie. Au dernier moment, le séduisant acteur est finalement remplacé par Humphrey Bogart. Elle s'avoue légèrement déçue...

Le comédien est alors au zénith. Il vient de terminer *Casablanca,* qui a été un grand succès. Le public adore son côté chevaleresque un peu fatigué, défenseur du bien mais avec un verre de whisky à la main... Lorsqu'il découvre sa partenaire, Bogart est tout d'abord surpris. A-t-elle la carrure pour le rôle ? Elle est si jeune... Il ne laisse toutefois rien deviner de ses doutes et aimablement la rassure : « On va bien s'amuser ensemble... » Elle ignore encore jusqu'à quel point !

Ils jouent les premières scènes. Lauren Bacall tremble. Afin que son trac ne se voie pas à l'écran, elle garde la tête baissée, le menton presque sur la poitrine, et lève les yeux vers Bogart pour lui parler... Involontairement, elle vient d'entrer dans la légende du cinéma en inventant *the look*, le regard. Une attitude qui sera reprise par bien des séductrices...

Humphrey Bogart se montre très prévenant avec la comédienne, il la met en confiance et, au fil des prises de vues, une tendre complicité naît entre eux. Sa douceur, sa gravité, sa grande pudeur la touchent. Fiction, réalité, tout se mêle dans sa tête et un jour, dans sa loge, il se penche vers elle et l'embrasse. Elle se laisse faire, déjà certaine qu'il est l'homme de sa vie. Il a vingt-cinq ans de plus qu'elle, l'appelle « Baby », mais elle avouera plus tard : « Mon père est parti quand j'avais huit ans. Comment, après cela, ne pas chercher quelqu'un qui le remplace ? »

Certaines de mes amies ont épousé des hommes beaucoup plus âgés qu'elles, et je n'en ai pas été choquée. Ainsi, mon amie la princesse Anne Caraciolo a rencontré son mari à l'âge de seize ans. Il en avait trente de plus. Le mariage a tenu plus de vingt ans ! Les hommes qui ont vécu ont un charme supplémentaire. Leur visage buriné laisse supposer une vie extraordinaire qui fascine... Aujourd'hui, ils se croient obligés de se teindre les cheveux, de se faire lifter, sans comprendre que les cheveux gris et les rides n'ont jamais fait fuir une femme, même jeune. Au contraire !

Lauren Bacall ne me démentirait pas. Ce qui aurait pu n'être qu'un flirt entre deux comédiens devient rapidement une histoire d'amour passionnée, qui reste toutefois cantonnée au plateau de tournage. Bogart est marié. Mais l'intensité que prennent brusquement leurs scènes, l'électricité qui semble se dégager de leurs étreintes, leurs rendez-vous secrets enfin sont vite découverts. Le film y gagne une publicité formidable, au grand dam de Bogart, qui doit à présent affronter son épouse.

Ce qui n'est pas peu dire, car cela fait cinq ans qu'elle lui mène la vie dure. De nature dépressive, cette actrice en fin de course trouve un réconfort dans la boisson, ce qui ne calme en rien ses crises d'hystérie. Toutefois, Bogart n'est pas décidé à divorcer. Réfugiée dans son appartement, Lauren pleure la fin d'un amour qui a tout l'air d'une passade. Mais elle reçoit bientôt des lettres enflammées de son « Bogie », qui ne peut se résoudre à l'oublier. Elle le revoit en secret. Ils partent sur son voilier, le *Santana*, et s'échappent en mer pour vivre leur amour. Il ne s'agit cependant que d'une parenthèse de bonheur, l'acteur ne se décidant pas à abandonner sa femme dans un triste état.

Entre-temps, Lauren Bacall a accédé au statut de star. En un film, elle est devenue aussi célèbre que Rita Hayworth. On la compare à Garbo, à Marlene Dietrich. Hawks veut renouveler la magie du *Port de l'angoisse* et reformer le couple pour un nouveau film, *Le Grand Sommeil*. Le tournage est tendu : Bogart boit, sa femme le harcèle au téléphone et Lauren Bacall ne sait sur quel pied danser... Enfin, il se résout à divorcer. Dix jours plus tard, il épouse Lauren, loin de Hollywood et des paparazzi, lors d'une cérémonie très simple, célébrée chez un ami de l'acteur, dans l'Ohio. Peu leur importe le décor, ils s'aiment avec une telle intensité.

Celle-ci ne faiblira pas durant les douze ans qu'ils vivront ensemble. Lauren se révèle être parfaite pour

Bogart. Elle le fait rire, lui redonne goût à la vie, alors qu'il va fêter ses cinquante ans. Deux enfants viennent couronner leur union, Stephen et Leslie. La star change de rôle et se transforme en une mère de famille exemplaire. Humphrey Bogart est au comble de la joie, il n'avait aucun enfant de ses trois précédents mariages. Il goûte avec ravissement ce calme, cette vie équilibrée à laquelle il n'était pas habitué. Leur maison de Beverly Hills, à Los Angeles, devient la maison du bonheur. La presse les montre en exemple et le public rêve sur ce couple le plus emblématique de Hollywood. C'est tellement rare, ici, une histoire d'amour qui dure...

Ils ne vivent pas pour autant repliés sur eux-mêmes. Ils reçoivent leurs amis, acteurs et réalisateurs, et continuent à tourner. Ainsi, ils jouent ensemble dans deux autres films, *Les Passagers de la nuit* et *Key Largo*. Quand elle ne partage pas l'affiche avec lui, Lauren le suit sur les tournages, au Congo, en Italie ou à Paris. Des voyages qui prennent des allures de lunes de miel, tant ils sont amoureux et toujours seuls au monde.

Leur entente, totale, est faite d'admiration, de tendresse et de respect. Lauren aime chez son mari son sens de l'honneur et de la vérité. Je suis persuadée que l'estime mutuelle est le ciment des couples stables. Lauren Bacall et Humphrey Bogart ne font qu'un pour cette raison : leur grande qualité humaine. Ainsi, c'est ensemble qu'ils prennent le risque de dénoncer la chasse aux sorcières qui secoue le petit monde de Hollywood. Ils vont manifester à Washington pour défendre les intellectuels accusés de communisme non pas parce qu'ils le sont eux-mêmes, mais par respect des droits de l'homme.

L'histoire de ce couple extraordinaire, sans doute le plus beau de Hollywood, prend fin un jour. Atteint d'un cancer, Bogart s'éteint le 14 janvier 1957. Lauren Bacall connaîtra d'autres hommes, d'autres succès au cinéma et à Broadway, mais ne vivra plus jamais un amour de cette intensité. Dans ses Mémoires, elle écrit : « Chaque fois que j'entends le mot "bonheur", je pense à cette époque. J'en faisais pleinement l'expérience tous les jours. Dès lors, c'est une notion qui est restée précaire. »

Elle reviendra souvent à Paris, la ville où elle a été merveilleusement heureuse, elle s'y fera des relations, comme mon amie Bettina, l'ex-muse de Jacques Fath et d'Hubert de Givenchy. Aujourd'hui encore, on peut la croiser en automne du côté de Saint-Germain-des-Prés, sa belle chevelure blonde au vent. Son regard n'a pas changé, ses yeux en amande vous fixent, mi-tendres, mi-insolents, comme il y a plus de cinquante ans, dans son premier film.

« Si vous avez besoin de quelque chose, vous n'avez qu'à siffler. » C'était une de ses répliques dans *Le Port de l'angoisse.* La plus célèbre. Bogart n'a jamais eu à siffler. Elle a toujours été là.

4

Les coéquipières

« Il faut de l'admiration réciproque pour faire un beau couple. »

Zizi Jeanmaire

La complicité qui unissait Lauren Bacall à Humphrey Bogart est le rêve de toute femme mariée. Mais elle est rarissime. Soit parce que la femme n'estime pas son mari, soit parce qu'elle l'estime mais juge ce sentiment moins admirable que l'amour... C'est le propre des couples mariés depuis longtemps. Combien de lectrices m'avouent partager ce problème : le feu de la passion s'est éteint et ce qu'il reste, pensent-elles, c'est-à-dire la tendresse, la parfaite connaissance de l'autre, les expériences surmontées ensemble, ne représentent qu'un lot de consolation. À mes yeux, il s'agit là d'une erreur d'interprétation. L'ivresse de la passion est passée ? Tant mieux, on va pouvoir construire quelque chose de solide avec un mari qui n'est peut-être plus un amant mais demeure un partenaire. C'est ce que j'ai fait avec Edmond.

Nous avons vu que les histoires d'amour ne finissent pas toujours mal. Évidemment, aujourd'hui, garder un mari relève de la gageure. Néanmoins, certaines femmes ont réussi à préserver ce point d'équilibre rare entre vie sentimentale et vie professionnelle. Bien sûr, c'est aussi parce qu'elles avaient en face d'elles un homme de leur trempe, qui partageait leur point de vue : le mariage est une association entre membres responsables, à but non lucratif (encore que...) et à la durée de vie illimitée. Si un différend pointe, on convoque une assemblée extraordinaire, mais en aucun cas on ne dissout l'alliance !

Simone Signoret et Yves Montand sont un exemple de ce partenariat amoureux. Ils ont formé un vrai couple, uni, fort, intelligent. Ils menèrent brillamment de front leur carrière et leur histoire d'amour durant trente-six ans.

Simone fut pour moi comme une marraine : la première fois que j'ai fait de la figuration, c'était dans un de ses films, *Manèges*. J'en garde un souvenir mitigé, car je devais monter à cheval... ce qui était complètement nouveau pour moi — je savais à peine distinguer la tête de la croupe ! — et, malgré les cours dans un petit manège à Neuilly, j'étais terrifiée. Je m'en suis sortie modestement mais n'ai plus renouvelé l'expérience. Sauf une fois : pour *Fernand cow-boy*... J'étais la fiancée de Fernand Raynaud dans un Far West de carton-pâte recréé à Joinville-le-Pont ! Il avait fallu m'attacher pour que je reste en selle.

Beaucoup plus tard, j'avais pu revoir Simone Signoret et Yves Montand à Saint-Paul-de-Vence, à La Colombe d'or, où avec Edmond nous allions quelquefois déjeuner en été. Situé devant le terrain de boules, dans une ancienne maison provençale, cet hôtel est l'endroit où il faut aller si on est amoureux. C'est là qu'ils s'étaient connus, qu'ils s'étaient mariés et qu'ils revenaient chaque année comme en pèlerinage.

Pourtant, le 19 août 1949, rien ne laissait entrevoir un tel avenir. Simone est descendue à La Colombe d'or pour se reposer, avant un voyage à Hollywood, où elle a décroché un contrat avec le producteur Howard Hughes. Elle est alors l'épouse d'Yves Allégret, qui vient de lui faire tourner *Dédée d'Anvers*. Elle y joue une entraîneuse de boîte de nuit qui laisse tomber son souteneur pour l'amour d'un marin italien. Le film a eu du succès et l'a révélée au grand public.

Si sa carrière est en marche, c'est grâce à son mari. Elle a rencontré Yves Allégret quelques années plus tôt à Saint-Germain-des-Prés. Simone fait partie de cette jeunesse intellectuelle et bohème qui traîne au Flore dans l'immédiat après-guerre. Elle fréquente Prévert, Mouloudji, Reggiani, Arletty. Sa beauté irrévérencieuse (elle porte des pantalons et fume au milieu des hommes) lui attire beaucoup d'attentions, mais c'est son esprit, sa culture et sa gaieté que l'on recherche. Simone dit déjà ce qu'elle pense et le dit assez bien. Et pour cause : le professeur de philosophie de son lycée s'appelait Jean-Paul Sartre !

Mais elle a décidé de faire du cinéma plutôt que d'écrire. Les livres, ce sera pour plus tard… Elle troque le nom de son père, André Kaminker, pour celui de sa mère, Signoret, et enchaîne les petits rôles. La jeune actrice vit plusieurs idylles, jusqu'au jour où elle tombe follement amoureuse d'Yves Allégret. Il lui fait tourner son premier vrai film, *Les Dames de l'aube.* Très éprise, elle met au monde une petite fille, Catherine.

C'est donc à une future grande comédienne, épouse heureuse et mère comblée, qu'Yves Montand va déclarer sa flamme sous le ciel de Provence... Mais un coup de foudre ne se raisonne pas ! Lorsqu'on lui a présenté Simone, il a senti un délicieux courant électrique lui parcourir le dos. Il en est sûr : cette femme est pour lui. Le lendemain, il déjeune avec elle et ose lui prendre la main. Elle ne la retire pas.

Yves Montand a alors vingt-huit ans. Il vient de vivre une histoire passionnée avec Édith Piaf depuis qu'en août 1944 il a chanté en première partie de son spectacle. Il était sa vedette américaine, comme on disait alors. Une liaison s'est aussitôt nouée entre eux, Piaf initiant Montand aux tumultes de l'amour et aux secrets du métier.

Car le jeune chanteur a encore bien des choses à apprendre. Sa carrière ne fait que commencer, même si le chemin déjà parcouru est estimable : qui aurait misé, il n'y a pas si longtemps, sur Ivo Livi, jeune Italien immigré à Marseille, apprenti coiffeur, ancien docker, admirateur de Trenet et de Fred Astaire ? De salles de spectacle de seconde catégorie aux music-halls de province, il a gravi les échelons et, après les imitations de Fernandel et les numéros de claquettes, il s'est fait un nom à Paris.

Simone tombe sous le charme de cet être à la fois ambitieux, introverti, pudique et timide. Elle rentre à Paris et raconte tout à Yves Allégret. Elle ne sait que faire, elle hésite à quitter son mari, qu'elle aime tendrement, et ne veut surtout pas déstabiliser sa fille.

Mais l'impétueux Montand n'est pas du genre à patienter. Il lui demande de choisir. Il a raison. Dans ce genre de situation, il faut faire vite, sinon, la femme n'ose pas sauter le pas. L'ultimatum se révèle payant. Simone divorce et s'installe chez Montand, à Neuilly.

Le 22 décembre 1951, elle l'épouse à Saint-Paul-de-Vence, lors d'une cérémonie très simple, suivie d'un déjeuner à La Colombe d'or. Ils emménagent sur l'île de la Cité dans une ancienne librairie transformée qu'elle baptise « la roulotte ». Sa fille, Catherine, est près d'eux. Simone se consacre à Yves Montand, qui triomphe dans son premier one-man-show, et renonce pour un temps à Hollywood, mais pas à sa carrière. La même année, elle tourne *Casque d'or*, de Jacques Becker, où elle incarne une fille de joie sentimentale. Le film est considéré comme un chef-d'œuvre et lui donne une dimension internationale. Elle enchaîne avec *Thérèse Raquin*, *Les Diaboliques*. Le couple devient en France le plus emblématique de ces années 1950.

Leur amour, on l'a vu, a été impérieux. Mais il s'est aussi construit autour d'une entente intellectuelle et de prises de position communes. Tous les deux sont très impliqués politiquement. Ils ont ensemble cette volonté de changer le monde ou, du moins, ce besoin de dénoncer les injustices, quelles qu'elles soient. Leur engagement à gauche, leurs cris de révolte et leur indignation sont courageux et risqués pour l'époque. Tout le monde n'apprécie pas de telles démonstrations. Mais ils assument. Mieux, lorsqu'ils comprendront les méfaits du stalinisme, les horreurs que cachait l'idéal communiste, ils avoueront leur erreur et n'hésiteront pas à rompre avec Moscou. Ce sera pour Yves Montand un déchirement familial : son père avait fui l'Italie fasciste parce que communiste convaincu.

Ce combat quotidien au nom des droits de l'homme a cimenté leur amour au fil de nuits d'écriture, de manifestations, de pétitions, de débats, de disputes. Ils étaient parfaitement complémentaires, faits l'un pour l'autre, incapables de vivre loin l'un de l'autre. Alors, comment s'étonner qu'une aventure, même avec la femme la plus sexy au monde, n'ait pu mettre en péril cet équilibre ?

Durant l'hiver 1959, Montand chante et danse à Broadway. Il remporte un énorme succès, les Américains réservent un accueil triomphal à son récital. Lors d'un de mes passages à New York, je vais l'écouter et suis époustouflée par la performance. Bien évidemment, Simone l'accompagne. D'autant qu'elle doit, quelques mois plus tard, participer à la remise des oscars... Elle y concourt pour celui de la meilleure actrice, qu'elle emportera devant Audrey Hepburn, Liz Taylor et Katharine Hepburn !

Après un récital, le couple rend visite à un écrivain qui partage leur engagement politique, Arthur Miller, le mari de Marilyn... Les stars françaises ont joué une de ses pièces à Paris, *Les Sorcières de Salem*, et ils sont devenus des amis de Miller. Ils ne connaissent pas encore son épouse.

Lorsqu'elle rencontre le *french lover*, Marilyn a aussitôt le coup de foudre. Il lui rappelle Joe Di Maggio — la même virilité tranquille, le charme italo-parisien en plus. Sans scrupule, sans manifester la moindre considération envers Simone Signoret, elle s'enthousiasme pour son nouveau protégé. Comme toute femme amoureuse, elle cherche à l'aider et parvient à l'imposer sur son prochain film ; il sera son partenaire dans *Le Milliardaire.* Son rôle : jouer un acteur français engagé par erreur dans une revue musicale et qui tombe amoureux de la vedette... Que rêver de mieux comme scénario ?

Simone Signoret a vu venir le danger et a toutes les raisons de se méfier : le titre original du film est *Let's Make Love...* Mais elle ne laisse rien paraître de ses inquiétudes. En amour, le meilleur moyen de lutter contre une rivale, c'est encore de ne pas la voir. L'indifférence est le plus blessant des mépris.

Vivre avec un homme convoité est une joie et une souffrance quotidiennes. Stoïquement, il faut supporter les regards, les sourires, les sous-entendus, toutes ces petites phrases à double sens qu'une femme sait glisser au moment opportun, lors d'un dîner ou quand votre mari la raccompagne à sa voiture... J'en ai entendu, des mots faussement anodins. J'ai laissé dire. Une fois pour toutes, il faut accorder sa confiance à l'homme que l'on aime. De toute façon, on ne peut rien faire pour éviter l'inévitable.

Simone Signoret devait tenir le même genre de raisonnement. Le tournage commence à Hollywood au début de l'année 1960. Les deux couples emménagent au Beverly Hills Hotel, l'adresse incontournable des stars à Los Angeles, sur Sunset Boulevard. Plus précisément, ils occupent des bungalows voisins et, après la journée sur les plateaux, ils dînent souvent ensemble. Les hommes parlent politique, Simone est aux fourneaux, Marilyn lovée dans le canapé...

Cette amitié a l'air sympathique, mais elle prend une drôle de tournure quand Miller les quitte pour préparer son prochain film. Marilyn est à présent presque à demeure chez ses nouveaux amis, face à une Simone de plus en plus faussement détendue et à un Montand de moins en moins sûr de lui. Et lorsque c'est au tour de Simone de partir pour aller tourner à Rome, l'issue est inéluctable. Montand et Marilyn restent seuls et tout naturellement deviennent amants... La presse révèle la liaison. Simone l'apprend par un journal. Elle encaisse le coup, mais si elle a perdu une bataille, elle ne perd pas la guerre... Je ne sais pas ce qu'elle a dit à Montand au téléphone, mais, comme bien des femmes légitimes, elle a su trouver les mots ! Il reprend rapidement le chemin du foyer conjugal.

Il ne niera pas l'évidence : « Personne ne pouvait être indifférent à Marilyn. Il émanait d'elle une lumière à laquelle on ne pouvait résister. Et je ne suis pas en acier. » Mais il fera taire tout commentaire en déclarant : « L'idée que je puisse quitter Simone est ridicule. » Montand ressemble à quantité d'hommes qui, dans cette situation, affirment : « Quoi qu'il arrive, je ne quitterai jamais ma femme ! » Marilyn appréciera moyennement : une nouvelle fois, elle y avait cru. Elle avait simplement oublié qu'une passion ne se vit pas, elle s'assouvit.

Simone sort grandie de l'aventure. Épouse trompée, certes, mais épouse toujours. Elle garde la place. Et Montand ne l'en aime que davantage ! Rien de tel qu'un sentiment de culpabilité pour rendre un mari attentionné ! À présent unis l'un à l'autre par cet accident qui a permis de jauger la qualité de leur amour, ils ne sont pas près de se séparer. Ces partenaires ont encore un long chemin à parcourir. Seule la mort pourra mettre un terme à leur histoire.

Ensemble, ils reprennent leur combat politique et se

battent contre les dictatures, les injustices à travers le monde. Au cinéma, Montand poursuit cet engagement en tournant *L'Aveu*, film-culte.

Simone trouve alors ses plus beaux rôles. Comme une réponse à Marilyn, elle prend le contre-pied de ces stars obsédées par leur beauté et leur jeunesse, et accepte de se voir vieillir à l'écran. C'est exceptionnel. Pour la plupart des comédiennes, le recours à la chirurgie esthétique est inévitable. Immortalisées au temps de leur splendeur dans les films, elles se doivent de l'être dans la vie. Hélas... un lifting ne relance pas une carrière. Martine Carol en a fait la douloureuse expérience.

Je ne suis pas contre le lifting. Mais il faut savoir ce que l'on peut en attendre : un visage plus jeune, plus gai, oui. Un retour de flamme, un mari ou un amant amoureux comme au premier jour, non. En ce qui me concerne, Edmond ne voulait pas en entendre parler. Chaque fois que j'évoquais cette éventualité, il s'écriait : « Tu n'as besoin de rien, tu es très bien comme tu es ! » Aujourd'hui, je suis à deux doigts de céder à la tentation. En revanche, suivant la recommandation de mon ami Yvo Pitanguy, je n'aurai jamais recours aux injections de silicone.

Simone Signoret n'a pas ce genre de préoccupation. Avec les années, elle interprète des personnages de plus en plus durs, bien éloignés du glamour hollywoodien, mais très beaux. *Le Chat*, *La Veuve Couderc*, *Les Granges brûlées* n'épargnent pas son visage ridé ; peu importe, elle y est formidable. Elle y fait preuve d'une intensité psychologique et d'une profondeur de grande tragédienne. Le public l'acclame. Il comprend que cette actrice est surtout une femme hors du commun, entière, incapable de tricher, intègre. Elle connaît la consécration avec *La Vie devant soi.*

Parallèlement, elle s'est mise à écrire ses Mémoires, *La nostalgie n'est plus ce qu'elle était.* Rien que le titre est prometteur et l'ouvrage rencontre un succès énorme. Cependant, certaines mauvaises langues laissent entendre qu'elle n'en serait pas l'auteur. Elle leur cloue le bec en enchaînant avec *Le lendemain, elle était souriante*, puis *Adieu Volodia.* Montand est fier d'elle, il a une vénération pour les livres, les écrivains, lui, l'autodidacte, qui note sur des bouts de papier des phrases pour pouvoir s'en servir dans ses discours. Il est plus que jamais auprès de Simone et, lorsqu'elle tombe malade, il est désespéré.

À cette époque, Simone Signoret venait faire des cures à Quiberon et nous étions parfois voisines de table. Elle était seule, son visage était triste. Cachée derrière de grosses lunettes, elle restait silencieuse. J'étais désolée de la voir ainsi, comme enfermée dans une détresse muette. J'aurais aimé lui apporter un peu de réconfort, mais ne trouvais pas les mots. Cette femme n'était pas du genre à crier au secours. Le cancer qui la rongeait était une affaire personnelle. On demeurait impuissant devant son autodestruction, qu'elle accélérait en buvant. Montand le premier ne pouvait la raisonner. Il l'aimait simplement davantage.

Simone s'éteindra en 1985, à l'âge de soixante-quatre ans. Yves Montand refera sa vie, mais, comme il le disait : « On ne refait pas sa vie, on la continue. » Les trente-six années passées auprès de Simone sont inaliénables. Elle a été son contrepoids à chaque instant. À ce bourreau de travail qui a accumulé les films, les tours de chant, qui a connu une carrière internatio-

Quelle différence entre ces deux clichés ! L'un montre un couple intime, éclatant de bonheur, l'autre deux personnes désunies. Pourtant, Aristote Onassis abandonnera Maria Callas, désespérée, pour épouser Jackie Kennedy.

Le duc et la duchesse de Windsor formèrent un couple flamboyant. La plus belle histoire d'amour du siècle ? J'hésite… Pour lui, certainement. Mais pour elle ? J'y vois plutôt l'œuvre d'une grande stratège.

À mes yeux, Louise de Vilmorin est la féminité incarnée. Je la rencontrai pour la première fois dans sa maison de Verrières en 1952, lors d'un casting. Elle cherchait une comédienne pour l'adaptation de son roman *Julietta*. Je n'ai pas obtenu le rôle, mais je n'ai jamais oublié les leçons de cette merveilleuse séductrice.

Je fis la connaissance de Zizi Jeanmaire en 1956 sur un plateau de Billancourt, pour le film *Folies-Bergère*. Je faisais partie des girls qui descendaient l'escalier derrière elle et j'incarnais sa rivale !

Jouant avec les lettres de son nom, André Breton avait un jour rebaptisé Salvador Dali : « Avida Dollars ». En réalité, c'était Gala, « Avida Dollars ». Quand elle me voyait, elle me bombardait de questions sur les cours de la Bourse, et si Edmond et moi bavardions avec son mari, nous avions l'impression qu'elle allait nous facturer chaque minute de conversation.

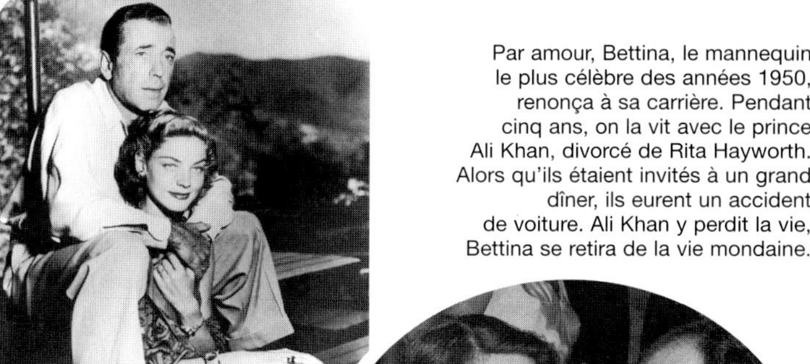

Par amour, Bettina, le mannequin le plus célèbre des années 1950, renonça à sa carrière. Pendant cinq ans, on la vit avec le prince Ali Khan, divorcé de Rita Hayworth. Alors qu'ils étaient invités à un grand dîner, ils eurent un accident de voiture. Ali Khan y perdit la vie, Bettina se retira de la vie mondaine.

Le couple emblématique d'Hollywood. Leur entente est totale. Elle est faite d'admiration, de tendresse et de respect. À mon sens, l'estime est le ciment des couples.

Pour son mariage avec le shah d'Iran, la jeune Farah Diba portait une robe d'Yves Saint Laurent et un lourd manteau de vison blanc. Son sublime diadème de diamants pesait près de deux kilos. Le conte de fées se termina en tragédie, mais Farah n'abandonna jamais son mari…

Marilyn a eu tous les hommes à ses pieds. Pourtant, elle mourra seule, jeune, et en pleine gloire. Joe di Maggio restera peut-être celui qui aurait su la rendre heureuse.

Quel beau cheminement que celui de Line ! Pas plus que moi, elle n'a renié ses origines modestes, comme elle, j'aurais pu faire carrière dans le spectacle. J'ai arrêté la scène lorsque j'ai rencontré Edmond, Line a vu sa carrière atteindre une dimension internationale grâce à Loulou Gasté, qu'elle a toujours aimé.

Milliardaire, Barbara Hutton s'offrit tout ce qu'elle voulait. Mais on n'achète pas un mari comme on achète un bijou. Ici avec le joueur de polo et play-boy Porfirio Rubirosa.

« Je rêvais d'une vie ordinaire », disait celle qui fit fantasmer le monde entier. Hélas, les hommes de sa vie n'ont pas compris Rita Hayworth.

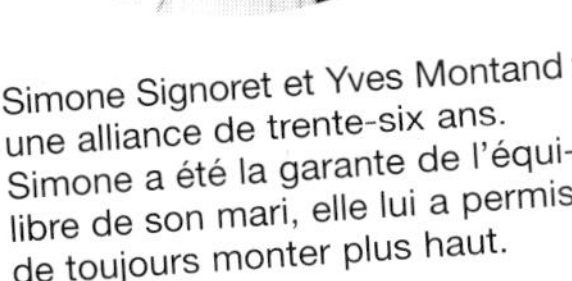

Simone Signoret et Yves Montand : une alliance de trente-six ans. Simone a été la garante de l'équilibre de son mari, elle lui a permis de toujours monter plus haut.

Liz Taylor et Richard Burton : un couple sulfureux. Liz enchaîna les maris et ne fut jamais réellement heureuse en amour. Mais au lieu de s'apitoyer sur son sort, elle vainquit la maladie et les échecs, en vraie battante.

Lorsque je rencontrai Sarah pour la première fois, je fus séduite pa sa spontanéité. Elle présidait des compétitions de ski à Megève, mais avait oublié que, le soir, il lui faudrait s'habiller un peu. Elle n'avait apporté que des tenues de ski ! J'ai dû lui prêter des robes…

« Comment pourrais-je aimer un garçon quand j'ai un père comme le mien ? » Éperdue d'admiration pour Onassis, trop riche, fragile et mal conseillée, Christina se mariera quatre fois avant de mourir à l'âge de trente-huit ans.

Voici une star qui a su préserver sa vie privée ! Sophia Loren a vingt ans quand elle rencontre Carlo Ponti. Il a vingt-trois ans de plus qu'elle. Elle ne le quittera plus.

J'allais voir Romy dans son appartement de l'avenue Bugeaud. Elle portait une grande djellaba, s'asseyait par terre et me parlait de sa solitude et de ses frustrations. J'essayais de la distraire, mais en amour elle avait placé la barre si haut qu'elle n'était jamais satisfaite.

J'ai croisé Ava Gardner à Madrid, où je tournais un film. Elle avait connu une réussite professionnelle éblouissante mais avait raté sa vie sentimentale. Elle recherchait la passion qui consume. Elle y brûlera sa vie.

Photo : © Rue des Archives

Il y a deux ans, Mouna Ayoub m'invita à un dîner d'anniversaire dans un restaurant parisien. Elle me raconta son divorce, sa tristesse d'être séparée de ses enfants, sa solitude. Elle plaisanta : « Nadine, vous qui savez tout de l'amour, conseillez-moi ! »

Photo : © B. Rindoff Petroff /Angeli

Photo : © D. Walker / Liaison Gamma

Pamela Harriman était ma voisine rue de l'Élysée et nous avions l'habitude de nous parler de terrasse à terrasse. Pamela illustre magnifiquement cette exigence que certaines femmes s'imposent pour aller toujours plus haut : ses maris lui servirent de formidable tremplin pour sa propre carrière.

Camilla vécut trente ans dans l'ombre du prince Charles. L'alliance qu'elle porte aujourd'hui symboliserait-elle l'accord à une union clandestine que le prince ne sut jamais rompre, malgré son mariage avec la jeune Diana ?

Photo : © Rue des Archives

Qui se souvient que c'est par amour pour Gabin que Marlene Dietrich s'installa en France ? Marlene prit un risque énorme : poursuivre un homme, c'est jouer quitte ou double ! Il ne faut pas douter de soi et avoir de la conviction pour deux.

Ira de Fürstenberg a fait un parcours inverse au mien : ayant tout reçu à la naissance, elle cherche à exister en dehors de son statut social. Elle ne comprend pas ma vie. Se consacrer à son mari ? Impossible. Et quand je lui parle de la solitude qui l'attend, elle me répond : « Ma chérie on naît et on meurt seul ! »

Ira avec le prince Alfonso de Hohenlohe, son premier mari.

À peine mariée à l'Agha Khan, Yvette Labrousse, fille d'un conducteur de tramway, se transforma en bégum plus vraie que nature. Le milieu mondain est très dur, mais les Agha Khan, comme les Rothschild, ont une grande qualité : leur absence d'a priori. Ils attendent simplement que vous soyez à la hauteur de la situation.

Salimah, que j'ai rencontrée à plusieurs reprises, a suivi un chemin un peu identique au mien : elle aussi s'est convertie à une autre religion, a vécu dans l'ombre d'un homme habitué à commander et s'est pliée à son emploi du temps. Son union avec le prince Karim Agha Khan a duré vingt-cinq ans, du moins officiellement.

Me voici à la piscine du club Foch, remettant, aux côtés de la princesse Grace de Monaco, la coupe de la victoire à une jeune équipe de natation.

Comme bien des femmes amoureuses, j'ai épousé la religion de mon mari.

Mon passage à Hollywood.

Pour mes cinquante ans, l'un de mes plus beaux cadeaux : la présence de Placido Domingo.

La première à rire de nos robes fut la comtesse de Paris

Dès qu'Edmond se prenait pour Frank Sinatra, personne n'aurait pu lui arracher le micro des mains.

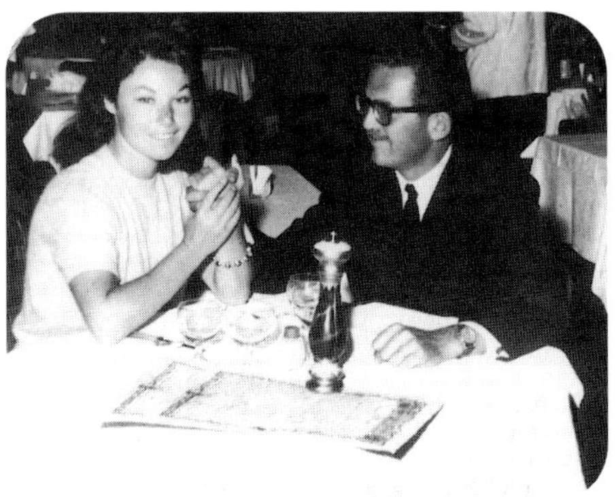

Trois photos qui pourraient résumer notre vie :
premier rendez-vous d'amour à Venise, 18 mars 1960.

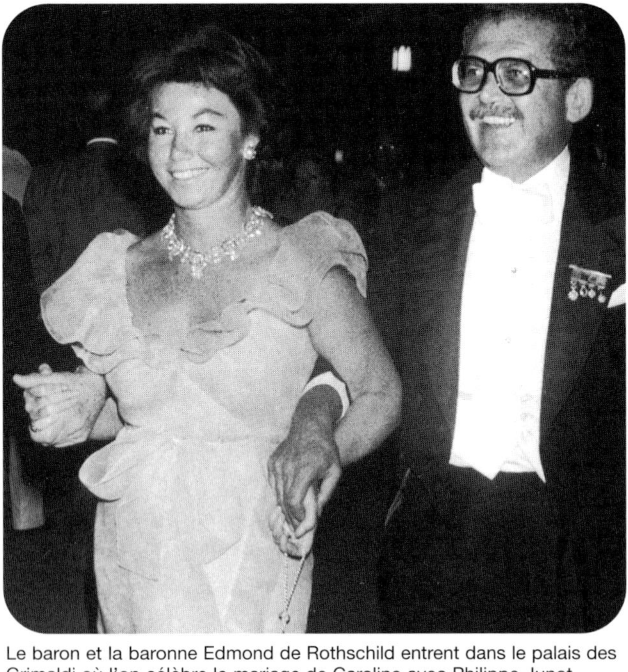

Photo : © R. Melloul / Corbis Sygma

Le baron et la baronne Edmond de Rothschild entrent dans le palais des Grimaldi où l'on célèbre le mariage de Caroline avec Philippe Junot.

Dernier rendez-vous d'amour à Megève, 15 août 1997.

Entourée de Roger Pierre, Jean-Marc Thibault et la troupe de Ray Ventura.
Mon premier grand rôle.

nale, elle a permis de monter toujours plus haut. Elle a été garante de son équilibre. D'une façon générale, l'homme demande avant tout à sa femme de le soulager de son anxiété. L'amour n'est au fond qu'une histoire de balance. Il faut que l'autre plateau ne soit jamais vide.

Cet exercice n'est pas évident. Il est des situations où l'on enverrait bien tout promener. Lorsque vous avez consacré votre vie à la réussite d'un homme et que celui-ci vous humilie à la face du monde, il y a de quoi douter de son partenaire. Un exemple récent nous a permis de méditer sur le sujet. Qu'aurions-nous fait à la place de la femme bafouée par excellence : Hillary Clinton ?

Je trouve que celle-ci s'est comportée fantastiquement bien, surtout vis-à-vis de sa fille, Chelsea. Hillary est une femme intelligente, qui a su faire la part des choses et distinguer où était son intérêt. Neuf femmes sur dix auraient tourné la page, quitté ce Bill Clinton qu'on ridiculisait en exhibant une robe tachée ! Car ce fut sans doute cela le plus dur, pour Hillary : non pas d'avoir été trahie, mais de continuer à vivre auprès d'un homme que les gens méprisaient...

Elle a fait front. Elle a adopté le comportement qu'il fallait : serrer les poings et se taire. Cette attitude était la plus sûre. On est humiliée, mais on se drape dans sa dignité. En outre, si elle s'est conduite ainsi, c'est sans aucun doute parce qu'elle l'aime encore. Toute femme trompée ne regarde plus son mari du même œil. Quand un homme vous déçoit, quelque chose est irrémédiablement brisé... mais cela ne vous empêche pas de l'aimer encore. D'une autre façon : une indicible réserve, un infime temps de réflexion accompagnent chacun de vos gestes, vous posez un regard un rien détaché sur le couple que vous formez avec votre mari. L'amour est fait de tant de subtilités et de contradictions.

Hillary a toujours eu ce regard extérieur, dont elle a pris l'habitude dès que sa vie est devenue publique. Lorsque vous êtes en permanence sur scène, vous pensez toujours au jugement du public... même dans la chambre à coucher ! Hillary avait déjà eu à affronter d'autres scandales et elle avait tenu bon. Toute femme mariée à un homme politique doit se préparer à être éclaboussée. La politique est une arène où le public goûte avec le même plaisir la mort du taureau et celle du torero !

Monica Lewinsky est l'accident de parcours que les hommes rencontrent peut-être une fois dans leur vie. Hillary a connu ce que beaucoup de femmes ont eu la douloureuse surprise de découvrir un jour : « Une femme convenable est une femme qui ne convient pas. » Comme le dit l'adage : les chaînes du mariage sont tellement lourdes qu'il faut être trois pour les porter ! Clinton est un homme comme les autres. « Fidélité » n'est pas un mot masculin, c'est un mot féminin ! Il faut l'accepter. Comme je le répète souvent : mieux vaut pardonner que divorcer, les formalités sont plus simples !

Aujourd'hui, cette attitude a porté ses fruits : deux ans et demi après le « Monicagate », Hillary tient sa revanche sur ce mari infidèle et, plus généralement, sur la cruauté de la vie publique, l'injustice du destin...

En décrochant le poste de sénateur de New York, elle est entrée dans l'Histoire. Avant elle, aucune *First Lady* n'avait remporté la moindre élection. Elle a gagné son pari. Quel exemple pour toutes les femmes trompées du monde ! Lorsque Hillary a remercié ses partisans, Bill Clinton était assis *derrière* elle, silencieux et visiblement admiratif, il a même essuyé une larme. Que rêver de mieux comme morale de l'histoire ? Hillary arrive au Sénat quand Bill Clinton quitte la Maison-Blanche ! Son V de la victoire pouvait aussi se lire comme le V de vengeance...

Hillary est aujourd'hui rayonnante. Et s'il est vrai que le succès engendre une certaine aura, la candidate a commencé sa métamorphose avant le résultat des urnes. En gagnante, elle a soigné son look : un lifting, une nouvelle coupe de cheveux, des vêtements plus élégants, tailleurs-pantalons de couleur unie, dus au talent de mon ami Oscar de La Renta, et un port de tête bien droit. Devant les caméras, lors des débats politiques, elle montre l'aisance des professionnels, tend son meilleur profil et capte la lumière.

Quel parcours extraordinaire ! Qui aurait prédit à la jeune étudiante en droit de l'université Yale, brillante intellectuelle au physique ingrat, qu'elle allait vivre une telle aventure en épousant un certain Bill Clinton, si charmant que les filles lui résistaient déjà difficilement ? Influencés par les journaux et la publicité, nous pensons aujourd'hui que la compagne idéale se doit d'être non seulement intelligente, mais également belle et dotée des mensurations d'un mannequin. Le rat de bibliothèque n'a pas droit de cité. C'est oublier un peu vite que tous les couples ne sont pas constitués de premiers prix de beauté ! Heureusement. pour certains hommes, l'enrichissement intellectuel est plus important que le tour de taille et le décolleté. J'ai des amis qui ont épousé des femmes au physique difficile et qui sont plus qu'heureux. Une femme peut bluffer un homme par son esprit, son intelligence, son humour ou son sens des contacts humains !

Bill a compris depuis le premier jour que sa femme est son plus précieux allié, qu'elle n'est pas du genre à se contenter d'inaugurer les maternités. Il tient compte de son avis, quitte à faire jaser : on murmure que c'est elle la tête pensante. Clinton hausse les épaules et, dès son premier mandat de président, confie à sa femme la réforme du système de santé. Elle s'y consacre avec détermination et se bat pour voir aboutir ses idées. L'hostilité est grande, elle multiplie les erreurs, mais le président la soutient. Il lui fait confiance, et, en remerciement, Hillary saura fermer les yeux. C'est sa façon de respecter le contrat. Ils sont dans le même bateau. Ensemble, ils traversent les épreuves, surmontent les obstacles, et parviennent à bon port.

Aux yeux des Américains, Bill Clinton incarnait l'héritier spirituel de Kennedy. Ils l'ont élu parce qu'ils pensaient renouer avec un certain âge d'or. N'avait-il pas sa jeunesse, sa décontraction, son idéal ? Clinton a joué sur ce mythe. Il éprouvait de la fascination pour John Kennedy, ses idées politiques, son style de vie, son charisme... et même son amour des femmes ! Avant Monica Lewinsky, il y eut Paula Jones, une certaine Kathleen Willey.

Bill a toujours nié. Je ne peux pas le lui reprocher, moi qui fais de ce principe la base d'une relation harmonieuse : la tête sur le billot, on nie ! Néanmoins, quand on est président des États-Unis, on n'a pas le droit de mentir... Le procès de Bill restera l'événement politique le plus surréaliste et le plus extraordinaire de cette fin de siècle.

Hillary a joué le jeu avec un cran ahurissant — rappelons-nous, l'épreuve a duré des mois. Pas un instant elle n'a laissé échapper un mouvement d'humeur, une critique, une larme. Aux questions des journalistes elle opposait une émotion contenue et prenait sans fléchir la défense de son conjoint. Au milieu de la tempête, mari et femme s'affichaient bras dessus, bras dessous, souriants. Mais que se passait-il lorsqu'ils se retrouvaient en tête à tête ? Il semblerait qu'alors le ton montait...

Leur fille, Chelsea, est peut-être le personnage le plus surprenant de la famille. Apparemment, elle semble avoir surmonté la pression engendrée par le scandale. Âgée de vingt ans, elle est devenue une jeune fille intelligente et enjouée. Hillary peut être fière : ses sacrifices ont aussi permis cette réussite ! Elle avoue d'ailleurs que sa fille lui a donné la volonté de se jeter dans la campagne et la force de tenir jusqu'au bout. Une grande complicité les unit, et, lorsqu'on les voit rire toutes les deux, on ne peut s'empêcher de penser que Bill Clinton a vraiment de la chance.

Je crois qu'un homme aurait été incapable de faire ce qu'a fait Hillary. Je lui tire mon chapeau ! Sauver son couple, rendre heureuse sa fille et gagner des élections ! Hillary a déclaré vouloir achever son mandat de six ans au Sénat et donc ne pas se présenter à la présidence en 2004... Il est permis d'en douter. En tout cas, si elle change d'avis, mon soutien lui est acquis !

Autour de moi, j'ai connu beaucoup de couples complémentaires dont le travail scellait l'union. Je pourrais ainsi citer le merveilleux duo que forment Zizi Jeanmaire et Roland Petit.

Zizi ! À soixante-seize ans, elle est remontée sur les planches. Depuis longtemps, l'envie la titillait. Roland Petit l'a encouragée et a assuré la mise en scène. Si Zizi y chantait principalement — leur fille Valentine lui a écrit deux chansons —, son chorégraphe de mari avait créé pour l'occasion quelques pas de danse. Quand on a encore d'aussi jolies gambettes, on les montre !

Nous avons fait connaissance en 1956 sur un plateau à Billancourt. J'étais danseuse à ses côtés dans un film d'Henri Decoin intitulé *Folies-Bergère*. Elle jouait une danseuse de revue, dont tombait amoureux un soldat américain, Eddie Constantine. Je faisais partie des girls qui descendaient l'escalier derrière elle et j'incarnais sa rivale ! Le film reflétait très bien l'ambiance du music-hall d'alors, le désordre et l'excitation dans les coulisses, les rivalités et les jalousies entre les filles, les petites histoires de cœur, l'empressement de certains admirateurs.

Eddie Constantine était un amour d'homme ! L'être le plus délicieux que j'aie rencontré. Il m'a accompagnée tout au long de ma carrière. Je l'avais connu à l'Olympia où j'avais débuté comme présentatrice. Il m'avait dit qu'il y avait un rôle pour moi dans son film : *Vous pigez ?* C'était le premier film que nous faisions ensemble, il fut suivi de beaucoup d'autres. Il m'avait également signalé le tournage de *Girls at Sea*, pour lequel j'ai dû prendre des cours d'anglais. Je m'y rendais à minuit, après l'Olympia. Grâce aux quarante phrases apprises en un mois, j'ai été engagée.

Travailler avec Zizi était un vrai bonheur. Quelle star ! Les plus belles jambes que j'aie jamais vues, avec celles de Cyd Charisse, et j'entends encore sa voix gouailleuse, son rire, ses formules de Gavroche ! Elle a vraiment quelque chose, ce qu'on appelle dans le métier une « présence ». Elle aurait très bien pu continuer dans le cinéma, elle tourna d'ailleurs un autre film l'année suivante, *Charmants Garçons*, mais sa carrière prit une direction bien spécifique, sous l'influence de son Pygmalion, Roland Petit.

Danseuse de formation classique, Zizi a un jour fait un choix décisif pour son avenir : en épousant l'homme qu'elle aimait et en remettant sa carrière entre ses mains, elle a parié sur l'amour et elle a gagné. Ce coup de poker lui a assuré une renommée internationale et une histoire d'amour unique. Depuis quarante-six ans, elle forme avec Roland Petit un couple exemplaire, uni par le travail et l'estime, le plus sûr des ciments. Comme elle le dit très justement : « Il faut de l'admiration réciproque pour faire un beau couple. »

Elle lui a voué sa vie, puisqu'ils se connaissent depuis l'âge de neuf ans ! Ils étaient alors petits rats de l'école de danse de l'Opéra de Paris. Ensemble, ils grimperont tous les échelons. Dès le début, Roland sortit du lot en organisant des spectacles pendant les récréations. Avec autorité, il distribuait les rôles et assurait la mise en scène. Fatalement, la jeune Renée Jeanmaire, surnommée Zizi, tomba amoureuse de lui. Un sentiment qu'il ne lui rendit tout d'abord pas. Sous la houlette de Serge Lifar, Roland Petit était obsédé par sa carrière. Très doué, il commençait à attirer l'attention grâce à son talent de danseur, mais c'est la création qui le passionnait plus encore que l'interprétation. Sa vocation de chorégraphe était née, et, pour s'y consacrer pleinement, il choisit un jour de quitter l'Opéra.

À l'âge de vingt ans, il monte son premier ballet, *Les Forains.* Il fait alors la connaissance des figures parisiennes de l'époque, Jean Cocteau, Christian Bérard, Boris Kochno, qui l'adoptent aussitôt. Il enchaîne les créations et rencontre un grand succès avec *Le Jeune Homme et la mort.* La critique loue sa modernité, son élégance. Il fait quelquefois appel à Zizi, mais il n'est pas encore question de coup de foudre. C'est seulement en 1949, alors qu'il présente à Londres une adaptation de *Carmen* en ballet, avec Zizi comme partenaire, qu'il la regarde avec d'autres yeux.

Elle l'a, pour ainsi dire, forcé à lui donner le rôle. Ne la croyant pas à la hauteur, il finit par se laisser convaincre, à une condition : qu'il puisse la transformer à son idée. Sa Carmen va faire l'effet d'une bombe : coupe de cheveux à la garçonne par Alexandre, allure androgyne et guêpière. Renée Jeanmaire cède la place à Zizi et, devant le triomphe qu'elle rencontre sur scène, le cœur de Roland Petit s'ouvre.

Ils partent en tournée aux États-Unis, flirtent un peu, se disputent souvent. Elle rentre en France, il accepte des propositions à Hollywood pour créer la chorégraphie de films. Durant deux ans, Zizi se languit loin de lui. Finalement, elle n'y tient plus et s'envole pour le rejoindre. Elle l'appelle de l'aéroport. Il croit qu'elle est là pour signer un contrat, elle lui explique qu'elle n'est là que pour lui. Il est en train de répéter avec Fred Astaire et lui demande de l'attendre deux heures. Elle refuse et le somme de venir. Le genre d'ultimatum qui comporte quelques risques… Mais ça marche ! Il ne la quittera plus.

Ils se marient en décembre 1954. Ils ont trente ans. Zizi devient sa muse, l'interprète d'un nouveau champ d'investigation. Il lui a trouvé un style, il va lui créer un registre. Elle s'en remet à lui, sûre de son talent, de son œil. Son unique peur : le décevoir. Cette collaboration impose aussi un gros sacrifice : Zizi ne danse plus que pour lui et refuse les propositions d'autres chorégraphes, comme Béjart. Grâce à elle, Roland Petit peut se livrer à son autre passion, le music-hall.

Depuis ses séjours aux États-Unis, Roland ne jure que par les comédies musicales américaines. Il décide de créer une sorte d'équivalent en France, un ballet avec des chansons. Zizi prend des cours de chant pour être digne du rôle. Implacable, il lui fait passer une audition… qu'elle réussit. Ouf ! La « Croqueuse de diamants » est née. Son premier tube. Entre plumes et strass, elle découvre l'échange avec le public, le plaisir d'exprimer avec sensibilité de jolis sentiments et d'en recevoir l'écho. Elle chante des textes de Raymond Queneau, de Louis Aragon, de Marcel Aymé, de Boris Vian.

À ce nom, mon cœur se serre… Boris Vian est un beau souvenir de ma jeunesse : mon premier coup de foudre. J'avais dix-sept ans, c'était à Saint-Tropez… Le temps d'un été, nous avions eu une charmante histoire romantique. La station touristique la plus célèbre au monde était encore un ravissant port de pêche fréquenté par un petit groupe de Parisiens en quête de soleil, de douceur de vivre et de fêtes. Boris Vian était l'une des figures de cette société sympathique et bohème, mélange d'artistes de Saint-Germain-des-Prés, de fils de famille et de play-boys. Son charme, sa gentillesse et son beau visage grave lui assuraient beaucoup de succès et, dès notre première rencontre, j'avais été séduite. Il avait un côté imprévisible, une extravagance, sans doute héritée de ses ancêtres russes, qui pour une jeune fille était tout à fait irrésistible. Mais ce ne fut qu'un amour de vacances et il n'y eut pas de suite aux clairs de lune à Saint-Tropez.

Le couple formé par Zizi et Roland Petit était autrement plus sérieux. Pour elle, il monte des revues qu'il met en scène à l'Alhambra. Il règle la descente d'escalier, les plumes, les boys autour de la star, avec le même perfectionnisme que pour un ballet classique. Il ne fait pas de différence entre les deux genres et passe avec aisance de l'un à l'autre, ce que bon nombre de puristes ne comprennent pas. Mais, pour Roland Petit, seul compte le plaisir. Et lorsqu'il voit Zizi entrer en scène, avec son « Truc en plumes », il frémit d'émotion.

Cette chanson, composée en 1961, restera à jamais la carte de visite de Zizi. Dès sa première présentation à la générale, c'est le délire ! Les éventails de plumes d'autruche qui se démultiplient et habillent Zizi d'un halo rose tandis qu'elle chaloupe en collant noir enflamment le public ! Le numéro devient aussitôt un classique, et, aujourd'hui encore, elle ne peut monter sur scène sans chanter ce refrain mythique.

Roland Petit a toujours su s'entourer des talents du moment pour écrire des textes ou dessiner des décors. En témoigne l'amitié qu'il noue à l'époque avec un autre amoureux du music-hall, un couturier nommé Yves Saint Laurent. Passionné de théâtre depuis l'enfance, celui-ci troque avec plaisir ses robes de taffetas pour des costumes de scène. Il sera à l'origine de la silhouette unique de Zizi, ce pull noir au ras des cuisses qui lui donne l'air d'un Pierrot.

À la fin des années 1960, le couple crée à nouveau l'événement en rachetant le Casino de Paris. Après Mistinguett et Joséphine Baker, Zizi descend les fameuses quarante marches de l'escalier, dans une débauche de paillettes et de fourrures. La première est un triomphe. Je revois encore le public, debout, applaudissant à tout rompre. Le Tout-Paris était là et rarement on l'aura vu aussi enthousiaste. On n'a plus idée aujourd'hui de l'atmosphère de fête, de joie de vivre, de bonheur qu'étaient ces revues de music-hall. Heureusement, Jérôme Savary remet à la mode les délices de ces années merveilleuses.

La folle aventure du Casino de Paris ne durera pas. Trop lourde, ruineuse. Roland Petit est contraint de fermer la salle en 1976. Il crée d'autres ballets plus « traditionnels », souvent tirés d'œuvres littéraires, comme *Nana* de Zola ou celles de Proust. Puis un nouveau défi s'offre à lui : Gaston Defferre lui fait une proposition qu'il ne peut refuser, fonder sa propre compagnie à Marseille. Roland Petit aurait bien aimé avoir sa troupe à Paris, mais, à défaut, va pour Marseille !

Zizi et son mari émigrent pour le Sud. Ils achètent une très jolie bastide ancienne, où ils se retrouvent entre deux tournées. Quand Roland rentre de New York pour un ballet, Zizi part au Japon pour un récital. Ils n'ont pas le temps de connaître la monotonie des vieux couples. Zizi avoue apprécier la solitude, d'être débarrassée pour quelques jours de son bouillonnant mari la repose, mais son plaisir est vite empoisonné. «Je tourne en rond, il me manque, je m'étiole sans lui », confie-t-elle. Indissociables comme les deux doigts d'une main.

Ils sont parfaitement complémentaires. Elle se dit un peu paresseuse, mais lui est là pour la pousser dans ses retranchements et la motiver. Elle aime prendre son temps, il est rapide, impatient. Elle est têtue, il est autoritaire et n'aime pas qu'on le contredise. Car l'homme n'est pas facile. D'un caractère entier, il est capable d'être très dur. J'avais pu m'en rendre compte lors des répétitions de *Folies-Bergère* : il m'avait demandé d'aller reprendre des cours de danse parce que la façon dont je descendais le grand escalier ne lui convenait pas. Cette exigence vient de l'acharnement qu'il s'est toujours imposé dans son propre travail. Ce n'est pas un hasard si celle qui a pu partager sa vie est une danseuse. Tous deux ont été forgés par la rigueur que réclame cette discipline. Le secret de leur vitalité est très simple : chaque matin, deux heures d'exercices à la barre ! Et si les portes claquent parfois, c'est sans conséquence. Cela fait partie du spectacle.

Roland lui a donné la confiance en soi dont elle avait besoin, il l'a poussée pour qu'elle s'aventure, qu'elle ose et se surprenne elle-même. Un partenaire en or qu'elle écoute encore aujourd'hui religieusement. Comme elle le dit tendrement : « Mon miroir, c'est lui. » À quoi il répond : « Quand on reste longtemps ensemble, on ne voit plus la limite entre la fille, la femme, la maîtresse, la mère, la sœur. Si Zizi disparaît avant moi, je vais perdre toute ma famille. » Quel plus beau compliment peut-on attendre de son mari ?

À Genève, où ils possèdent un appartement, je les vois quelquefois, entre deux avions. S'ils n'ont pas d'obligations, ils s'accordent un rituel que je trouve charmant : ils vont prendre le thé sur la terrasse de l'hôtel des Bergues. Et l'image de ce couple si heureux, à l'existence si riche, m'emplit de joie. Quel modèle de réussite ! Et quel sujet de réflexion pour toutes celles qui ne jurent que par leur indépendance. Zizi est la preuve qu'on peut consacrer sa vie à un homme, être le numéro deux, et s'épanouir merveilleusement à ses côtés. Je n'ai pas mené une vie semblable à celle de Zizi, mais je pense que mon association avec Edmond était du même ordre : en me conformant à ce qu'il espérait de moi, je me suis révélée. Cette entente, au sens littéral du mot, s'est évidemment construite au fil des années, car je crois, comme Zizi, que « l'harmonie vient avec le temps »...

Cet étonnant parcours à deux, où l'amour conjugal se nourrit de travail et d'admiration réciproque, un autre couple, lui aussi forgé dans la rigueur, l'estime et les plumes, l'a connu : Line Renaud et son mari, Loulou Gasté.

Quel beau cheminement que celui de Line ! J'en ai suivi toutes les étapes. Elle chantait à l'ABC en 1952, quand je répétais une revue avec Henri Salvador, Raymond Devos, Francis Blanche et Pierre Dac. J'avais été choisie par l'imprésario de Fernandel, Robert Beunke, qui m'avait remarquée au théâtre de l'Étoile où je dansais.

Au cours de son existence, Line a vraiment pu donner à son talent son plein épanouissement, à la fois comme chanteuse, danseuse, meneuse de revue et comédienne — au fond, une carrière dont j'aurais rêvé ! Si je n'avais pas eu la chance d'épouser Edmond, j'aurais pu évoluer comme elle. Avant d'être la petite starlette à la mode, j'avais fait mes premières armes au music-hall. Durant cinq ans, j'avais enchaîné les numéros à l'ABC, au théâtre des Capucines, à l'Alhambra, au théâtre de l'Européen. Hélas, moi, je n'avais pas mon Loulou... Mon Edmond n'était pas mal, mais mon mariage a mis fin à mes velléités artistiques, quand celui de Line l'a propulsée vers les étoiles.

Loulou Gasté possédait une grande expérience de l'univers du spectacle. Lorsque Line le rencontre, c'est un compositeur célèbre dont on fredonne les airs très jazzy, un musicien qui joue avec Django Reinhardt et Ray Ventura. Nous sommes en 1945, Line a seize ans, il en a trente-sept... Elle s'appelle encore Jacqueline Ente et vient de réussir une audition devant un autre Loulou ! Loulou Barrier, l'imprésario d'Édith Piaf. Elle lui a chanté une des chansons de Loulou (le bon, cette fois !) et a été engagée aux Folies-Belleville. Le dernier soir, Loulou Gasté est dans la salle. Depuis l'enfance, elle lui voue une véritable passion. Elle connaît tous ses refrains, brûle de faire sa connaissance, a même un jour osé lui téléphoner pour lui dire toute son admiration. Il avait gentiment remercié et raccroché. C'était encore un peu trop tôt. Cette fois, le destin lui sourit : il est séduit par ses grands yeux clairs et la raccompagne chez lui ! Line s'offre à son dieu, pensant que l'avenir s'ouvre grand devant elle.

Il lui faudra patienter. Loulou Gasté lui donne des chansons... et la renvoie vers ses corons. Line est désespérée mais s'accroche. Elle enregistre un disque amateur et revient le trouver. Il l'écoute. La voix de Line le touche, elle lui rappelle celle de Lucienne Boyer. Il décide alors de la prendre sous son aile, la rebaptise Line Renaud et lui fait signer un contrat.

Line a toujours chanté. Grimpée sur une table après les dîners, dans les cafés, lors de radio-crochets. Elle a fait ses classes dans les restaurants et les cabarets de Lille, a l'habitude du public, mais il lui manque encore la technique. Plutôt que de la confier à un professeur de chant, Loulou lui enseigne le rythme, le contretemps, la façon de bouger. Il l'envoie chez la grande danseuse Balachova pour que sa protégée gagne en aisance, en présence. Line apprend vite et bien. Elle chante avec Maurice Chevalier, Yves Montand. En quelques années, son personnage est né, et quand Loulou lui compose en 1948 *Ma cabane au Canada*, elle est prête pour le succès.

C'est l'explosion. La chanson passe sans arrêt à la radio, elle est sur toutes les lèvres. Loulou a alors une idée de génie. Pour asseoir la notoriété naissante de Line, il faut que les gens connaissent son visage... Il organise donc une vaste opération de promotion en la faisant participer au Tour de France ! Derrière le peloton et la caravane, Line suit dans un cabriolet transformé en cabane ! Tout au long des étapes, elle chante ses refrains, accompagnée de Loulou à la guitare, signe des autographes et rencontre son public.

L'engouement est tel que Line enchaîne avec une vraie tournée en province, qui s'avère triomphale. Tout le monde reprend avec elle *Étoile des neiges, mon cœur amoureux*... Mitty Goldwin, le patron de l'ABC qui était alors, avec l'Alhambra, le music-hall le plus important de Paris, propose à Loulou de l'engager pour la mettre à la fin de la première partie de son programme. Loulou rétorque que c'est la tête d'affiche ou rien ! Une partie de bras de fer… qu'il remporte ! En 1950, Line décroche son premier contrat à l'ABC, avec les Frères Jacques en vedette anglaise et Robert Lamoureux en vedette américaine.

Tout s'enchaîne alors très vite pour Line. Des producteurs anglais viennent voir son spectacle et l'invitent à Londres. La chanteuse française a une émission à la BBC et enregistre ses disques dans le futur studio des Beatles à Abbey Road ! Elle en profite pour se familiariser avec l'anglais, dont elle aura bientôt grand besoin. En 1954, elle se produit au Moulin-Rouge. Dans la salle, se trouve l'acteur Bob Hope. À la fin du récital, il vient dans sa loge et lui offre de chanter dans son show. Line à la conquête de l'Amérique ! La rencontre a pourtant failli ne pas se faire : Bob Hope n'avait pu avoir de place et s'apprêtait à repartir, quand il est tombé sur Loulou, qui, lui, était en retard parce qu'il ne parvenait pas à se garer ! À deux minutes près, le destin aurait pu être tout autre.

Line se produit à Broadway, à Los Angeles, puis dans le monde entier. À ses côtés se tient Loulou. La relation professionnelle est devenue une histoire d'amour. Mais Line a dû batailler dur pour en arriver là, car Loulou, avant d'en faire la femme de sa vie, était un grand séducteur ! Durant les premières années de leur collaboration, Line a vu défiler des dizaines de femmes et, la mort dans l'âme, attendait son heure. Pour éveiller son intérêt et le rendre jaloux, elle s'inventait des amoureux, s'envoyait des fleurs, des mots doux ! J'admire un tel stratagème. Il paraît puéril et tiré d'un roman à l'eau de rose, mais les mécanismes de l'amour sont souvent d'une telle banalité…

Loulou ne semblait pas prêter attention à Line. En

vérité, il l'aimait mais craignait de s'engager à cause de leur différence d'âge. Line parviendra à le faire changer d'avis : le 19 décembre 1950, Loulou lui annonce qu'ils doivent donner un petit gala à la mairie du XVIIe arrondissement... Line ne se doute de rien, jusqu'au moment où elle se trouve devant M. le maire !

Le contrat de mariage signé, la grande aventure pouvait commencer. Une aventure qui allait les conduire très loin, très haut. De chanteuse populaire, Line évolue progressivement vers le music-hall. Dix ans avant Zizi, et conseillée par Joséphine Baker, elle descend l'escalier du Casino de Paris, puis fait le tour du monde avec sa revue « Plaisirs ». Mais c'est son show à Las Vegas qui bouleverse sa vie. Elle s'installe dans la capitale du jeu, devient l'amie de Dean Martin, Cary Grant, Frank Sinatra, et se lance même dans la production de spectacles.

Malgré ce succès, elle rentre un beau jour en France. Paris lui manque trop. Elle retourne au Casino de Paris, succède à Zizi, mais le music-hall à la française est en train de mourir. Réaliste, Line décide de se reconvertir au théâtre. On la jugeait formidable dans les plumes et le strass, mais bien peu de gens parient sur ses talents de comédienne... Ils se trompent. Elle reprend la pièce *Folle Amanda,* que j'avais vue à sa création avec Jacqueline Maillan, et c'est un triomphe ! Si Jacqueline avait une force comique extraordinaire, Line n'a pas à souffrir de la comparaison.

Elle enchaîne avec le cinéma et la télévision. Le public est à nouveau au rendez-vous, fidèle. Son aisance à passer de la comédie au drame, sa gaieté et sa gentillesse, dont elle porte l'éclat sur le visage, lui assurent l'affection des gens, déjà touchés par sa belle histoire d'amour.

Bien sûr, il y eut quelques orages entre Line et Loulou. Vivre et travailler avec le même homme vingt-quatre heures sur vingt-quatre engendrent parfois de petites frictions. Au bout de vingt ans de vie commune, ils se sont « autorisé » une séparation de trois ans... pour s'avouer que finalement ils ne pouvaient vivre l'un sans l'autre. Leur relation est indestructible. Elle est son rayon de soleil, il est son soutien, sa bouée dans le tourbillon de la célébrité. Pragmatique et exigeant, il l'empêche de tomber dans la facilité. Leur devise : « Le combat dans la joie de vivre ! » Une devise que je pourrais faire mienne.

D'ailleurs, Line et moi avons beaucoup de points communs. Nous sommes toutes les deux des filles du Nord, des ch'timis. Elle est originaire d'Armentières, moi de Saint-Quentin, dans l'Aisne. Nous avons eu le même genre d'enfance. Nos arrière-grands-mères, nos grands-mères, nos mères étaient des femmes courageuses et généreuses, qui ont connu des existences difficiles entre filatures et corons. Les conditions de vie étaient très modestes, mais nous n'en souffrions pas, tant l'amour dont on nous entourait était grand. Comme moi, Line n'a jamais caché ses origines. Ses parents étaient d'un milieu simple, son père était camionneur, et c'est en pensant à eux qu'elle a fait ce parcours exceptionnel. « Pour réaliser leur rêve. » J'aime ce rapport honnête et lucide à la célébrité.

C'est aussi pour cette raison que les gens l'apprécient. Line est proche d'eux, elle est l'amie de la famille, la grand-tante un peu fofolle qui a réussi, mais qui ne manquerait pour rien au monde l'anniversaire du petit. Tous les Français connaissaient son amour pour sa mère, qui a vécu chez eux jusqu'à sa mort (Loulou devait moyennement apprécier !). Quand « maman » a eu des problèmes de santé, on a tremblé avec Line et on a pleuré avec elle lorsque « maman » nous a quittés.

C'est ça, Line, l'amour nu, l'absence de calcul, les sentiments vrais avec ses proches comme avec son public. Line est la générosité même. Elle s'est impliquée avec un extraordinaire élan dans la lutte contre le sida. Au début, on s'est un peu étonné de son engagement. Elle semblait bien éloignée du problème... Dans les faits, pas tant que ça : le monde du spectacle est extrêmement touché par ce fléau. Comme Liz Taylor, Line a fait preuve de courage en prenant la tête des artistes engagés dans la lutte contre la maladie et le secours aux malades, car son public n'était pas forcément le plus facile à sensibiliser. Et si l'on souriait un peu, lorsqu'elle montrait à la télévision comment utiliser un préservatif, son honnêteté a finalement convaincu. Non seulement Line a récolté des fonds considérables, mais surtout elle a contribué à l'évolution des mentalités. À la tête de l'association Ensemble contre le sida, elle participe chaque année à la mobilisation générale. De façon moins médiatique, elle se rend en Afrique et y apporte un peu de réconfort.

Lorsqu'elle regarde le chemin parcouru, Line est sereine. Elle n'avoue qu'un seul regret : ne pas avoir eu d'enfant. C'est la seule chance que le destin ne lui a pas accordée. Du coup, elle s'est trouvé deux filles d'adoption : Claude Chirac, la fille du président, et Muriel Robin. Mais ce sont des centaines de jeunes qui ne jurent aujourd'hui que par elle. Musiciens, chanteurs, comédiens, tous sont sensibles à cette joie de vivre et à cet enthousiasme qui la poussent sans cesse à de nouvelles rencontres, de nouvelles aventures. Elle prend le risque de tourner des films audacieux, s'amuse des parodies qu'on fait d'elle (celles de Thierry Le Luron étaient dures, mais Line savait ce qu'elles cachaient d'estime et d'amour), accepte d'être la marraine d'artistes balbutiants. On peut faire confiance à celle qui lançait en 1960 un jeune « filleul », baptisé Johnny Hallyday ! Elle a formidablement réussi à rester dans la course, elle n'est pas démodée ; au contraire, elle est devenue la mascotte du monde artistique, une bonne fée sympathique et gaie, une grand-mère très *rock and roll* ! « Après avoir tant reçu, c'est à moi de donner », dit-elle. Loulou peut être fière de son élève.

Je ne suis pas sûre que ce noble projet ait jamais traversé l'esprit d'une femme que je vais évoquer à présent. Pourtant, je pense qu'elle était sincèrement, passionnément éprise de son mari. Grâce à cet amour constant elle lui a permis de créer une œuvre géniale et en a fait l'un des artistes majeurs de notre siècle. Mais, justement, cet amour exclusif se vivait au détriment des autres, d'une façon obsessionnelle, égocentrique et arrogante. Leur mariage était l'expression la plus aboutie d'une collaboration qui ne visait qu'à satisfaire une idée précise : la construction d'une légende. Je veux parler de Gala, la muse sublime et terrible de Salvador Dalí.

J'ai rencontré ce couple unique, excentrique et flamboyant dans les années 1960. Avec Edmond, nous allions souvent dîner ensemble chez Lasserre, à Paris. Dalí appréciait la très bonne cuisine et plus particulièrement les ortolans. On peut s'étonner de ce goût un rien luxueux, mais Dalí était un artiste d'un genre très particulier. Sa carrière de peintre a toujours été étroitement mêlée à la vie mondaine, au train de vie de ses collectionneurs, aux plaisirs qu'offre la société à ceux qui en ont les moyens.

Gala n'était pas étrangère à ce luxe. C'est elle qui favorisa l'enrichissement de Dalí. Dès ses premiers succès, elle prit en main ses affaires, négociant ses contrats, démarchant les galeries, le pressant pour qu'il enchaîne les commandes. Très vite, l'argent était entré dans les caisses du couple, qui, par crainte d'en manquer un jour, par appât du gain aussi, se mit à vouloir toujours plus... Jouant avec les lettres de son nom, André Breton avait un jour rebaptisé Salvador Dalí : « Avida Dollars », mais, en réalité, Avida, c'était Gala. En maîtresse femme, elle contrôlait l'empire financier et faisait le compte de ce que pouvait rapporter Dalí à chaque minute. Lorsqu'il ne travaillait pas et discutait avec nous, on la voyait contrariée ; pour un peu elle nous aurait facturé la conversation avec le maître ! Elle était une vraie machine à calculer, un tiroir-caisse qui, chaque fois qu'elle me voyait, me bombardait de questions sur le cours de la Bourse, les actions qu'il fallait acheter ou vendre... Je n'en avais pas la moindre idée, ne comprenant même pas de quoi elle me parlait, ce qui l'ahurissait ! Comment moi, l'épouse d'un Rothschild, pouvais-je ne pas m'intéresser au monde de la finance ?

Un soir, Edmond a proposé à Dalí de réaliser mon

portrait. Pour lui faire plaisir, je me suis rendue le lendemain dans la suite 106-108 de l'hôtel Meurice, où le maître descendait lorsqu'il n'était pas au San Regis, à New York, ou dans sa maison de Cadaqués. J'y suis allée en traînant des pieds, car cela ne m'amusait pas du tout. À l'âge de dix-sept ans, j'avais posé pour Jean-Gabriel Domergue et je n'en avais gardé aucune nostalgie. Malgré sa conversation très distrayante, les séances étaient longues et fatigantes. Dalí m'a reçue très gentiment, mais je lui ai rapidement expliqué que je n'avais aucune envie de poser. Nous sommes alors convenus de dire à Edmond que je ne m'étais pas sentie bien. Il n'a pas insisté, mais j'ai vu que Gala faisait la tête : des centaines de milliers de francs s'envolaient brusquement...

L'« entreprise Dalí » était née aux États-Unis, durant la Seconde Guerre mondiale. Dalí et Gala avaient fui la France, où on commençait à saluer l'œuvre du peintre. Le vicomte Charles de Noailles comme le prince de Faucigny-Lucinge l'avaient adopté et achetaient ses toiles. À leur contact, Dalí s'était familiarisé avec le Tout-Paris, ses aristocrates et ses grandes fortunes. On a du mal à l'imaginer, pourtant, Dalí n'était pas à l'aise dans ce milieu. Ses premières excentricités n'avaient pour but que de cacher son embarras, sa timidité. Il comprit vite qu'elles lui permettaient également de faire parler de lui et de créer un phénomène de curiosité autour de sa personne. Les mondains sont snobs et se piquent de connaître le dernier artiste à la mode. Dalí eut la présence d'esprit de se servir de cette faiblesse et le cynisme de l'utiliser sans vergogne.

Exilé à New York, Dalí peaufine son personnage « surréaliste ». Ses élucubrations incompréhensibles, son accent déclamatoire, ses tenues extravagantes et ses tableaux insensés fascinent les Américains. Il en profite. Il enchaîne les portraits de généreux milliardaires et n'hésite pas à mettre son talent au service de tâches plus prosaïques. Il décore des vitrines de magasins, dessine des publicités pour des voitures ou des chewing-gums, réalise des bijoux inspirés de ses thèmes de prédilection… La signature « Dalí » est synonyme de modernité, de fantaisie, et elle se vend bien. L'opération commerciale est en marche, elle ne va plus s'arrêter. Dans les années 1970, Dalí pèsera dix millions de dollars.

Rien ne lui aurait été possible sans la présence de Gala à ses côtés. C'est elle qui a nourri, dirigé, supervisé la construction du personnage « Dalí ». Dans l'ombre, avec la discrétion et la fermeté d'une parfaite éminence grise, elle a insufflé à chaque instant la force, la confiance à son génial époux, paradoxalement pétri de doutes. Car l'homme qui avait bâti sa notoriété sur une mégalomanie sans limites était un personnage rongé d'angoisses, de phobies, qu'il fallait sans cesse rassurer. Laissé à lui-même, et malgré son talent de peintre, jamais il n'aurait eu un tel destin.

Gala était autoritaire et sans pitié ; toutefois, il ne faudrait pas voir en elle une sorcière machiavélique. Tout ce qu'elle a fait pour Dalí, elle l'a fait par amour. Et si sa détermination inflexible lui donnait une réputation détestable, elle s'en moquait. Seule comptait la réussite de l'homme qu'elle aimait. Dès sa première rencontre avec le peintre, elle est subjuguée. Elle le pressent : il sera un jour un artiste mondialement connu ! Cette perspective est le plus excitant des aphrodisiaques ! Depuis l'adolescence, Gala ne rêve que d'une chose : se consacrer à un homme et vivre avec lui une existence hors du commun. Lorsqu'elle croise la route de Dalí, elle en a déjà eu un avant-goût : elle est alors l'épouse d'un autre génie, le poète Paul Eluard...

C'était ce même désir d'exception qui l'avait rendue, douze ans plus tôt, folle amoureuse d'Eluard. Ils s'étaient connus à l'âge de dix-huit ans, lors d'un séjour dans un sanatorium en Suisse. Un véritable coup de foudre entre Elena Diakonova, l'adolescente russe, passionnée et fantasque, fraîchement débarquée de Moscou, et Eugène Grindel, jeune poète parisien, fragile et réservé. L'éloignement après la guérison, la méfiance des parents, la déclaration de la Première Guerre mondiale, tout s'opposait à un avenir commun. C'était compter sans l'énergie et la ténacité de Gala. De Moscou, elle bombarda Eluard de lettres enflammées, où se mêlaient déclarations d'amour et encouragements à écrire. Rien ne pouvait les désunir, puisqu'ils étaient faits l'un pour l'autre ! Elle, la muse, lui, le poète. Eluard se laissa convaincre par cette belle assurance. Et lorsque Gala quitta la Russie pour venir l'épouser à Paris, il comprit que cette femme était précieuse.

Grâce à elle, il va pouvoir s'engager sur le chemin difficile de la création. Elle lui donne la confiance en soi nécessaire à tout artiste. Mieux, elle participe dès l'origine à sa postérité en choisissant avec lui son nom de plume : Paul Eluard. Sans l'ombre d'une hésitation, elle oublie l'« Eugène Grindel » de ses premiers émois. Seule compte la construction du mythe. N'est-elle pas devenue simplement « Gala » ? Elle lui déclare : « Je te le promets, notre vie sera glorieuse et magnifique. »

Elle incarne la muse dans toute sa splendeur.

Contrairement à Line ou à Zizi, elle ne produit rien elle-même, elle se contente de susciter la création chez son mari, avec brio. Avec Eluard ou avec Dalí, elle entretient une relation unique, mi-maternelle, mi-sensuelle. Elle est à la fois agent artistique et idéal féminin. La combinaison parfaite. Car, si elle sait les motiver par ses encouragements, elle sait aussi stimuler ses amants grâce à son charme physique. Eluard chante le corps de Gala dans chacun de ses poèmes, Dalí est fasciné par son dos, sa poitrine. La volupté tient une grande place dans le pouvoir qu'exerce Gala sur ses maris, à cette nuance près qu'elle adapte ses goûts et ses désirs à leurs humeurs…

Quand je l'ai connue, Gala était déjà une vieille femme. Il ne restait plus grand-chose de séduisant dans son visage, sa silhouette s'était tassée, mais on devinait qu'elle avait dû posséder une beauté singulière, faite de mystère et de fierté. Ses yeux fascinaient. Très noirs, ils vous fixaient avec une intensité extraordinaire et l'on pouvait les trouver envoûtants ou terribles. « Des yeux de sorcière », disaient ses détracteurs. Eluard parlait plus subtilement d'« un regard perceur de murailles ». « Un regard perceur… de coffres-forts », persiflaient certains. Sur les dizaines de tableaux que Dalí a peints d'elle, on peut admirer son corps très beau, ses seins menus, son dos bien droit, ses bras et ses jambes fines. On comprend que cette sensualité drapée d'autoritarisme pouvait rendre fous certains hommes.

Dès le premier regard, Dalí en sera bouleversé. Nous sommes en 1929, Gala accompagne Eluard à Cadaqués. Il est venu rendre visite à ce jeune peintre espagnol encore inconnu dont on chante les prouesses. Il fait beau, chaud, les corps se dénudent, les désirs s'éveillent. Gala est encore la femme d'Eluard, mais avec le temps la relation s'est détériorée. Il l'aime toujours autant et elle demeure l'inspiratrice de ses poèmes; toutefois, il a une conception très « artistique » de l'amour conjugal. Il fréquente d'autres femmes et engage Gala à avoir des aventures. À l'entendre, leur union ne saurait en souffrir. Hélas, à trop vouloir jouer avec leur entente indestructible, ils finissent par la fissurer.

La fréquentation du peintre Max Ernst n'est pas étrangère à cette confusion des sentiments. Il est l'ami de Paul Eluard, un ami auquel on sacrifie tout, même sa femme... Gala se partage entre les deux hommes. Ernst n'est-il pas un autre artiste qu'il convient de soutenir? L'incroyable trio semble vivre en bonne harmonie, à l'ahurissement général. Cette existence hors norme n'est pas pour déplaire à Gala, elle qui n'aspire qu'à l'extraordinaire. Cependant, une fois transgressé l'interdit, le plaisir sulfureux de cette relation triangulaire n'est pas sans conséquences. Gala ne quitte pas Eluard pour Max Ernst, mais elle a perdu la candeur de son premier amour. Elle est prête à vivre une nouvelle histoire.

En 1929, Dalí n'est pas sans charme. Grand et fin, la peau bronzée, les cheveux noirs plaqués en arrière, il a tout de l'aristocrate espagnol, fier, nerveux, racé. Il n'est pas d'une virilité folle, mais Gala sait que là n'est pas l'essentiel. Quand on lui demanda un jour ce qui le séduisit chez Salvador Dalí, elle répondit : « J'ai tout de suite compris que c'était un génie. » Lui l'adore aussitôt. Plus qu'un idéal féminin, elle est une déesse venue le sauver des ténèbres, des affres de la création.

Il a vingt-cinq ans, elle en a trente-cinq. Il n'a pas connu de femme avant elle, elle sera la première, l'initiatrice. Lors d'une promenade au bord de la mer, elle lui prend la main et lui déclare : « Mon petit, nous n'allons plus nous quitter. »

La prédiction se révélera juste. Gala divorce d'Eluard, qui se console auprès de Nusch, et se consacre à son nouveau défi. En 1934, elle épouse Dalí et sa folie naissante. Elle a à présent l'habitude des artistes, elle sait comment soutenir leur quête de reconnaissance, mais après le tempérament taciturne d'Eluard, sa poésie discrète et subtile, voici venir l'heure des actions fracassantes, le règne de l'artiste roi, de l'ego transcendé en œuvre d'art.

Durant près de quarante-cinq ans, elle va se tenir à ses côtés, aussi discrète en tailleur Chanel qu'il est voyant dans ses manteaux de fourrure. Consciente de son pouvoir sur lui, elle sait en jouer. Elle se montre soumise quand il le faut, quand cela sert la création. Non seulement elle pose sans rechigner, mais elle se prête à ses actions spectaculaires, se laisse peindre le visage et ne le contredit jamais. D'ailleurs, on ne l'entend pas. Les journalistes n'obtiennent rien d'elle. Ses propos n'ont aucun intérêt en comparaison de ceux du maître. Pas une fois elle ne sera tentée de lui voler la vedette. Elle n'en a pas besoin, puisque Dalí la vénère. Voilà sa récompense.

Alors, ce que pensent les autres... Gala s'en moque. Déjà Breton et Aragon, les amis d'Eluard, la détestaient. Elle n'a jamais cherché à les faire changer d'avis. On ne peut pas plaire à tout le monde. Et puis il faut savoir se fixer des priorités. Avec Dalí, la « muse » persévère dans sa ligne de conduite : on ne se lie avec personne, on écarte les importuns, on protège le génie. Sa vie n'est qu'abnégation pour Dalí. Un amour exclusif que Gala pousse très loin : elle eut une fille avec Eluard, mais elle ne s'en occupera jamais. Lorsqu'elle divorça, la petite Cécile fut confiée à son père et Gala ne s'en soucia plus. Cécile chercha à rencontrer sa mère, en vain, celle-ci, même mourante, esquiva toujours ces retrouvailles… Gala voulait entrer dans l'Histoire comme la muse d'un des plus grands artistes du XXe siècle, pas comme mère de famille.

Si elle n'avait pas la fibre maternelle, Gala traitait pourtant souvent Dalí comme un enfant. En vieillissant, leurs dix ans d'écart se faisaient sentir. Dès qu'elle entrait dans la pièce où se tenait Dalí, on le voyait se redresser, faire attention à ses paroles et à ne pas la fâcher. Il était comme le bon élève qui veut toujours plaire à l'institutrice, dont il est amoureux… Lorsqu'on se retrouvait en petit comité, il ne faisait pas son grand numéro du « chocolat Lanvin », il était très agréable et on pouvait avoir une conversation passionnante avec lui. Je me le remémore à la maison, muet d'admiration devant un Vélasquez, fasciné par un détail. Il m'avait doucement prise par le bras et m'avait murmuré : « Regardez, Nadine, la finesse du pointillé sur la robe… »

La fin de leur vie fut, hélas, pathétique. L'excentricité ne sied pas à la vieillesse. Ils devinrent la caricature d'eux-mêmes. Lui, une sorte de clown ratatiné aux numéros de plus en plus éculés ; elle, une momie figée par les liftings et la méchanceté. La seule chose émouvante, c'est l'affection qui semblait encore les lier, ou du moins la fidélité qui les unissait. Durant quarante-cinq ans, Dalí sera sous le charme. Il ne cessera de clamer son amour pour elle et de lui dédier son œuvre. « Gala chassa de moi les forces de la mort. Elle me rendit à la lumière par l'amour qu'elle me donna. » Il jurait ne pas avoir connu d'autre femme et je le crois, car Dalí sublimait l'amour plus qu'il ne le faisait.

On a beaucoup fantasmé sur leur vie sexuelle. On racontait que Dalí était un voyeur et que Gala aimait la chair fraîche... Il est vrai que, dans les années 1960, ils étaient toujours entourés d'une cour de jeunes gens à la beauté androgyne et aux mœurs imprécises... Mais n'était-ce pas par goût de la provocation ? Dalí se comportait en souverain fantasque auquel on ne refuse aucun caprice.

Ce parfum de scandale fut renforcé en 1974, lorsqu'on découvrit des milliers de feuilles blanches portant la signature de Dalí. Le monde des collectionneurs trembla. Et la cote du peintre chuta. Qui avait guidé la main du maître ? Comment une telle opération avait-elle pu échapper à la vigilance de Gala ? À moins que... Le couple perdit tout crédit.

Ce fut le début de la fin. Quand Dalí tomba malade, Gala le soigna, l'obligea à manger, à se laver. Elle avait quatre-vingts ans, était épuisée, mais se dévoua une dernière fois. Elle s'éteignit huit ans plus tard, en 1982. Dalí posa alors définitivement ses pinceaux et se laissa mourir. On le maintint en vie, et c'est un légume percé de sondes qui poussa son dernier soupir en 1989.

Naturellement, le couple a sa part d'ombre ; il n'empêche qu'il s'agit d'une association hors du commun. Et à leur manière, avec leur égocentrisme, leur arrogance, leurs excès, ils se sont aimés. De toute évidence, pas d'amour et d'eau fraîche, mais on ne peut négliger l'œuvre engendrée. Sans Gala, pas de tableaux ! En outre, je trouve touchante la sincérité de Dalí, qui déclarait : « J'aime Gala plus que mon père, plus que ma mère, plus que Picasso, et même plus que l'argent. » De sa part, on ne pouvait espérer plus beau cri d'amour !

En parlant de Picasso me vient à l'esprit une autre association, dont l'issue, moins heureuse, a défrayé la chronique : le couple formé par Paloma Picasso et Rafael Lopez Cambil.

Les maris Pygmalion ont ceci de merveilleux : ils vous permettent de vous réaliser. À cette condition près qu'ils veulent un jour récupérer leur investissement… Il y a cinq ans, Paloma a cru pouvoir se séparer à l'amiable de son mari. Elle venait de rencontrer un médecin ostéopathe, Éric Thévenet, et désirait refaire sa vie avec lui. Après dix-sept ans de vie commune avec Rafael Lopez Cambil, elle voulait tourner la page… sans toutefois remettre en question l'entreprise qu'ils avaient créée ensemble. La société Paloma Picasso pesait cinq cents millions de francs, il aurait été dommage de la sacrifier sur l'autel de l'amour conjugal. Le mari se rangea à cette sage observation, puis se ravisa. Il rappela à Paloma, avocat à l'appui, que, associés dans la vie, ils l'étaient aussi en affaires et qu'il était donc en droit de lui réclamer la moitié de sa fortune ! Accessoirement, il souhaitait également que soient partagés les biens personnels du couple, au nombre desquels se trouvaient quelques tableaux de Picasso… Le divorce du siècle prenait le départ.

Paloma était loin d'imaginer un tel épilogue lorsqu'elle épousait en 1978 le bel Argentin. L'époque était à la fête, à l'insouciance, au plaisir. Paloma était alors une héritière très convoitée, qui dansait au Palace avec ses amis, Karl Lagerfeld et Loulou de La Falaise. Picasso était mort en 1973 et, après les quatre années nécessaires au règlement de la succession, l'héritière avait reçu sa part, soit une centaine de millions. La procédure avait été très longue, car Picasso n'avait pas reconnu Paloma, née de sa compagne Françoise Gilot, comme il n'avait pas reconnu Maya, la fille qu'il avait eue avec Marie-Thérèse Walter, ni le frère de Paloma, Claude. Il fallut obtenir des reconnaissances posthumes en paternité, diviser équitablement l'héritage, qui s'élevait à plus d'un milliard, composer avec les jalousies et les rancœurs des uns et des autres. Être la fille de Picasso n'était pas facile à vivre. La complexité de la succession avait détruit l'harmonie familiale, et l'ombre du peintre planait toujours.

Paloma avait vécu auprès de lui les quatre premières années de son existence, puis sa mère avait quitté Picasso. D'un caractère entier, Françoise Gilot avait fini par se lasser du machisme de l'artiste. Elle avait fui la Côte d'Azur avec ses deux enfants et était remontée à Paris. Paloma ne voyait son père que durant les vacances. Elle l'accompagnait alors à la corrida, jouait tandis qu'il peignait, s'amusait de ses sculptures pleines de fantaisie. Si le temps était compté, l'intensité de ces moments passés ensemble était grande. Les portraits de Paloma ou les petites poupées de bois que Picasso lui fabriqua sont encore là pour en témoigner. Elle adorait son père.

Sa disparition la bouleversa. Paloma chercha longtemps sa voie. Comment se faire un prénom quand on porte un des noms les plus célèbres au monde ? Un problème que j'ai rencontré bien des fois autour de moi... Paloma s'imagina architecte, elle aimait aussi beaucoup la mode, connaissait de nombreux couturiers ; finalement la jeune femme se lança dans la création de bijoux — avec un certain succès, d'ailleurs —, mais c'est la rencontre avec Rafael qui allait changer sa vie.

Il lui redonna tout d'abord confiance en elle, lui trouva son style, puis lança sa marque. Homme de spectacle, Rafael Lopez Cambil façonna Paloma comme un personnage de théâtre. Ses apparitions furent soigneusement étudiées. À mi-chemin de la star hollywoodienne et de la businesswoman, elle se transforma en femme fatale, maquillée de rouge sang et portant lunettes noires. Une fois cette image sophistiquée bien établie, les produits furent commercialisés. Un parfum, un rouge à lèvres, une ligne de bijoux, des sacs, des foulards, autant d'accessoires qui déclinaient l'univers de Paloma.

Le succès fut immédiat et modifia considérablement le style de vie du couple. Paloma et son mari s'installèrent à New York et menèrent grand train. Cocktails, sorties mondaines, voyages. Je les croisais dans les restaurants à la mode de Manhattan, Rome, Londres, et plus souvent encore dans les aéroports. Toujours à sillonner le monde pour animer un point de vente, rencontrer un fournisseur, ils prenaient plus souvent l'avion que moi, c'est dire... Leurs amis les avaient surnommés *Mr and Mrs Concorde* !

Cette vie trépidante et excitante dura plus de quinze ans. Aujourd'hui, la griffe de Paloma a une renommée internationale. Fière de son parcours, elle n'a jamais caché que sans Rafael elle n'y serait pas parvenue... Et peu de temps avant son divorce, elle déclarait encore innocemment à la presse qu'il était à l'origine du formidable succès de la marque : « Tout ce que je suis, c'est à mon mari que je le dois. Je n'ai pas le sens des affaires. Je crée, il gère... » Des phrases que Rafael Lopez Cambil rendra lourdes de conséquences.

Durant un an et demi, une bataille d'avocats va les opposer. Les médias se passionnent pour le duel, d'autant que l'un a choisi d'être défendu par l'avocat du prince Charles, l'autre par celui de Fergie ! Le mari pense avoir toutes ses chances, Paloma veut croire que la Cour lui donnera raison. La guerre des nerfs commence. Elle s'achève brusquement deux jours avant le procès, en février 1999. Rafael Lopez Cambil se retire. Il accepte un arrangement : la moitié de la société et pas de tableaux.

Paloma respire. Elle épouse Éric Thévenet deux mois plus tard et part avec lui pour Londres, dans une jolie maison au bord de la Tamise. Une nouvelle Paloma voit le jour. Lorsque je la croise dans le Concorde, je ne la reconnais que grâce au bracelet qu'elle porte au poignet... Une de ses créations que j'identifie plus facilement qu'elle ! Elle est métamorphosée. Finis le rouge à lèvres écarlate, l'œil charbonneux et les cheveux noir corbeau. Je ne suis même pas sûre qu'elle soit habillée en Saint-Laurent ! L'amour en a fait une femme comme les autres, naturelle, décontractée, loin de la beauté glacée des magazines. À l'arrivée, son nouveau mari est là, à l'attendre. Je les regarde discrètement. Il est plus jeune qu'elle, et peut-être est-ce là l'un des secrets de cette renaissance ?

Paloma est passée de la catégorie femme fatale à

celle d'épouse heureuse. Voilà une évolution peu courante. Mais sans doute est-ce la voie de la sagesse. Le mariage comme association entre deux partenaires n'est supportable que s'il existe une affection mutuelle. Dès lors que l'amour se trouve à l'extérieur du couple, il n'est plus vivable. Paloma a pris le risque de casser ce contrat pour vivre une nouvelle aventure. Elle s'en sort bien, car elle a épousé un autre homme. Elle n'est pas restée seule. Rien n'est plus difficile pour une femme riche et divorcée que de se mettre en quête d'un compagnon. Les hommes n'osent l'aborder, ou alors pour de mauvaises raisons…

5

Les indépendantes

« Ma chérie, riche ou pauvre, on naît et on meurt seul. »

Princesse Ira de Fürstenberg

On a vu qu'un couple était une belle histoire d'amour, mais aussi, et surtout, une association entre deux partenaires responsables. Si, sur le papier, cela semble être le bon sens même, j'ai pu constater autour de moi que la réalité était tout autre et je suis bien obligée de reconnaître que cette osmose est assez rare. Pourquoi ? Parce que quantité de femmes n'ont pas la patience d'attendre que la relation s'installe dans le temps, elles refusent de fermer les yeux quand il le faut, demandent des explications, rejettent le compromis. Elles ne peuvent s'empêcher de rompre dès les premières épreuves et, même si elles jurent qu'elles sont disposées à faire bien des sacrifices, sont incapables de se dominer. Pourtant, les femmes que nous allons évoquer maintenant appartiennent à un milieu où la maîtrise a force de loi et se sont mariées en connaissance de cause. Mais elles n'avaient pas la carrure nécessaire pour respecter le contrat ou, au contraire, avaient trop de personnalité pour en supporter le poids.

Elles ont divorcé par « désir de liberté », parce qu'elles ne pouvaient « vivre dans l'hypocrisie »... Oui, et après ? Elles se retrouvent seules, mal entourées, mal conseillées, prêtes à faire n'importe quoi, dans l'impossibilité de reconstruire un équilibre.

Parmi ces femmes qui ont refusé de jouer le jeu, je ne peux pas ne pas mentionner la princesse Diana.

Elle eut la malchance, il est vrai, de découvrir la trahison de son mari presque au lendemain de ses noces. Une aussi jeune femme, romantique et pure, à qui on avait promis un conte de fées, ne pouvait avoir, lorsqu'elle s'aperçut qu'on s'est honteusement servi d'elle, qu'une réaction irréfléchie. Quelle femme n'aurait pas été meurtrie par un tel machiavélisme ?

Cependant, la jeune princesse aurait montré plus de grandeur en acceptant la défaite, quitte à trouver l'avantage sur un autre champ de bataille. Quand on est l'épouse du prince de Galles, futur roi d'Angleterre, on serre les poings, on cache ses larmes et on ne raconte pas ses malheurs au monde entier.

C'est d'autant plus dommage qu'elle avait tout pour faire une très bonne reine. La première fois que je l'ai vue, c'était à un bal donné pour une œuvre de charité, dans un château près de Londres. Diana était enceinte de son premier enfant et recevait trois cents personnes comme si de rien n'était. Les invités venaient lui faire la révérence et elle les accueillait avec une gentillesse confondante. Durant toute la soirée, la princesse m'a paru exceptionnelle. À sa place, dans son état, beaucoup d'autres se seraient éclipsées. On la sentait consciente de ses engagements et décidée à en être digne. Elle avait appris très vite son rôle et semblait parfaitement l'assumer.

Alors, que s'est-il passé ? L'armure n'était pas assez solide. Une femme blessée peut perdre ses moyens. Diana s'investissait avec le même cœur, la même honnêteté dans ses actions humanitaires que dans sa vie privée. Elle ne supportait pas le simulacre. Nous pouvons la comprendre. Mais on ne quitte pas la maison ; à partir du moment où il y a des enfants, on ne bouge pas, c'est ma philosophie ; peut-être est-ce vieux jeu, mais cela évite des drames inutiles. Ce n'est pas par lâcheté, au contraire, il faut des nerfs d'acier pour supporter une telle situation. A fortiori si vous aimez encore votre mari. Les images des divorces, toujours traumatiques, ne sont jamais belles.

La règle ? Ne jamais poser la question : est-ce que tu m'as trompée ? Le pire des poisons. Il nie, vous ne le croyez pas. Il avoue, vous êtes morte ! Et même si vous trouvez votre mari au lit avec une femme, persuadez-vous que ce n'est pas lui. Edmond épousait ma vision des choses. Il me disait : « Je te surprendrais avec un homme, je me dirais que ce n'est pas toi. Si je savais ta trahison, je serais obligé de prendre une décision et je ne le souhaiterais pas. »

Diana avait trop idéalisé Charles pour ne pas le renier une fois ses méfaits révélés. Le pardon façon « Hillary » lui était impossible. À sa décharge, il faut considérer que Camilla n'est pas Monica Lewinsky. Un accident de parcours est plus facile à surmonter qu'une maîtresse installée. Mais le résultat est identique : on doit composer avec. Je dis toujours que, si un homme donne les intérêts du cœur à sa maîtresse, il garde le capital à la maison.

Diana n'avait pas la force de caractère nécessaire, ne possédait pas ce sens de la distance, du recul, que la vie nous enseigne au fil des expériences. Il y a toujours eu des maîtresses dans les cours royales, elles font partie de l'histoire. Quand vous pénétrez dans un univers princier, il existe d'autres priorités que l'amour.

Mais Diana ne pouvait empêcher son cœur de battre la chamade. Il fallait qu'on l'aime, coûte que coûte. Sa quête éperdue pour se consoler de Charles est une succession de mauvais choix. Ignorée par son mari, elle devait se prouver à elle-même qu'elle pouvait plaire, éveiller le désir des hommes. Elle s'est donc tournée vers les hommes qui l'entouraient, c'est ce qu'on fait toujours dans ces cas-là, quitte à se tromper. Quand on est appelée à devenir reine, on ne se comporte pas comme lady Chatterley !

J'exagère un peu. Le major Hewitt était capitaine de la garde royale. Officier, certes, mais pas gentleman… Il vendit pour vingt-cinq millions de francs ses confessions : trois ans de liaison avec Diana. Une véritable trahison !

La princesse l'avait rencontré en 1986 lors d'une réception. Le coup de foudre avait été immédiat. Diana lui avait demandé s'il ne pourrait pas lui donner quelques leçons d'équitation, elle avait depuis l'enfance une peur terrible des chevaux… Le beau capitaine s'exécuta avec plaisir. Durant quatre mois, ils chevauchèrent côte à côte, puis, mise en confiance, Diana lui ouvrit son cœur : le naufrage de cinq années de mariage, la froideur de la famille royale, la solitude dans laquelle elle se débattait... Quel homme n'aurait pas été touché ? Le major Hewitt lui prit la main et lui affirma qu'il serait toujours là pour elle. Elle le crut. Peu de temps après, elle l'invitait à Kensington Palace pour un dîner en tête à tête. La suite, on la connaît. Elle s'offrit à lui sans réserve, avec un abandon qu'elle n'avait jamais vécu, et en retira un sentiment de bien-être nouveau. Enfin, quelqu'un l'aimait, la désirait, la caressait.

Les angoisses de Diana, sa boulimie, son anorexie, ses crises de désespoir n'avaient aucun sens, si l'on songe à sa beauté : une silhouette parfaite, des yeux pétillants de sympathie, un sourire toujours aux lèvres... J'ai pu le constater lors d'une seconde entrevue à Londres, puis durant un déjeuner en petit comité chez Jacob de Rothschild, l'aîné de la branche anglaise de la famille. Diana était gaie et très séduisante. Elle avait une façon de parler aux hommes, en inclinant la tête vers le bas et en levant les yeux vers eux, un peu à la Lauren Bacall, qui faisait mouche à tous les coups. Elle possédait un magnétisme incroyable.

On comprend d'autant moins les répugnances de Charles, mais cela fait partie des mystères de l'amour. En 1992, leur désaccord devint public. Ils n'arrivaient même plus à faire illusion lors des cérémonies protocolaires. Ils décidèrent de vivre séparés. Les confessions de chacun par médias interposés achevèrent de détruire l'idée même du couple. En 1996, le divorce était officiellement prononcé. Diana était libre. Libre d'aimer ? Pas si sûr.

Après le major Hewitt, Diana avait eu d'autres aventures, clandestines et douloureuses. Elle tremblait par crainte du scandale — alors qu'elle prenait le risque de téléphoner de Kensington —, se sentait coupable face à ses enfants, se méfiait de chaque nouvel amant. N'allait-il pas la trahir comme l'officier félon ? Et puis les candidats n'étaient pas si nombreux. Non pas qu'ils soient tellement difficiles à dénicher, mais l'aventure pour eux n'était pas si tentante...

Entretenir une liaison avec Diana n'était pas de tout repos. Elle avait un tel besoin d'être rassurée qu'elle en devenait pesante. Mon amie londonienne, lady Bowker, était proche d'elle et me racontait que, durant sa grande histoire avec Hasnat Khan, le médecin pakistanais, Diana lui téléphonait tous les jours pour lui parler de ses états d'âme, commenter chaque parcelle de ses émotions. Ses quinze années de solitude et de souffrance avaient développé chez elle un égocentrisme dont elle n'avait pas conscience. Quand vous êtes très malheureuse, vous n'avez qu'un désir : être écoutée. Diana était désespérée, car elle aimait vraiment son médecin, qui ne voulait pas s'engager.

La princesse avait fait sa connaissance en 1995 lors d'une visite dans un hôpital londonien. Hasnat Khan y travaillait comme spécialiste en chirurgie cardiaque. Diana fut tout de suite charmée par cet homme qui n'avait rien de commun avec ceux de son entourage. Il était timide, discret, avait les pieds sur terre, et fuyait la vie mondaine et plus encore les feux des médias. Diana sympathisa avec lui, puis revint de plus en plus souvent le voir et assista même à ses opérations à cœur ouvert.

Elle pensait retrouver là, auprès de lui, les vraies valeurs. Ses erreurs du passé, ses errances amoureuses, tout était balayé par cet homme que la jeune femme admirait. Hasnat Khan n'était pas d'une beauté renversante, mais il avait la faculté de sauver des vies. Un talent qui compte : nous sommes toutes sensibles à la blouse blanche ! Le succès des hommes politiques est également invraisemblable : à en croire certaines femmes, il n'y en a pas un qui soit laid ! Mais elles les croiseraient dans la vie normale qu'elles ne leur jetteraient pas un regard.

Diana découvrait auprès de Hasnat Khan l'apaisement dont elle rêvait. Cette fois, elle en était convaincue, c'était l'homme de sa vie. Elle en était à ce point persuadée qu'elle lui avait fait la cour ouvertement, en adoptant son univers, en dévorant des livres médicaux et des ouvrages traitant de la religion musulmane... Hasnat Khan était en effet né à Lahore, au Pakistan. Pour Diana, cela ne devait pas constituer un problème. Elle n'hésitera pas à aller rencontrer les parents de son nouvel amoureux et s'assurer qu'ils ne s'opposeraient pas à son mariage.

Il y avait cependant un léger détail qu'elle ne contrôlait pas : si Hasnat Khan entourait d'affection Diana, l'épouser ne semblait pas être pour lui une priorité. Il n'était pas pressé de jouer les princes consorts et d'affronter les flashs des photographes pour le restant de ses jours. Diana commença à perdre son bel optimisme et sentit à nouveau le sol se dérober sous elle.

On prétend que c'est pour le rendre jaloux et le mettre au pied du mur que Diana avait commencé à flirter avec Dodi. Le fils de Mohamed al-Fayed avait du temps à lui consacrer, tout le temps qu'elle désirait. Dodi était producteur de films, mais il était davantage connu pour ses conquêtes féminines et le luxe de sa vie d'héritier. La princesse pénétrait dans un univers privilégié, sur fond de croisières en Méditerranée, de nuits au Ritz, de bijoux somptueux. Les opérations à cœur ouvert étaient loin ! Pourtant, comment ne pas comprendre qu'elle ait été séduite par cette existence facile, ce confort, qui n'est pas sans rappeler le choix de Jackie pour Onassis ? Prendre le soleil sur le pont arrière d'un yacht, c'est aussi une façon de faire cicatriser les plaies.

Alors, l'aurait-il épousée ? Pourquoi pas ? Je pense que Dodi était flatté de sa relation avec Diana, et que, contrairement à Hasnat Khan, il ne redoutait pas les problèmes. Par ailleurs, au-delà de cette « publicité », il était réellement amoureux d'elle. Quant à Diana, elle se déclarait enfin merveilleusement heureuse, mais qui ne l'est pas, en vacances, au mois d'août, à Portofino, en compagnie d'un amoureux attentionné ? L'aimait-elle vraiment ? Aimait-elle Hasnat ? Je crois qu'elle aimait celui qui l'aimait.

J'entends encore l'annonce de sa mort à la radio. J'étais à Megève ce 31 août, il était six heures du matin. Je suis restée interloquée. C'était tellement incroyable ! Mon cœur s'est serré de tristesse. J'ai aussitôt pensé à ses enfants, puis, en quelques minutes, le court film de sa vie a défilé dans ma tête, les images fortes de ces dix dernières années, je revoyais son sourire, ses larmes lors de sa confession à la télévision, puis les visages de Charles et de Camilla. Un seul mot m'est venu à l'esprit : quel gâchis ! Tout ça pour ça ?

Diana aurait pu faire une carrière prodigieuse. Mais elle appartenait à cette catégorie de femmes qui se laissent dominer par l'amour. Elle s'était consumée comme Marilyn et, comme elle, coïncidence troublante, trouvait la mort au mois d'août. Sa vie de couple n'était guère vivable, mais comment a-t-elle pu imaginer un avenir plus serein ? Devenue aussi célèbre que Madonna, elle ne pouvait plus faire marche arrière, aspirer à un bonheur simple, effacer le passé. Les conditions de sa mort sont horribles. Tuée à cause de sa célébrité ! Je dirai même : tuée *par* sa célébrité... Le destin a des ironies cruelles.

Dieu sait que je ne suis pas pour le divorce, mais, si l'on prend cette décision, il faut le faire intelligemment : on divorce pour épouser un autre homme, pas pour être libre. Une femme divorcée qui reste trop longtemps seule voit se réduire chaque jour ses chances de refaire sa vie. Une autre femme de la génération de Diana et soumise à la même pression allait en faire l'expérience : Sarah Ferguson.

Je la trouve très sympathique, mais il faut bien reconnaître que notre chère Fergie a commis l'erreur de son existence. Sans doute s'en veut-elle d'avoir divorcé d'Andrew. D'abord parce qu'elle a mal négocié sa rupture, si bien qu'aujourd'hui elle est obligée d'être à l'affût de la moindre proposition pour gagner un peu d'argent. Ensuite parce que son Andrew, infantile, bon vivant et amateur de jolies femmes, était peut-être l'homme de sa vie...

Le problème de Sarah, c'est qu'elle s'emporte trop vite. On dit qu'elle a appris à peser ses paroles et à se contrôler. Il était temps ! Elle est d'un caractère impulsif, direct, nature. De là vient, d'ailleurs, son charme. Lorsque je l'ai rencontrée pour la première fois à

Megève, j'ai tout de suite été sensible à cette spontanéité. Elle était venue présider des compétitions de ski organisées en faveur des vétérans de l'aviation britannique, et nous l'hébergions au chalet du Mont-d'Arbois. Pendant cinq jours, elle a failli porter le même tailleur... Elle avait tout simplement oublié que, le soir, il faudrait s'habiller et n'avait pris que ses tenues de ski ! Du coup, je lui ai prêté des robes. Cette étourderie la faisait rire aux éclats. Car Fergie a ceci de merveilleux : la gaieté.

Un jour, nous sommes allées déjeuner toutes les deux à l'Ideal Club, un restaurant en haut des pistes. Au bout de trois minutes, et alors que je n'avais posé que quelques questions bien innocentes, j'eus droit à l'exposé de sa vie. Avec une totale franchise, elle me mit dans la confidence, ce qui était gentil de sa part, quoique légèrement embarrassant. Sarah avait le même problème que Diana. Et ce déjeuner eut lieu avant la photo volée à Saint-Tropez...

On a oublié le scandale qu'a soulevé ce cliché : Fergie se faisant embrasser l'orteil par son conseiller financier, John Brian. C'était en août 1992, la duchesse d'York était en vacances avec ses filles sur la Côte d'Azur. Un paparazzi surprit la tendre scène et l'Angleterre se réveilla en état de choc. On savait que le couple était séparé, mais d'être ainsi prise en flagrant délit de volupté avec un autre homme cloua Fergie au pilori. On n'a pas idée de la violence des insultes qu'elle reçut. L'Angleterre est peut être le pays le plus civilisé au monde, mais sa presse peut être abominable. Sarah a été salie, traînée dans la boue, et aujourd'hui encore, même si l'on s'accorde finalement à la trouver pas si mal, il suffirait d'un rien pour que les grossièretés d'hier resurgissent : grosse, vulgaire, dépensière, immorale, elle méritait bien son surnom de *duchess of Pork* !

Dans le cataclysme qui suivit l'affaire, un seul s'est révélé exemplaire : Andrew. Il soutint sans réserve son ex-épouse. Méthode « Hillary » — on préserve les enfants —, sans toutefois l'arrière-pensée — les élections ! Non, Andrew était incapable de stratagème, il aimait Fergie et la protégeait naturellement. Même si les six années d'idylle s'étaient enfuies, il restait entre eux une vraie affection. Andrew a toujours été conscient de ce qu'endurait son épouse. C'est lui qui l'avait imposée à la reine en 1986 et il se sentait responsable de ses malheurs.

Officier de la Royal Navy, il avait passé ses premières années de mariage en mer, et Fergie, laissée à elle-même, se heurtait quotidiennement à la rigidité, à la condescendance et aux remontrances de la famille royale. Elle tournait en rond dans sa cage dorée, une maison gigantesque dont la reine avait financé la construction, et se sentait piégée... Diana en était l'exemple flagrant. Et si Sarah, plus forte, plus battante, n'avait pas le même caractère que sa belle-sœur, elle ne s'en sentait pas moins proche.

Les deux jeunes femmes empruntèrent le même chemin. Peu de temps après Diana, Fergie se séparait d'Andrew, mais sans drame. Au contraire, les deux époux affichaient une grande décontraction et deux mois plus tard on les surprenait même à s'embrasser ! Sarah avait la garde des petites filles, qui voyaient leur père tous les jours. « Ce n'est qu'un morceau de papier », plaisanta-t-elle quand son divorce fut officialisé. Les Anglais n'y comprenaient rien.

Depuis, Fergie et Andrew se sont installés dans cette relation peu courante : non seulement ils sont les meilleurs amis du monde, mais, de plus, ils habitent sous le même toit. Après une tentative d'indépendance, Sarah a réintégré le domicile conjugal. La maison de Sunninghill est suffisamment grande pour qu'elle puisse y occuper une aile sans gêner Andrew. Pour le plus grand bonheur de ses filles et l'extrême perplexité de sa belle-mère… qui ne voit pas d'un bon œil cette situation insolite. Fergie est tellement bien là où elle est qu'elle n'a jamais voulu mettre un pied dans la maison que la reine avait achetée pour elle et ses filles. De guerre lasse, Élisabeth a fini par la vendre…

Andrew et Sarah partagent la même joie de vivre, ils ont tous les deux une nature facile, et ils préservent l'équilibre de Beatrice et Eugenie. Et si Andrew n'était pas écrasé par ses royaux parents, tout porte à croire que le mariage aurait tenu. Aujourd'hui, lorsqu'on évoque un possible remariage, ils se plaisent à entretenir le doute. C'est dire s'ils sont bien ensemble et qu'ils regrettent sans doute d'avoir divorcé. Dix ans de réflexion leur ont sûrement appris à cohabiter en bonne intelligence : une vie sous le même toit, un peu de discrétion, et tout le monde est content ! La reine, les fillettes, le peuple.

N'est-ce pas la situation qu'ils connaissent aujourd'hui ? Toutefois, peut-on croire que Sarah retombera dans les bras d'Andrew ? En amour, il n'y a pas de marche arrière, bien que le père de Sarah, Ronald Ferguson, ait déclaré le remariage tout à fait envisageable. Ils ont une grande tendresse l'un pour l'autre, c'est indéniable, mais regarde-t-on avec les mêmes yeux l'homme que l'on a aimé dix ans plus tôt ? Il reste une grande affection, une complicité teintée de nostalgie, mais le petit picotement qui change tout a disparu...

Combien d'anciens couples se retrouvent-ils ainsi, le temps d'un week-end, autour des enfants, avec la nouvelle épouse, le nouveau compagnon ? Chacun sourit de la situation, se moque avec humour du remplaçant, évoque le passé commun, sans pour autant y replonger. On sait bien que, si des souvenirs peuvent nous attendrir, on attend de l'amour qu'il nous fasse vibrer. Et cela, seul l'inconnu le peut.

À en croire la rumeur, Sarah s'installerait en Suisse à la rentrée prochaine. Elle scolariserait ses filles au collège de l'Aiglon à Villars et aurait déniché une maison dans le village de Roussin, à côté de Genève, pour être près d'elles. Petit détail amusant, cette maison appartient à une vieille connaissance : le flirt de ses vingt-deux ans, Paddy McNally, l'ancien coureur automobile. Décidément, Fergie, comme Pamela Harriman et Marlene Dietrich, a l'art de transformer ses anciens amoureux en parfaits amis ! Paddy a déjà prouvé sa grande élégance à d'autres occasions : c'est lui qui met à sa disposition le somptueux chalet de Verbier, où Sarah vient se réfugier en hiver avec Gaddo Della Gherardesca.

Gaddo... Le bel aristocrate toscan que Fergie a rencontré durant l'été 1997. Elle avait loué une villa pour les vacances dans le petit village de Castagneto Carducci, le fief de Gaddo. Ils avaient sympathisé. Promenades à cheval, farniente sur la petite plage sauvage, expéditions à Florence... Autant de moments charmants, romantiques, qui créent un parfum d'idylle. Jusqu'où sont-ils allés ? Y a-t-il entre eux autre chose que cette tendre amitié que Fergie sait si bien entretenir avec les hommes qui l'entourent ? Mystère. Depuis, elle retourne régulièrement le voir et assiste à de nombreuses manifestations à ses côtés. Elle a découvert auprès de lui un style de vie solide, fait de valeurs, de tradition, de discrétion. Issu d'une des plus vieilles familles d'Italie, l'homme jouit d'un grand prestige et conserve des manières aristocratiques. Il exerce sur elle une excellente influence, lui apporte un équilibre sécurisant. Il la tient éloignée des pièges de la jet-set, auxquels, comme Diana, Sarah pourrait se laisser prendre...

Mais l'épouser ? Tout d'abord, Gaddo a une femme... Séparés depuis plus de dix ans, ils ne sont toutefois pas divorcés. Apparemment, l'épouse ne s'y opposerait pas : elle juge Fergie charmante ! C'est ce qui s'appelle le fair-play ! Mais le problème est ailleurs : ce n'est pas le feu de la passion qui brûle entre ces deux êtres. Le lien qui les unit est fait de tendresse, d'estime et de confiance... pas d'amour.

À quarante et un ans, Sarah atteint l'heure du premier bilan, d'un nouveau départ. « Si je devais exprimer un vœu, confesse-t-elle, ce serait de prouver que nous avons tous une deuxième chance dans la vie... » Mais elle va avoir du mal à trouver le compagnon idéal. D'abord parce que sa notoriété en fait fuir plus d'un. Comme Diana, la perspective de passer le restant de ses jours poursuivi par des paparazzi n'excite pas tout le monde. Ensuite, parce que l'homme est ainsi fait qu'il aime conquérir... Une femme divorcée, seule, donc disponible, ne le motive que moyennement. Enfin, Fergie est représentative de cette nouvelle génération de femmes difficiles à satisfaire... Elles veulent un homme qui soit à la fois le mari, l'amant, le père de leurs enfants et le bon copain. Elles veulent la soumission et l'indépendance, le partage des rôles et le glamour, gagner de l'argent et être invitées...

Dernier bémol : les enfants. Refaire sa vie avec une femme divorcée (ou un homme), c'est recomposer une famille... avec la progéniture de chacun. Ce que j'appelle des enfants d'occasion, qu'on achète contraint et forcé.

Fergie élève ses filles du mieux qu'elle peut. La paix n'est pas revenue au sein de la famille Windsor. Depuis le scandale de Saint-Tropez, le prince Philippe la hait. Le jour où les photos sont sorties dans la presse, Fergie était au château. Elle est descendue pour le petit déjeuner et a aperçu, étalés sur la table, tous les journaux avec sa photo... Pas un mot de commentaire ! Elle s'est enfuie en larmes. Ils ne lui ont jamais pardonné. Elle n'est pas invitée aux cérémonies officielles, alors que ses filles le sont. Sarah demeure une pestiférée.

Et pour cause... En 1996, un autre scandale a ruiné ses efforts. Outre les divers gourous que Sarah consultait pour faire la paix avec elle-même, elle rencontrait depuis six ans une voyante en laquelle elle avait toute confiance. Elle considérait Vasso Kortesis comme une véritable mère, à qui l'on peut tout raconter et qui, en retour, vous donne d'avisés conseils... Sauf qu'un jour la voyante rendit publiques les confidences les plus sulfureuses ! On apprit tout des amants de Sarah, de ses millions de dettes, de sa haine envers la famille royale. Elle racontait la façon dont celle-ci la traitait, le mépris dans lequel ses beaux-parents la tenaient, parlait d'eux comme de la « firme » ou du « système ». Comme Diana, Fergie était trahie par un proche, victime de sa trop grande crédulité. À croire que ces deux femmes souffraient du même mal : l'infantilisme. Est-ce le divorce de leurs parents qui les avait fragilisées irrémédiablement ?

Sarah a remonté la pente avec une volonté et un courage qui forcent l'admiration. Pour payer ses dettes et élever ses filles, elle a multiplié les contrats. Elle joue les ambassadrices de Weight Watchers et de la porcelaine Wedgwood avec beaucoup de sérieux ; d'ailleurs, grâce à elle, les ventes ont sensiblement progressé. Elle écrit des livres pour enfants, tourne des reportages, interviewe des personnalités pour des télévisions américaines et anglaises. Évidemment, cette vaste opération commerciale lui a valu encore de nombreuses critiques. On lui a reproché de brader son image et, par là même, de galvauder celle de la Couronne, mais finalement l'opinion salue sa ténacité et son action en faveur des enfants en détresse. Au sein de son association Children in Crisis, elle s'investit dans des actions concrètes, avec peut-être moins d'aura que Diana, mais autant de cœur...

La famille royale britannique est figée dans ses principes ; en près de cinquante ans, rien n'a changé. En 1955, c'était une autre femme, pourtant de sang royal, qui en subissait les foudres et voyait sa vie bouleversée : la princesse Margaret.

La fin de son histoire d'amour avec le beau Peter Townsend créa une onde de choc : le monde, et plus particulièrement les jeunes filles de mon âge, avait rêvé de cette romance entre la sœur de la reine d'Angleterre et l'écuyer du roi... L'homme était charmant, bien élevé, parfait gentleman, toujours à sa place, d'une discrétion et d'une élégance sans faute, as de l'aviation, héros de la bataille d'Angleterre... le parfait amant romantique. Hélas, un détail fissurait l'édifice : Peter Townsend était divorcé.

Au début de l'idylle, il est marié et père d'un petit garçon. Sa fonction lui commande d'accompagner la famille royale dans ses déplacements, de Sandringham à Balmoral, en passant par les courses d'Ascot et les voyages à l'étranger. Il est donc en permanence aux côtés des jeunes princesses. Autant Élisabeth fait déjà preuve d'une conduite irréprochable, autant Margaret laisse s'exprimer sa fantaisie et multiplie les plaisanteries. La jeune fille a seize ans, le bel écuyer en a trente-trois. Avec la réserve qu'il convient, il sourit à l'irrévérence de la cadette du roi et s'émerveille de sa gaieté, de son impétuosité... Lorsque Margaret commence à remplir certaines obligations officielles, il se tient près d'elle et, bientôt, il se laisse séduire par « sa beauté insolite et intense », comme il le confie dans son autobiographie.

Une idylle platonique se noue. Le mariage de Townsend n'y survit pas. Il divorce et se consacre plus encore à sa princesse. Le cœur de Margaret bat avec la même ferveur... Ils se prennent à rêver d'une vie commune, pensent pouvoir surmonter les barrières de la cour, de l'Église, des convenances, mais ils sont rattrapés par le scandale que la révélation de leur liaison déclenche.

Le 2 juin 1953, Élisabeth est couronnée reine d'Angleterre en l'abbaye de Westminster. Vingt caméras de télévision retransmettent l'événement à travers le monde — une première ! — et filment l'assistance...

Involontairement, elles saisissent le geste trop tendre de Margaret envers Peter Townsend. La romance devient une affaire d'État. Margaret avoue : oui, elle aime Peter Townsend et elle désire l'épouser. Elle a vingt-trois ans. La reine mère s'y oppose et l'emmène en voyage afin de lui expliquer que la fille du roi d'Angleterre ne peut épouser un homme divorcé... Pendant ce temps, Peter est expédié à Bruxelles.

Durant deux ans, ils vont s'envoyer des lettres enflammées. La princesse Margaret lutte, résiste, mais devant l'intransigeance de sa mère, de sa sœur, devenue sa reine, et de son mari, le prince Philippe, déjà irréductible, elle finit par céder. En 1955, d'un commun accord, le couple scandaleux prend la douloureuse décision de renoncer l'un à l'autre. Elle écrit dans le communiqué officiel : « Ayant à l'esprit l'enseignement de l'Église selon lequel le mariage chrétien est indissoluble, et consciente de mon devoir envers le Commonwealth, j'ai résolu de faire passer ces considérations avant les autres... »

Comme une réponse au discours d'abdication de son oncle, dix-neuf ans plus tôt, la princesse Margaret sacrifie son amour pour sauvegarder l'image de la monarchie britannique... Si elle avait imaginé alors ce que les années à venir allaient réserver à la famille royale ! Toujours est-il que l'honneur est sauf, les lois de l'Église anglicane respectées, et Margaret sanctifiée.

Peter Townsend aura beaucoup de mal à surmonter cette épreuve. Mais il y parviendra. Après avoir longtemps voyagé, il refera sa vie avec une jeune femme belge, qui lui donnera trois beaux enfants, et s'installera en France. Ce sera moins facile pour Margaret. Elle essaie de retrouver le goût de vivre en sortant beaucoup et en s'étourdissant dans les clubs de la nuit londonienne, le *swinging London.* Elle y fait un soir la connaissance d'un jeune photographe un peu play-boy, mais au talent prometteur, Anthony Armstrong-Jones.

Nous sommes en 1958, au club des Ambassadeurs, où a lieu notre première rencontre. Je suis alors accompagnée de mon fiancé anglais, Lance Docker. Eh oui, j'ai failli devenir lady ! Un curieux pressentiment me fit renoncer à cet engagement... Coïncidence : ce club londonien très sélect était un ancien hôtel Rothschild ! La princesse Margaret était présente et toute l'attention se portait vers elle. Petite, ravissante, elle avait de très jolis yeux bleus, un teint de porcelaine et une généreuse poitrine. Le même décolleté que Liz Taylor ! Elle tenait à la main un long fume-cigarette et je trouvais son geste très osé. Cela lui donnait un côté un peu *naughty girl*, mauvais genre, qu'elle ne devait jamais quitter.

Je la retrouve en 1963, lors de la Gold Cup du Royal Ascot. Elle est assise à la tribune royale, avec sa mère et son mari, Anthony Armstrong-Jones, rebaptisé lord Snowdon lors de son mariage, trois ans plus tôt. Moi-même, je viens de me marier et c'est une de mes premières sorties officielles en tant qu'épouse Rothschild. Edmond a brillamment remplacé le fiancé anglais. En revanche, je ne suis pas sûre que Margaret ait gagné au change. « Tony » a la même sensibilité artistique qu'elle, il partage son goût de la fête et son sens des convenances. Élisabeth l'apprécie beaucoup, il devient le portraitiste attitré de la cour et, même après leur séparation, il garde l'amitié de la reine. Toutefois, il n'a pas complètement perdu ses habitudes de play-boy, et, malgré la naissance de deux enfants, le couple se disloque. Assez vite, chacun commence à avoir sa vie de son côté.

En 1967, Margaret se réveille à l'hôpital, après avoir abusé de l'alcool et des somnifères. Tentative de suicide ? On ne le saura jamais. Une chose est sûre, la princesse est malheureuse. Elle a sacrifié son amour de jeunesse et qu'a-t-elle en retour ? Elle porte en son âme une blessure qui refuse de cicatriser. Et si elle continue à danser et à rire dans les boîtes de nuit, elle n'est plus la jeune femme enjouée et lumineuse qu'a connue Peter Townsend. Le bonheur lui est passé à portée de main et elle l'a laissé partir. Elle se sent si seule certains soirs...

Il y a quelques années, on a découvert des lettres qui témoignaient d'une liaison entre Margaret et un ami de Tony. Comme lui, Robin Douglas-Home évoluait avec nonchalance dans le monde de la nuit, il jouait du piano dans des night-clubs, écrivait des livres, incarnait cette bohème élégante qu'appréciait tant Margaret. Leur liaison sera aussi passionnée que brève. Familier du palais de Kensington, il devient son confident, celui qui la distrait de sa mélancolie, tandis qu'il joue des airs au piano et qu'elle chantonne. Un soir, la passion les emporte. Margaret le rejoint dans sa maison de campagne, où ils passent un week-end en amoureux. Mais si les lettres qu'ils s'envoient crient leur amour, celles de la princesse le nuancent : elle l'aime autant qu'il l'aime, mais, parce qu'il l'aime, elle lui demande de l'aider à sauver son mariage...

Pour Margaret, avouer la faillite de son couple est un double constat d'échec. Elle ne peut s'y résoudre et revient vers Tony. Celui-ci lui fait des scènes de jalousie terribles, Margaret applique à la lettre mon principe : elle jure sur la Bible qu'elle ne l'a pas trompé... Heureusement, le livre sacré n'est pas à portée de main ! Ses efforts ne serviront à rien. Quelque temps plus tard, le couple se sépare officieusement. Dans sa dernière lettre à Robin, elle écrivait : « Si la chance nous est donnée, j'essaierai de te revenir un jour... » Il n'eut pas la patience d'attendre. Robin était un homme déjà blessé et désabusé. Ses peines de cœur et ses problèmes d'argent le rongeaient. En 1968, Robin Douglas-Home se suicidait.

Margaret fut bouleversée par cette mort. Elle nourrira un sentiment de frustration et d'injustice qui prendra la forme d'une sourde mélancolie ou d'une irritabilité excessive.

Sœur cadette de la reine, la princesse a vécu dans son ombre, a souffert de sa rigueur, sans en récolter de bonheur personnel. Écartelée entre le devoir et le désir de vivre selon son humeur, elle a longtemps cherché un équilibre. Elle a cru le trouver sur un minuscule îlot de luxe et de *privacy*, comme disent les Anglais, l'île Moustique, dont elle a fait son royaume. En 1959, Colin Tennant, homme d'affaires, achetait cette île des Antilles et créait avec cinquante actionnaires un petit paradis de raffinement. Il en offrait quelques hectares à la princesse en guise de cadeau de mariage, afin qu'elle y fasse construire une villa. Les Jolies Eaux allaient devenir sa retraite préférée et son petit Buckingham.

Si elle a toujours aimé fréquenter une société mélangée, où les artistes côtoient les grands noms de la jet-set, Margaret n'oublie jamais qu'elle est la sœur de la reine. Elle tient à ce qu'on s'en souvienne et qu'on la traite selon son rang. Préférée du roi George VI, elle en a gardé les exigences d'une enfant gâtée. À Moustique, elle peut régner sur une petite cour totalement dévouée. Ses voisins, et plus encore la population locale, tous sont à sa disposition et s'appliquent en s'adressant à elle à bien prononcer le « Ma'ame » dû à son rang. Et malheur à celui qui aurait la distraction de l'oublier !

Margaret a toujours traité son entourage avec beaucoup d'autorité. Chacun doit suivre, et si vous renâclez, vous êtes banni de la cour. J'ai pu m'en rendre compte non pas à Moustique, mais en Sardaigne, où elle venait souvent chez son amie, la bégum Salimah Agha Khan. La princesse était entourée d'un petit groupe qui la prenait en charge, organisant ses journées, cherchant à la distraire, assurant ses dépenses. Car Margaret n'a pas d'argent sur elle. Très royale, elle n'a jamais signé un chèque, ignore ce qu'est une carte bleue !

Margaret en vacances n'était pas un cadeau ! Elle arrivait souvent en retard, se faisait attendre pendant des heures, décidait du restaurant, de la table, de la musique. Si cela ne lui plaisait pas, tout le monde pliait bagage. Je l'ai vue un soir interrompre l'orchestre d'une fête à laquelle elle était invitée parce qu'elle n'aimait pas la musique qu'il jouait ! En plus, elle vivait la nuit et n'avait jamais envie de se coucher. Altesse royale oblige, on était tenu de ne pas se lever avant qu'elle n'ait décidé de se retirer... On pouvait attendre jusqu'à cinq heures du matin. Comme Edmond ou comme Chanel à la fin de sa vie, elle ne vous laissait jamais partir.

En même temps, Margaret pouvait être charmante,

désarmante de naïveté, comme une petite fille. Ce qui explique la fidélité de ses amis et leur grande patience. Ses crises d'autorité et ses caprices prêtaient à sourire. Et comment ne pas être touché quand on la voyait arriver à la plage avec son maillot de bain à volants, aussi gracieux qu'une barboteuse, ses sandales en plastique et son chapeau de paille ? Margaret n'a jamais été une gravure de mode. L'élégance n'est pas une vertu familiale.

Alors, bien sûr, reconquérir un homme dans ces conditions... S'il est difficile d'être la sœur de la reine d'Angleterre, il est encore plus difficile d'être la sœur divorcée de la reine d'Angleterre ! Margaret a connu avant l'heure le sort de ces vieilles dames toujours accompagnées d'un *escort*, dont on imagine davantage les qualités d'amuseur que celles d'amant...

En 1999, la princesse fêtait ses soixante-dix ans. Dans le calme et la discrétion. Il faut dire qu'elle avait été, deux ans auparavant, victime d'une attaque cérébrale, lors d'un séjour sur l'île Moustique. Selon son habitude, elle était allée prendre un cocktail au Basil's Bar, avant de se rendre chez des amis. Y assistaient le milliardaire irlandais Ned Ryan, sir Mark Weinberg et son épouse, plus connue sous le nom d'Anouska Hempel. Le dîner était détendu, Margaret avait l'air bien, puis, à vingt-deux heures, elle fut prise d'un malaise. Accouru à son chevet, le médecin de l'île diagnostiqua une attaque cérébrale mineure. De retour à Londres, Margaret entrait en observation à l'hôpital.

Cet accident cérébral sonna comme un avertissement. Elle a mené l'existence luxueuse, oisive, qui engendre souvent les excès, et en a payé le prix : dépression, pneumonie, ablation partielle d'un poumon. Aujourd'hui, elle n'en a pas fini avec les problèmes de santé. Un an après son attaque, toujours à l'île Moustique, Margaret s'ébouillantait dans son bain ! À un tel degré qu'il lui était impossible de marcher.

La dernière fois que je l'ai vue, c'est lors d'un déjeuner chez des amis. Elle tenait son verre de vodka ou de gin enveloppé dans une petite serviette, comme le font les Anglo-Saxons. J'ignore si c'est le moyen de conserver sa fraîcheur au verre ou de dissimuler son contenu, mais, en ce qui concerne Margaret, personne n'aurait imaginé qu'il s'agissait d'eau !

Puis-je imaginer que la princesse soit très sereine lorsqu'elle contemple sa vie passée ? Heureusement, ses deux enfants semblent heureux et bien mariés. Mais compte tenu des obligations qu'imposait sa naissance, elle n'avait pas une grande marge de manœuvre. Aujourd'hui, elle est rentrée dans le giron « Windsor », plus princesse royale que jamais. « Mon unique but est d'aider et de soutenir la reine », déclare-t-elle. Au fond, sous des dehors d'indépendance et d'irrévérence, Margaret aura dédié sa vie à sa sœur.

La princesse Ira de Fürstenberg et moi partageons les mêmes principes : exigence, énergie, mouvement. Peut-être parce que nous sommes nées le même jour : un 18 avril. Je m'empresse d'ajouter : pas de la même année ; Ira, ne panique pas si tu lis ces lignes... Nous sommes du même signe astrologique : Bélier. Nous aimons aller de l'avant, bien que nous n'ayons pas donné la même direction à notre vie. Edmond m'avait dit, le soir de notre rencontre : « J'aime votre gaieté, votre optimisme et votre calme... Vous êtes comme une tasse de tilleul qui apaise. » Ira serait plutôt une tasse d'expresso !

Dès sa première apparition en 1962, lors d'une chasse à Mandegris, sur notre domaine d'Armainvilliers, j'ai pressenti la nature exceptionnelle de cette femme. Ira, à vingt-deux ans, était incroyablement belle ou, plus exactement, terriblement sexy. Il se dégageait d'elle une sensualité féline. Tous les hommes étaient en extase devant elle. Dans la limite du raisonnable. Les chasses étaient alors de grands rendez-vous mondains, où nous recevions le prince Alexandre de Yougoslavie encore marié à la princesse Maria-Pia de Savoie, le comte et la comtesse Hubert d'Ornano, le comte et la comtesse de Beaumont, le vicomte et la vicomtesse de Fels, M. Giscard d'Estaing, alors ministre des Finances, et son épouse...

Les femmes ne chassaient pas, sauf Lilianne de Rothschild. Nous restions au salon à deviser, Ira nous abreuvant déjà d'histoires à n'en plus finir. Elle était naturelle et drôle, pétillante comme du champagne, avec un côté bonne fille qui forçait l'amitié. Les femmes, agacées par sa présence, jalousaient son succès, pas une ne pouvait rivaliser avec elle. D'une gaieté communicative, Ira séduisait les hommes, mais en même temps avait l'air de tellement s'en moquer qu'on ne pouvait pas lui en vouloir.

Elle était la plus jeune et la plus jolie des divorcées. Sa vie sentimentale avait déjà connu bien des mésaventures, et ce passé tumultueux lui conférait un charme supplémentaire. Les hommes s'enivraient de ce parfum de soufre, les femmes admiraient sa force de caractère. Ira s'était mariée à l'âge de quinze ans, à Venise, avec un prince charmant : Alfonso de Hohenlohe. De dix-sept ans son aîné, il avait fière allure avec sa fine moustache, son titre prestigieux et sa fortune. Elle avait cru au conte de fées et s'était laissé griser. Son mari l'arrachait à une enfance morose, à un univers de pensionnats anglais. Il lui offrait la joie de mener une vie de femme...

Pourtant, après la naissance de deux garçons et une installation au Mexique, Ira s'était brusquement sentie prise au piège. Quand elle n'organisait pas les réceptions mondaines que leur position sociale exigeait, elle se retrouvait seule, son mari la délaissant pour la chasse, la pêche, le ski... bref, les activités d'un homme du monde de cette époque. Alfonso s'était aussi enthousiasmé pour un port de pêche espagnol qu'il avait découvert et voulait rendre touristique. Son nom ? Marbella !

Ira n'est pas du genre à attendre assise au coin du feu le retour d'Ulysse. Après plusieurs altercations, elle saute le pas. Lors d'un dîner chez Maxim's, elle fait la connaissance d'un industriel brésilien, Baby Pignatary, et tombe dans ses bras. Durant un an, elle hésite entre les deux hommes, puis choisit de suivre son amant au Brésil. Son geste déclenche un scandale. Non seulement elle quitte le domicile conjugal, mais elle abandonne ses enfants ! La presse traite Ira de princesse indigne ! La société la condamne ; néanmoins, les femmes la comprennent : Baby est un très bel homme et il la couvre de cadeaux...

Ira coule des jours heureux à São Paulo, en se moquant des qu'en-dira-t-on, déchirée toutefois par l'absence de ses fils. Après de longues tractations juridiques, elle obtient le divorce et la garde de ses enfants pendant six mois de l'année… Du moins le croit-elle. Alfonso disparaît avec les garçons. Pendant trois ans, elle va les rechercher à travers l'Europe, soutenue par Baby Pignatary qu'elle a épousé.

Ira, au caractère entier, est incapable de composer. Le plus triste, c'est que l'énergie mise dans la bataille pour récupérer ses fils a tué son histoire d'amour. Un jour, Baby en a eu assez de courir derrière les enfants d'un autre. Il est rentré au Brésil. Ira s'est retrouvée sans ses garçons et sans compagnon. Seule. Il lui a fallu alors se reconstruire.

Elle tente un nouveau départ à Paris, emménage dans un petit appartement — situé place Vendôme — et décide de s'amuser un peu. Plus question de dépendre d'un homme. Je la croise dans tous les rendez-vous mondains de l'époque, aux courses à Deauville, aux bals d'Arturo Lopez, l'été à Saint-Tropez, l'hiver à Saint-Moritz où elle skie en compagnie de son oncle, Gianni Agnelli. Elle nous rend visite à Armainvilliers, dans notre chalet d'Isghl en Autriche, où elle arrive avec un superbe nouveau fiancé. La relation sera éphémère. Ira ne croit plus à l'amour, du moins elle ne veut plus en faire le centre de son existence. Il y a tellement d'autres choses plus excitantes à vivre.

À la fin des années 1960, elle rencontre dans un avion le producteur Dino De Laurentiis, qui lui propose de faire du cinéma. Ira accepte de tourner un bout d'essai et attrape le virus cinématographique. Je lui dis alors : « On fait le chemin inverse. Tu finis par là où j'ai commencé… » Ce qui n'était pas très gentil, j'en conviens. Mais Ira a de l'humour. Et du courage. Elle s'accroche à son nouveau défi et joue dans plus de trente films… Plus que Soraya, autre princesse attirée par les lumières de Cinecittà ! À croire que les plateaux ne sont que le prolongement d'une vie de représentation. Je suppose que si on avait proposé à Diana de faire du cinéma, elle eût peut-être accepté.

Ira souffre du même problème que Soraya : on ne la prend pas au sérieux, alors qu'elle a un vrai talent. Au bout de dix ans, l'actrice abandonne sa carrière et choisit une nouvelle direction. Elle s'installe à Genève, pas loin de Prégny, dans une grande maison de maître qu'elle décore avec enthousiasme. Elle y reçoit beaucoup, de façon somptueuse, et y vit une autre histoire d'amour… qui se termine bientôt ! Ira ferme la maison et refait sa vie avec un antiquaire sympathique et à la mode. Le couple habite un appartement dans la vieille ville de Genève. Le cadre est moins solennel, mais Ira s'y amuse. La voilà vendeuse de meubles russes XVIIIe… Elle se pique si bien au jeu qu'elle ouvre bientôt une boutique à Londres. Avec son compagnon, elle y emménage dans une jolie maison et fréquente la très élégante société anglaise. L'heure de la sérénité semble enfin venue ; pourtant le couple se sépare : il veut fonder une famille et Ira s'imagine un autre avenir.

La voici de nouveau seule, mais riche d'une passion : la décoration. Elle va en faire son activité principale, le moteur de sa vie. Durant des années, elle sillonne la planète pour simplement passer deux jours au soleil, prendre un verre entre amis, assister à un bal, danser au clair de lune ; à présent ses voyages ont un but : depuis dix ans, je la croise dans tous les aéroports internationaux — qui sont décidément devenus les derniers salons où l'on cause ! —, elle rentre de Bangkok, repart pour New York, arrive de Bali, file à Saint-Domingue... pour faire fabriquer des objets décoratifs, assemblages de coquillages et de pierres précieuses, d'ambre et d'écailles de tortue, de coraux et de bronze.

Au début, personne n'y croit. On ne voit là que le nouveau hobby d'une princesse en mal de reconnaissance. Finalement, ses créations remportent un tel succès qu'Ira est prise à son propre piège : elle doit sans cesse dénicher de nouvelles idées, courir les souks d'Istanbul et de Marrakech, chiner le bibelot charmant qu'elle transforme en le recouvrant de rubis rapportés de ses voyages en Inde. Altesse Sérénissime, amie du prince Rainier et du prince Charles, elle devient marchande ambulante, VRP de luxe, ce qui ne manque pas de faire sourire... Elle s'en moque : à présent, elle a les honneurs et les honoraires !

Et les hommes ? Ira ne veut plus leur prêter attention et encore moins entendre parler de mariage. Elle refuse de souffrir, elle s'est construit un équilibre où l'homme ne tient qu'une modeste place... Ainsi, n'étant plus la clef de voûte, l'édifice ne s'écroule pas si l'amant disparaît. C'est une façon de voir les choses. Néanmoins, décider de ne pas dépendre d'un homme vous condamne tôt ou tard à la solitude. Ira en est consciente. Avec son franc-parler caractéristique, elle m'a déclaré un jour : « Ma chérie, riche ou pauvre, on naît et on meurt seul. »

Un fatalisme bien à elle. Pour l'instant, Ira n'est pas seule. Un homme se tient à ses côtés, aussi calme et effacé qu'elle est volubile et passionnée. Je me demande comment il supporte la perpétuelle tornade que déclenche Ira... Sans doute existe-t-il entre eux une certaine complémentarité. Avec flegme, il accepte son besoin de parler, de bouger, cette frénésie qui la fait sauter d'un avion à un autre. Il attend son retour. Le jour de son anniversaire, il doit lui demander une minute de silence, le temps de lui adresser ses vœux.

Ira, c'est un désir de liberté, une hantise de l'ennui, une haine de la vie bourgeoise. Elle ne regrette pas son parcours accidenté et aurait détesté vivre en épouse soumise. Elle ne comprend pas ma vie. Se consacrer à son mari ? Impossible. Elle y a perdu ses plus belles années. Et un peu ses enfants. Lorsque Ira les revoit, après cinq années de lutte, ils la reconnaissent à peine...

Ira rattrape le temps perdu, prouve que sa vie mondaine n'est pas vaine, montre qui elle est vraiment. Elle fait le parcours inverse du mien : ayant tout reçu à la naissance, elle cherche à exister en dépit de son statut social. Son énergie naît d'une insatisfaction permanente. Elle ne tient pas en place, les gens la lassent vite et elle pense qu'ailleurs l'herbe est plus verte. Le temps mort, le silence, la plénitude, lui rappellent trop l'oisiveté propre à son milieu.

Je l'ai toujours connue en train de chercher une nouvelle maison ou de déménager. À Paris, elle vit à l'hôtel, parle toujours de le quitter pour un appartement, mais n'arrive pas à se décider. Et puis Paris, Londres, Rome, New York ? Où se fixer, puisque toutes ces villes sont un peu les siennes ? « Je suis une Tzigane de luxe », s'amuse-t-elle. Évidemment, l'instabilité ne facilite pas la vie de couple.

Quel homme pourrait freiner Ira dans sa course ? Difficile pour un prétendant de se tenir à ce niveau. Ira a tout vu, tout connu, nul ne peut aujourd'hui la séduire, l'étonner. Un milliardaire américain, un

Anglais excentrique, un Indien fastueux ? Elle se dit fascinée par l'argent et le pouvoir. Mais rien ne peut l'épater.

Ira appartient à cette catégorie de femmes très intelligentes qui souffrent d'une trop grande lucidité. Sans doute faut-il être un peu naïf pour croire en l'amour. Pour s'accepter, accepter l'autre, ne pas rêver sa vie, la vivre quotidiennement et prendre le risque de baisser la garde. Ira connaît les limites de son personnage et les analyse. Cette observation brise peut-être la magie que toute femme doit entretenir pour séduire un homme. Il y a quelques années, Ira a publié un livre confession : *Princesse et rebelle.* Un livre formidable, très honnête, où elle racontait ses combats, ses victoires et ses échecs, ses luttes. Les femmes ont dévoré l'ouvrage. Quant aux hommes ?

Au cinéma, les hommes fantasment sur les femmes rebelles, dans la vie ils les tiennent à distance. Ils redoutent celles qui font preuve de combativité, d'esprit de révolte. Ainsi en est-il pour Mouna Ayoub. Sa beauté, sa fantaisie, sa fortune peuvent séduire, mais la médiatisation de son divorce, ses déclarations fracassantes et sa fragilité derrière sa force apparente constituent autant d'obstacles pour un homme.

Comme Ira, Mouna a écrit un témoignage déchirant, *La Vérité*, dans lequel elle raconte *sa* vérité... Dans son livre, elle exorcise le passé et règle ses problèmes psychologiques. Mais à dévoiler ainsi sa vie privée, elle tue le mystère. Les interviews qu'elle a données à la parution de son livre n'ont fait qu'aggraver cette mise à nu. Son existence fascine les foules, mais est-ce pour de bonnes raisons ?

Il y a quatre ans, Mouna était encore inconnue du grand public. Un *Phocéa*, mille robes de haute couture et plus tard un livre, font d'elle une star. Mais une star quelque peu pathétique.

Son histoire me touche, car Mouna est jeune, belle et très attirante. Elle avait tous les atouts, pourtant, elle semble avoir brûlé sa vie. Tout est allé si vite.

En 1996, on commence à entendre parler d'une jolie Libanaise qui divorce d'un des hommes les plus riches d'Arabie Saoudite, Nasser al-Rashid, une des plus grandes fortunes mondiales. Mouna sort en célibataire dans Paris, couverte de bijoux et fumant le cigare. Elle a envie de rire, de s'amuser, et ne s'en cache pas. Les membres de la jet-set s'empressent de l'entourer. Ils ont déjà une petite idée du personnage : ils ont été invités durant l'été, à Monaco, sur le bateau d'un luxe incroyable de son ex-mari, le *Lady Moura*, le plus gros yacht au monde après celui du roi Fahd. Cent cinq mètres de long, sept étages, soixante-dix membres d'équipage, sept cent mille francs d'entretien par jour...

En novembre de la même année, on comprit mieux l'étendue du train de vie... Mouna vendait aux enchères une partie de sa collection de bijoux. Cent quarante-six lots de diamants, rubis, saphirs et émeraudes. Un trésor constitué grâce à la générosité de son époux durant dix-huit ans de vie commune. Comme souvent après un divorce, elle ne voulait rien garder de ce qui pouvait lui rappeler cet homme... La vente rapporta des millions de dollars.

Mouna avait une passion dispendieuse : la haute couture. Sa maison de Neuilly contenait des centaines de robes présentées sur des mannequins. Elles appartenaient pour la plupart à une période révolue : cadeaux du mari milliardaire qui couvrait sa femme des plus belles créations des maisons parisiennes, mais refusait de la voir les porter en public, les jugeant trop sexy ! Mouna, libre à présent de faire ce que bon lui semblait, courait les défilés et se rattrapait : grâce à elle, la haute couture reprenait des couleurs. Elle dévalisait Chanel ou Dior, aidait de jeunes couturiers prometteurs. En 1999, le musée de la Mode de Marseille lui rendait hommage en exposant les plus beaux modèles de sa collection.

Cet environnement fastueux allait se doubler d'un autre signe extérieur de richesse : en 1997, Mouna rachetait pour trente-six millions de francs le *Phocéa*, l'ancien voilier de Bernard Tapie. Elle se lança dans sa restauration, n'hésitant pas à le réaménager de fond en comble, dans les chantiers navals de Brême. Coût : cent vingt millions. Pour financer deux ans de travaux, elle organisa une seconde vente de ses bijoux. Parmi un nouveau choix de pierres plus impressionnantes les unes que les autres, une sortait du lot : le Mouna, un diamant jaune de cent douze carats, l'un des plus gros du monde. Mouna s'en séparait à regret, quoique sa vente symbolisât la fin d'une époque. Elle ne l'avait porté qu'une seule fois. Si elle souhaitait l'arborer, le contrat d'assurance l'obligeait à se déplacer encadrée de gardes du corps... Un style de vie qui ne lui correspondait plus.

Mouna était alors très courtisée. Sa fantaisie, sa façon de vivre sans honte dans un luxe qu'il est d'habitude de bon ton de cacher, étaient fêtées par un Tout-Paris friand de personnages exotiques. Toujours prête à rire aux éclats, à danser jusqu'à l'aube, à trouver la formule choc qu'aucun journaliste n'aurait osé imaginer, la jeune femme incarnait la milliardaire sympathique qu'on rêve d'avoir pour amie. Mouna était libre, traitée avec égards, reconnue. Heureuse ? Non, car elle vivait loin de ses cinq enfants, restés avec leur père, et cette séparation lui déchirait le cœur.

Il y a deux ans, je recevais un carton d'invitation : Mouna fêtait son anniversaire dans un restaurant parisien. Intriguée par cette femme que je n'avais jamais vue, je m'y rendis. À peine étais-je entrée dans le hall qu'elle me sautait au cou, avec un élan presque déconcertant. Cette délicieuse hôtesse m'installa à une table, me fit servir du champagne et, alors qu'elle devait accueillir ses autres invités, s'assit auprès de moi. Elle était vêtue d'une robe de John Galliano... Durant dix minutes, Mouna m'entoura de tant d'attentions et se montra si adorable que j'eus l'impression d'être l'invitée d'honneur de la soirée !

Je lui dis mon plaisir de faire sa connaissance : il y a longtemps que j'attendais ce moment, car son aventure m'avait émue... À ces mots, elle s'enthousiasma plus encore et m'ouvrit son cœur. Elle me raconta les détails de son divorce, le litige avec son mari qui lui refusait de voir ses enfants, sa tristesse d'être séparée d'eux. Pis, ses fils l'avaient pour ainsi dire reniée, seule sa fille lui gardait son affection. Ces confidences, faites avec une telle rapidité et un tel abandon, me laissèrent désemparée. À l'entendre, on devinait une détresse, une solitude que sa gaieté forcée, ses excentricités rendaient brusquement bouleversantes. J'avais devant moi une très belle femme de quarante ans, aux yeux pétillants d'intelligence et au plus séduisant des sourires. En même temps, j'avais l'impression de voir une enfant. J'essayai d'imaginer son avenir. Sans doute devina-t-elle le cours de ma pensée. Elle plaisanta : « Nadine, vous qui savez tout de l'amour, conseillez-moi ! »

Que pouvais-je lui dire ? Il était trop tard. Sans doute Mouna avait-elle beaucoup souffert avant de se résoudre à divorcer, mais son indépendance, arme à double tranchant, l'éloignait de ses enfants, alors que sa plus grande joie était d'être près d'eux. Paradoxe insoluble. C'est pour eux qu'elle décida l'année dernière d'écrire son livre. « Pour qu'ils sachent qui je suis ! » La jeune milliardaire avait pris goût à la notoriété, elle apparaissait de plus en plus souvent dans les journaux, à la télévision. Son style de vie flamboyant était connu du grand public, en même temps que les propos très durs qu'elle tenait sur son mari. Une publicité dont il se serait bien passé ! Selon Mouna, il orchestra au Moyen-Orient une campagne de calomnies visant à la détruire, la présentant comme une mère indigne, dépensière et corrompue. Elle y répondit par son autobiographie.

Le livre fit scandale. Mouna racontait comment elle avait connu son mari, de vingt ans son aîné, dans un restaurant parisien où elle était serveuse pour payer ses études. Elle décrivait ses conditions de vie à Riyad, dans un palais de trente mille mètres carrés dont elle n'avait le droit de sortir qu'entièrement voilée. En épouse soumise et recluse, elle y attendait son époux, toujours en voyage à l'étranger, partagée entre le désespoir et la révolte. Bien que l'aimant passionnément, elle ne pouvait endurer cette existence : élevée à l'occidentale au

Liban, elle se heurtait chaque jour aux interdits d'un Islam d'un autre âge. Son caractère entier, son franc-parler et sa fantaisie lui valaient l'hostilité de la société. À deux reprises, le couple divorça, puis se remaria ! La troisième fois fut la bonne. Mouna décida de quitter sa cage dorée. Comme elle me l'avoua : « Je suis l'anti-Hillary Clinton ! » La suite, on la connaît.

Quel homme aura le cran de vivre aux côtés de cette très belle femme de quarante ans ? D'embarquer à bord du *Phocéa*, dont Mouna a fait le symbole de son indépendance et de sa réussite ? Sans parler de la difficulté de vivre aux crochets d'une femme immensément riche. Il faut être très solide pour supporter les sous-entendus, les mauvaises plaisanteries, les rumeurs...

Mouna déclare ne plus vouloir de compagnon ! Les hommes l'ont trop déçue depuis son enfance. Son père, coureur impénitent, avait fait souffrir sa mère, et Mouna ne lui a jamais pardonné sa conduite. Aujourd'hui, plus mère que femme, elle n'a pas envie de refaire sa vie. Elle préférerait vouer son existence à ses cinq enfants plutôt qu'à un homme.

Sous ses allures superficielles, Mouna semble être une mère chaleureuse et dévouée. Mais elle est seule à mener cette bataille, sans une épaule d'homme sur laquelle se reposer les soirs de découragement. Peut-être en ressent-elle le manque. La liberté est parfois lourde à porter. Et les millions n'arrangent pas tout. Dans son livre, Mouna avoue être sous Prozac depuis quinze ans.

Sa nouvelle aventure de femme d'affaires lui occupe l'esprit. Depuis que le *Phocéa* a été remis à flot, elle le loue à de très riches privilégiés... Mouna sait dépenser... et gagner de l'argent. Elle ne récupérera sans doute pas la totalité de son investissement, mais elle peut ainsi entretenir le bateau et en profiter. Mouna projetait d'enregistrer un disque, car elle aime chanter et danser... Je suis moins sûre que ce hobby l'aide à retrouver son équilibre. La lumière crue des projecteurs ne sied pas à la sérénité.

Aurait-elle eu moins de difficultés si elle avait agi avec plus de discrétion ? Elle explique au contraire que sa médiatisation l'a aidée en lui donnant plus de poids face à son mari. Soit. Mais ce qui est certain, c'est que fréquenter le milieu du show-business après celui de la jet-set n'est pas le meilleur moyen de se ressourcer, et vouloir s'amuser à tout prix, profiter de la vie, selon l'expression consacrée, est dangereux quand on est seule. On est très vite mal entourée : le play-boy, le pique-assiette, l'alcoolique mondain deviennent vos amis les plus proches... Mouna risque de connaître le même parcours que Soraya. Trop de champagne, de fêtes, d'oisiveté.

Mouna est à l'âge où tout se décide. Elle écrit vouloir « réinventer sa vie », mais c'est sa nature qu'il lui faut domestiquer. Saura-t-elle renoncer aux paillettes et aux caméras ? Elle a atteint au statut de star, sa course est on ne peut plus cinématographique, elle vogue sur son voilier comme le Hollandais volant du *Vaisseau fantôme*, mais, quand la course s'achèvera, il faudra bien rentrer au port.

6

Les admirables

« Ne trouve-t-on pas aussi le bonheur dans le devoir accompli ? »

La comtesse de Paris

J'ai gardé pour la fin quelques portraits de femmes qui m'ont émerveillée. Non parce qu'elles ont été des séductrices redoutables, mais parce que ces épouses exemplaires se sont consacrées à leurs maris avec une abnégation remarquable. Elles auraient pu craquer cent fois sous le poids des contraintes, renoncer à jouer le jeu, faire un faux pas... Elles n'ont pas failli. Pourquoi et comment certaines femmes parviennent-elles à mener leur vie sentimentale avec une grande dignité ? Quand l'histoire d'amour n'est plus, comment réussissent-elles à garder la tête haute ?

Parce qu'elles ont des nerfs d'acier et voient au-delà de leurs destins personnels. Admirables, voilà le mot qui les détermine le mieux.

Parmi elles, je range une femme divorcée... Mais quelle femme! La princesse Salimah Agha Khan est sans doute l'une des Anglaises les plus élégantes que je connaisse. Une silhouette d'une finesse extrême, un port de reine, des bijoux discrets, une distinction britannique... Ajoutez un esprit aiguisé, un cœur d'or, et vous aurez une idée de cette grande dame.

J'avais assisté à son mariage avec l'Agha Khan en 1969, ou, plus exactement, à la soirée qui avait suivi la cérémonie célébrée dans l'hôtel particulier de Karim dans l'île de la Cité. Le Tout-Paris avait répondu à l'invitation, excité par cet événement qu'on imaginait insolite et fastueux. Le prince des *Mille et Une Nuits* épousait le mannequin le plus célèbre de Londres. Quatre ans plus tôt, le magazine *Harper's Bazaar* avait en effet classé Sally — c'est ainsi que tout le monde la surnommait — parmi les dix plus belles femmes du monde.

Huit cents invités se pressaient dans les salons afin d'approcher le couple. S'y rencontrait un mélange d'altesses royales, de duchesses, de gentlemen du monde des courses, de maharadjahs enturbannés et de dames en caftan couvertes de pierres précieuses. La rencontre de l'Orient et de l'Occident. On racontait que lors de leur union, qui avait eu lieu dans la matinée en présence du recteur de la mosquée de Paris, on avait jeté à leurs pieds des perles, « afin qu'ils cheminent sur le bonheur »... Les femmes se pâmaient devant tant de romantisme.

Petit-fils du vieil Agha Khan, celui qui recevait de ses fidèles son poids en or, en platine et en pierres précieuses, fils d'Ali Khan, dont les frasques amoureuses avaient fait le bonheur des gazettes, héritier d'une des plus grosses fortunes de l'époque, Karim était auréolé d'un exotisme que sa grande beauté ne faisait qu'accentuer. Je l'avais connu bien avant son mariage, car il était un ami d'Edmond. Nous partagions le même amour de la voile et ensemble nous disputions des régates en Sardaigne. Karim y avait acheté, au début des années 1960, des hectares de côtes et créé une nouvelle station touristique, Porto-Cervo. C'était un village fabriqué comme un décor de théâtre ; on pensait que l'engouement serait bref. Mais la jet-society s'attacha à ce petit port, qui devint un rendez-vous obligé au même titre que Saint-Tropez ou Ibiza. Les fêtes s'y succédaient durant tout l'été.

C'est là que je devais revoir à de nombreuses reprises la bégum Salimah. Elle assumait son nouveau statut avec une aisance confondante et recevait sans commettre le moindre impair tous les grands de ce monde. Tandis que le roi Juan Carlos partait en mer avec Karim et Edmond, elle s'occupait de la reine Sophie et de ses enfants. Elle savait parfaitement doser naturel et protocole, n'étant pas étrangère à ce milieu. Fille d'un colonel de l'armée des Indes, Salimah avait reçu une bonne éducation à Londres, avait fait la révérence devant la reine et s'était liée d'amitié avec la princesse Margaret, du temps où elle allait danser au club Annabel's. Cette dernière venait souvent lui rendre visite à Porto-Cervo, et je l'y ai rencontrée plusieurs fois...

Salimah était devenue l'épouse d'un homme puissant et riche. Quand elle n'était pas en Sardaigne, elle décorait leur nouvelle maison de Chantilly, avant d'aller voir courir leurs pur-sang à Longchamp. L'hiver, ils partaient pour Saint-Moritz, où ils retrouvaient le shah et la shabanou, Christina Onassis, Rosemarie Kanzler. Mais Salimah avait épousé un chef religieux. Tous les ans, elle l'accompagnait dans des voyages aux confins de l'Inde afin d'y rencontrer la communauté ismaélienne, ces fidèles dont il était l'imam. Salimah troquait alors ses robes de Valentino pour le sari et, pardon, cher maître, ainsi drapée, elle était encore plus élégante !

Salimah suivait un parcours un peu identique au mien : elle s'était convertie à la religion de son mari — comme Liz Taylor —, vivait dans l'ombre d'un homme habitué à commander et se pliait à son emploi du temps. Elle se partageait avec talent entre la vie publique, les soirées mondaines et son rôle de mère, car trois enfants étaient nés de cette union, qui dura vingt-cinq ans... Du moins, officiellement.

Assez vite, j'ai senti que le couple ne s'entendait pas ou, plus exactement, que chacun menait sa vie. La mésentente devint flagrante lorsque Salimah emménagea dans une maison à la sortie de Genève, sous prétexte d'être près de ses enfants scolarisés au collège du Rosey. Karim resta à Chantilly, où il avait ses bureaux et son écurie. Ils n'étaient plus ensemble que lors des engagements officiels. Quand les enfants allèrent poursuivre leurs études aux États-Unis, Salimah resta en Suisse.

Elle passa dans cette maison de longues années de solitude, ne participant que rarement à la vie sociale genevoise, occupant ses journées à lire, sa grande passion, et à jouer aux cartes avec ses amies proches. Il était loin ce réveillon de l'année 1968 où elle était tombée follement amoureuse de son prince charmant ! Comme pour Diana, la désillusion était venue rapidement après le mariage, et la naissance des enfants n'y avait rien changé. Mais, contrairement à Diana, Salimah, respectant les principes de son éducation britannique — *never explain, never complain...* —, n'eut pas un mot de reproche, pas une déclaration. Elle avait signé un contrat et l'assumait, même si son sang irlandais bouillonnait...

Lorsqu'en 1994 elle annonce son intention de divorcer, c'est le choc ! Seuls les proches connaissaient l'échec du mariage. Pour le grand public, Salimah et Karim formaient un couple de conte de fées qu'il voyait au Prix de l'Arc de triomphe ou dans les rubriques mondaines, sortant de chez Maxim's. La presse s'empare de l'histoire et révèle les dessous d'un amour mort depuis longtemps. Salimah explique qu'elle a voulu que ses enfants soient suffisamment grands avant de rendre publique la séparation. On la croyait passive et résignée, elle attendait son heure.

Elle qui vivait dans une totale discrétion se retrouve en première page des magazines. Comme toujours la procédure de divorce est longue et se transforme en un duel juridique. Karim ne se laisse pas faire. Le divorce est prononcé en 1995. Salimah fait à nouveau parler d'elle à la fin de cette même année en vendant aux enchères une partie de ses bijoux. Décidément, c'est une manie ! Les joyaux sont beaucoup plus fastueux que ceux de Mouna. Les pierres sont pour la plupart anciennes et font partie de l'histoire du continent indien. L'affaire fait grand bruit, car l'Agha Khan veut interdire la vente, sous prétexte que les bijoux appartiennent à sa famille... Il échoue.

La comparaison avec Mouna s'arrête là. Le tumulte s'apaise, Salimah retourne à son existence discrète.

Elle achète une nouvelle villa sur les bords du lac de Genève, à quelques centaines de mètres de chez nous. Il faudrait un jour écrire l'étonnante histoire de ce village de Prégny : il a été, au fil des années, le refuge de Joséphine de Beauharnais, de l'impératrice Sissi, de la princesse Lilian de Réthy et de son époux, ainsi que du futur roi Baudouin — ils y vivront cinq ans —, de la princesse Salimah Agha Khan et, plus modestement, le mien ! Sans doute cet îlot de tranquillité à l'atmosphère bucolique, mais loin d'être rustique, est-il un cadre rêvé pour les femmes…

Salimah y refait sa vie dans le calme et la sérénité. Seule entorse à son existence cachée : ses actions humanitaires, dont la presse se fait l'écho. La vente de ses bijoux lui donne la possibilité de réconforter les démunis. Nommée ambassadrice de l'association Villages d'enfants SOS, elle sillonne le monde et se découvre un nouveau but dans la vie. Cette activité lui permet de rester active et l'enrichit chaque jour. Elle réussit son pari : toujours aussi belle avec ses cheveux courts, elle rayonne de bonheur et peut regarder sereinement son passé. Elle a fait preuve d'une maîtrise remarquable.

J'estime qu'elle a pris un grand risque en divorçant à cinquante-quatre ans. Pourquoi Salimah a-t-elle sauté le pas? Peut-être par honnêteté, parce que arrive un moment où il n'est plus supportable de dépendre de quelqu'un pour lequel on ne ressent plus rien. En femme intelligente, elle a limité les dégâts : elle a épargné à ses enfants un drame dont, plus jeunes, ils auraient souffert.

Il est très difficile d'analyser les relations qui peuvent se tisser entre un mari et une femme. Dans certains couples, l'homme mène sa vie ; pourtant le ménage perdure.

L'Agha Khan n'est pas resté célibataire très longtemps. En mai 1998, il annonçait à la surprise générale s'être remarié avec une Allemande de trente-cinq ans, Gabrielle Thyssen (rien à voir avec la fameuse famille). Une grande réception suivit à l'automne. Le Tout-Paris était partagé : fallait-il y aller ou rester fidèle à Salimah ? Certains lui téléphonèrent pour lui demander la permission... Puis la curiosité et la mondanité l'emportèrent ! On voulait voir à quoi ressemblait la nouvelle bégum Inaara.

Grâce à elle, Karim, à soixante ans, a retrouvé une nouvelle jeunesse. Inaara vient de lui donner un garçon. En deux ans, elle s'est métamorphosée : coulée dans le moule de l'épouse parfaite, elle a gommé ce que sa beauté avait de trop audacieux. Adieu les tenues un peu voyantes de son passé munichois ! Sans doute sa mère, toujours à ses côtés, la conseille-t-elle... Elle a une certaine expérience en la matière : cette dame a comptabilisé cinq maris !

Les Agha Khan savent bien choisir leurs femmes... Je pense surtout à la Bégum, celle dont on disait : « Elle a fait d'un titre un nom propre. » Jusqu'à sa mort l'année dernière, la veuve du vieil Agha Khan s'est comportée de façon irréprochable. Fille d'un conducteur de tramway cannois, Miss France 1930, modèle pour le peintre Van Dongen, Yvette Labrousse ne semblait pas être née pour épouser, en 1944, le quarante-huitième descendant du Prophète, le chef de la communauté ismaélienne, et l'une des plus grosses fortunes au monde. Âgé de soixante-sept ans, il avait été marié trois fois ; elle en avait trente-huit et conservait tout l'éclat de sa beauté.

Dès sa petite enfance, son plus grand plaisir était d'accompagner son père dans son tramway. Yvette voulait voyager... Son titre de Miss France allait l'entraîner à travers le monde. À Rio, elle se présenta pour le concours de Miss Univers. Elle ne fut pas élue, mais elle avait repoussé les limites de son quotidien et touché du doigt l'exceptionnel. Lorsqu'elle croisa l'Agha Khan quelques années plus tard lors d'un dîner au Caire, elle était déjà fiancée. Elle n'hésita pas à dénouer ce lien. Dans la vie, on a toutes cinq minutes de chance... Encore faut-il la saisir... Yvette se lança dans l'aventure et, avec une véritable dévotion, partagea les treize dernières années de l'Agha Khan.

À peine mariée, la nouvelle épousée se transforme avec un incroyable instinct en bégum plus vraie que nature. Elle se convertit à l'islam, ne porte plus que le sari et des colliers de perles exceptionnels... En 1949, on a une idée plus précise de la valeur de ses joyaux : la Bégum se fait dévaliser sur la route de Nice, et la presse parle d'un butin de deux cents millions ! La Bégum retrouvera ses bijoux, mais la révélation de ce train de vie somptueux ne manquera pas de susciter des commentaires désobligeants. Comme moi, elle devra convaincre son public et supporter quelques railleries. Louise de Vilmorin, qui avait le sens de la formule, salua son entrée dans le monde par un piquant : « Elle est très grande, elle fera un très bon point de repère sur un champ de courses ! »

Le milieu mondain est toujours très dur, mais les

Agha Khan comme les Rothschild ont une grande qualité : leur absence d'a priori. Ils attendent simplement que vous soyez à la hauteur de la situation. Avec beaucoup de bon sens, d'humilité et d'observation, on parvient à faire face. Très vite, la Bégum est acceptée à l'unanimité. Son élégance, son maintien et son sourire en font la plus délicieuse des invitées. Elle devient, avec la duchesse de Windsor, l'une des personnalités les plus en vue de ces années 1950, celles dont la présence illumine une soirée. On sent que l'affection dont elle entoure l'Agha Khan, de plus en plus fatigué et malade, est sincère. La mort de son mari en 1957 ne freine pas la reconnaissance sociale dont elle est l'objet. Au contraire.

Sur la Côte d'Azur, où elle avait l'habitude de séjourner avec son époux, la Bégum reste la reine. Dans leur villa du Cannet elle continue d'accueillir tout ce que la Riviera compte de plus brillant. Chaque année, lors du festival de Cannes, elle organise un grand déjeuner avec les membres du jury et les vedettes présentes. Elle s'y adonne à ses passions : la peinture, la sculpture et la photographie. Un sens artistique qui est loin d'être un simple hobby. Elle n'hésite pas à faire le portrait des stars et, tous les après-midi, plante son chevalet dans son parc ou s'enferme dans son atelier pour malaxer la glaise.

C'est dans cette villa qu'ils avaient baptisée joliment « Yakymour » (contraction de son surnom, Yaky, et du mot amour) que je l'ai mieux connue. Elle n'avait pas renoncé au sari et, les années passant, on oubliait qu'elle était née à Sète. Avec sa belle chevelure blanche ondulée, ses trois rangs de perles et son doux regard, elle ressemblait à une reine exotique, hors du temps.

À la mort de son mari, la Bégum n'avait que cinquante et un ans. Encore belle, riche et reconnue, il n'était pas question pour elle de tourner la page. Devant tout à l'Agha Khan, elle passa le restant de ses jours à servir sa mémoire. « À ses côtés, expliquait-elle, j'ai mené une existence si intense, si belle, que je vis aujourd'hui parfaitement bien dans le souvenir de ces années-là. »

Avec lui, elle avait sillonné l'Inde et l'Afrique, assisté aux célèbres cérémonies de la pesée qui fêtaient le règne de l'imam, et partout elle avait enchanté les ismaéliens qui l'avaient surnommée *Mata Salamat*, Mère de la paix. Prenant son rôle très au sérieux, la Bégum voulait être digne du titre qu'elle portait. On raconte qu'elle ne fut pas pour rien dans le choix de Karim comme successeur de l'Agha Khan. À l'instar de son mari, la Bégum reprochait au prince Ali sa vie tapageuse et avait approuvé l'idée de désigner à sa place son petit-fils… Dans son testament, l'Agha Khan avait même précisé que Karim pourrait à tout moment compter sur elle pour le conseiller… Il n'en ressentit pas le besoin. Toutefois, lorsqu'il fallut respecter les dernières volontés de son mari, c'est elle qui veilla au moindre détail.

L'Agha Khan avait demandé à être enterré dans un mausolée à Assouan, au bord du Nil. Il connaissait bien ce lieu célèbre entre tous, où il possédait une maison dans laquelle, avec la Bégum, il avait passé sa lune de miel et où il aimait à venir se reposer. La Bégum s'occupera de la construction du mausolée et, deux ans après la mort de son époux, y fera ensevelir le corps. Chaque année, en février, elle faisait le voyage pour s'y recueillir et avant d'en repartir elle laissait une rose rouge sur le marbre blanc… C'est là qu'elle repose aujourd'hui. Dans un endroit d'une grandeur épurée fait à l'image de cette femme exceptionnelle. « Je suis de celles qui croient que la vraie paix et le bonheur authentique ne peuvent être atteints que dans le silence. » Une conviction que devraient méditer certaines femmes...

La discrétion, une vertu qu'une autre femme, liée au destin des Agha Khan, allait respecter à la lettre : Bettina, le mannequin le plus célèbre des années 1950. C'est Jacques Fath qui lui avait trouvé ce prénom, plus évocateur de son style unique que celui inscrit sur le registre de l'état civil. À dix-huit ans, Simone Bodin avait quitté la Normandie pour tenter sa chance à Paris et devenir dessinatrice de mode. Son carton sous le bras, elle était allée montrer ses croquis à un jeune couturier d'alors, Jacques Costet. Il y jeta à peine un coup d'œil mais lui demanda de passer une robe... Après quelques pas dans le salon, il l'engagea sur-le-champ, elle devenait mannequin « cabine » de la maison.

Les mannequins cabine ont aujourd'hui disparu, mais à l'époque chaque maison se devait d'en avoir plusieurs. En permanence, elles se tenaient prêtes à enfiler les modèles que les clientes avaient envie de voir. Le couturier se servait également d'elles pour créer leurs modèles. Selon l'inspiration, il les drapait de taffetas, de soie. Chacune avait sa personnalité, son allure. Et un prénom charmant qui était comme leur carte de visite. On demandait Doudou, Tulipe, Praline...

Dans cet immédiat après-guerre, celle qui ne s'appelle pas encore Bettina sort du lot. Elle a un joli minois couvert de taches de rousseur, une chevelure flamboyante et une peau laiteuse. Ses yeux pétillent et son sourire est charmant. Mais ce sont surtout sa gaieté et sa fraîcheur qui font la différence. Par son naturel, elle renouvelle complètement la sophistication très collet monté de la haute couture.

Les photographes de mode qui commencent à la faire poser décèlent tout de suite cette singularité qu'ils exploitent. Indéniablement, cette fille a quelque chose de plus. Le couturier Jacques Fath en est convaincu. Il suffit de peu pour qu'éclate le talent de cette jeune fille... Fath en fait son affaire ! Il la prend sous son aile, la rebaptise Bettina et lui coupe les cheveux. La petite Normande est devenue l'incarnation de la nouvelle Parisienne !

Fath avait eu l'idée de cette coupe lors d'un voyage aux États-Unis. Là-bas, de plus en plus d'Américaines portaient les cheveux courts. Le couturier avait été fasciné par ce symbole d'un style de vie plus décontracté, plus *sport*. Attention, ce n'était pas encore la mode du jogging. Au contraire, cette liberté du corps, des mouvements était associée à un grand raffinement dans les vêtements et la combinaison créait une alchimie parfaite. Les femmes américaines affichaient une élégance jeune et *dans le coup*, alors que les Françaises avaient encore des airs « dadames ».

La collaboration entre le couturier et Bettina durera trois ans. La jeune femme est plus que son mannequin préféré : sa muse. Il m'arrivait de la croiser dans les cabines, car si j'étais trop petite pour défiler, Jacques Fath m'avait proposé de présenter des maillots de bain.

Ce que je faisais aussi pour Carven. C'était une façon agréable de gagner un peu d'argent : souvent, je partais en tournée sur la Côte d'Azur, en Italie, pour promouvoir la ligne de maillots de ces deux maisons de couture.

Bettina connaissait un succès international. Elle posait pour les plus grands photographes comme Irving Penn ou Henry Clarke, faisait les couvertures de *Elle* et de *Vogue.* Mais une nouvelle rencontre allait modifier sa carrière. En 1952, elle fait la connaissance d'un très grand jeune homme de vingt-quatre ans, élève de Jacques Fath et futur aristocrate de la couture : Hubert de Givenchy. Il ouvre sa maison dans un étonnant hôtel particulier, surnommé la Cathédrale, du côté de Monceau, et Bettina le seconde. Elle s'occupe de tout, des collections, des clientes et de la presse. Comme Jacques Fath, Hubert de Givenchy est fasciné par le personnage de ce mannequin, mélange de décontraction et de chic, exactement le type de femme pour lequel il souhaite créer. Avant Audrey Hepburn, Bettina est son plus bel emblème. Grâce à elle, des modèles deviennent légendaires, comme la célèbre « blouse Bettina » aux manches bouffantes.

J'adorais les créations d'Hubert de Givenchy, faites d'élégance, de féminité, de perfection. Il était parmi mes favoris avec Balenciaga, Grès et Dior, du temps de Marc Bohan. Edmond était très sensible à ce que je choisissais. Il était capable de m'interdire de porter une robe que je venais de m'offrir. « Non, celle-ci n'est pas pour toi ! » Je n'avais plus qu'à l'oublier dans un placard. En revanche, il lui arrivait de me demander de recommander un vêtement qui lui avait plu, en particulier un tailleur en lamé or, bordé de zibeline, chez Dior.

En 1955, Bettina est au sommet de sa carrière ; pourtant, elle renonce brusquement aux photos de mode et aux pages des magazines. Elle change de rubrique, se retrouve en bonne place dans la chronique mondaine. Lors d'un bal, elle a rencontré le prince Ali Khan. Le play-boy a mis un terme à sa passion pour les actrices. Il a divorcé de Rita Hayworth, il a rompu avec Gene Tierney et il a fait le tour de Hollywood. Bettina est l'antithèse de ces créatures de studio. Elle est la spontanéité, la fantaisie et la simplicité. Pas de crise de conscience, pas de caprice de star chez elle. L'entente est immédiate. Ali a perdu de sa superbe. Ses cheveux sont un peu clairsemés, sa mise un peu négligée, son regard un peu perdu ; pour une femme sentimentale, il est irrésistible !

Ce n'est toutefois pas la première histoire d'amour de Bettina. En 1946, elle avait succombé au charme d'un bel Italien, ami de Gianni Agnelli, Benno Graziani, grand reporter à *Paris-Match.* Pour lui, elle avait mis sa carrière entre parenthèses pendant un an et s'était installée sur la Côte d'Azur. Mais le mariage avait été de courte durée. Elle avait ensuite été séduite par l'éditeur Guy Schoeller. Grâce à lui, elle avait connu le Tout-Saint-Germain-des-Prés, Gaston Gallimard, Jean Genet, Jacques Prévert. Enfin, elle avait fréquenté le scénariste Peter Viertel, grâce auquel elle découvrit Hollywood. Un producteur lui proposa un contrat, mais Bettina déclina l'offre. Le cinéma hollywoodien ne l'intéressait pas. Tout comme moi, elle comprit que le prix à payer en échange d'une gloire provisoire était disproportionné. En revanche, elle noua de solides amitiés avec de grandes stars, Ava Gardner, Liz Taylor, Lauren Bacall.

La rencontre d'Ali Khan fut un véritable coup de foudre. Pour ceux qui ne croient pas au destin, une coïncidence devrait ébranler leur scepticisme : en 1948, lorsque Rita Hayworth vient choisir sa robe de mariée dans les salons de chez Jacques Fath, c'est Bettina qui la lui présente ! Ali Khan l'accompagne... A-t-il alors été sensible au charme de Bettina et en a-t-il conservé le souvenir dans un coin de son cœur ?

Durant cinq ans, ils s'affichent ensemble, et tout le monde pense qu'ils vont se marier. D'ailleurs, on dit que le vieil Agha Khan a donné son accord juste avant de mourir. Partout, ils sont reçus comme un couple quasi officiel. Je les croise sur les champs de courses, dans les dîners mondains. Bettina a trente ans et se destine à un avenir extraordinaire. Ali n'a pas succédé à son père, qui lui a préféré son petit-fils, Karim, mais sa vie est tout de même hors du commun.

Survint un terrible accident. Le soir du 12 mai 1960, Ali et Bettina sont invités à un dîner que donne Lorraine Bonnet dans sa maison de Ville-d'Avray. Y assistent André Malraux, Guy et Marie-Hélène de Rothschild, Porfirio Rubirosa, Arturo Lopez et son épouse Patricia. L'heure tourne, on attend toujours le prince et Bettina. Ils n'arriveront jamais. Au volant de sa Lancia, Ali a percuté une voiture dans la côte de Suresnes. Transporté d'urgence à l'hôpital de Saint-Cloud, il ne survit pas à ses blessures. Bettina s'en sort indemne, mais le rêve de Cendrillon est brisé.

Pendant dix ans, elle se retire de la scène mondaine et se replie dans le silence. Pas un mot de commentaire. Elle fuit les journalistes et n'évoque jamais son histoire d'amour. Tenant à préserver l'intimité d'un homme dont la presse a, depuis sa naissance, commenté les moindres faits et gestes, Bettina mène une existence discrète, se partageant entre son appartement parisien et la maison qu'elle a fait construire à côté de Karim, à Porto-Cervo.

Cependant, le monde et la mode ne l'oublient pas. En 1969, Chanel lui dédie une collection et, trois ans plus tard, Emmanuel Ungaro parvient à la convaincre d'être la directrice de sa maison. Bettina renoue avec l'univers des salons, des mannequins et des clientes. Son expérience et son carnet d'adresses font merveille. À son tour, Valentino l'appelle auprès de lui et lui confie la charge d'assurer ses relations publiques.

Tout au long de sa vie Bettina a fait preuve d'une grande dignité. Elle aurait pu chercher à oublier cette promesse de bonheur que le destin n'avait pas tenue, mais elle a préféré garder intact un merveilleux souvenir. Ce qui ne l'a pas empêchée de s'amuser, mais sans tomber dans les plaisirs faciles de la jet-set. De façon intelligente, elle remplit sa vie d'amis, de culture, de voyages. Sa curiosité, son optimisme et sa gaieté l'ont préservée de l'ennui et de l'amertume.

Icône de la mode elle était, icône de la mode elle est restée. Elle continue à porter, sans une hésitation, les créations très moulantes de mon ami le couturier Azzedine Alaïa, qu'elle connaît depuis ses débuts. Dernièrement, elle a même lancé une ligne *Bettina* avec la styliste Adeline André. Elle vit entourée de jeunes et, à un bal, elle est la première à danser. À plusieurs reprises chaque année, elle part pour le bout du monde, faire du trekking en Nouvelle-Zélande, ou parcourir les sables de Mauritanie. Les dîners qu'elle organise le dimanche soir dans sa cuisine sont très courus : on n'y rencontre que des personnalités, des artistes. Frédéric Mitterrand y côtoie Lauren Bacall, Christian Lacroix, les créateurs Claude et François Lalanne. Bettina résume d'un mot sa philosophie : « Il n'y a d'intéressant dans la vie que l'amour des gens. »

On lui a souvent proposé d'écrire ses Mémoires, elle a décliné l'offre. Elle déteste regarder en arrière, et puis, revenir sur un épisode qui a bouleversé sa vie… Son histoire d'amour demeurera personnelle, mystérieuse et fascinante. Elle dit avec modestie que sa vie ne mérite pas d'être contée. Ce qui est bien sûr faux, son parcours est exceptionnel : Bettina est entrée dans l'histoire du XXe siècle, peut-être pas dans la grande histoire, mais elle appartient à l'esprit d'une époque et, à ce titre, son exemple est passionnant.

En parlant d'histoire, me vient à l'esprit celle qui a sacrifié sa carrière et parfois son amour-propre pour devenir une princesse de légende, Grace de Monaco.

Durant mes séjours à Paris, je me rendais souvent à la piscine du club Foch, un centre de remise en forme situé dans l'immeuble qu'Edmond avait fait construire dans les années 1970. À cette époque, Bernard Arnault et le baron Empain y habitaient. C'est là qu'eut lieu l'enlèvement dont ce dernier avait été victime. Lorsqu'elle venait à Paris, Grace logeait non loin, dans un petit hôtel particulier. On se retrouvait à la piscine pour faire des longueurs et au club pour parrainer des prix, remettre des coupes à des enfants. Adolescente, elle avait reçu une éducation sportive, son frère avait même été sélectionné pour les Jeux olympiques, et elle avait gardé le goût des compétitions.

Je voyais la princesse également à Monaco, aux bals de la Rose et de la Croix-Rouge dont elle était la grande organisatrice. Elle a été à l'origine de la renaissance de la principauté. Avant son mariage en 1956, Monaco avait perdu son lustre des années folles et ressemblait à une station balnéaire provinciale, aux mœurs pittoresques. On y allait pour se promener, voir défiler les carabiniers ou jouer au casino, mais l'endroit n'avait aucun éclat. Cannes régnait sans partage sur la Côte d'Azur. Avec la venue de Grace, Monaco se réveilla de sa léthargie et redevint à la mode.

On a tous gardé en mémoire la mise en scène hollywoodienne du mariage. Grace arrive par bateau de New York. Le prince Rainier vogue à sa rencontre sur son yacht. Tandis que vingt et un coups de canon sont tirés et que retentissent les cornes de brume, elle le rejoint à bord, sous les brassées d'œillets que leur jettent les passagers du paquebot. À quai, vingt mille Monégasques les attendent en agitant des petits drapeaux américains. Au coude à coude, les paparazzi se battent pour avoir le meilleur cliché. Lorsque Grace apparaît dans un simple manteau bleu marine à la coupe parfaite, son beau visage légèrement dissimulé sous une capeline d'organdi, c'est l'hystérie. Monaco découvre une princesse de conte de fées.

En vérité, l'histoire est trop belle pour être vraie : c'est un journaliste de *Paris-Match*, Pierre Galante, qui est à l'origine du plus joli coup de foudre de notre siècle. Nous sommes en 1955. La star est invitée au festival de Cannes. Elle est alors au sommet de sa gloire. Hitchcock ne jure que par son actrice fétiche : « Un volcan couvert de neige ». Elle a tourné *La Main au collet* et vient de recevoir un oscar à Hollywood. Les interviews, les photos se succèdent sans grande originalité. Pierre Galante lui propose alors de changer de cadre et de réaliser un reportage à Monaco. Rainier accepte de la recevoir et de lui faire visiter le palais. Ils sont aussi impressionnés l'un que l'autre. Le prince est âgé de trente-deux ans et il est toujours célibataire... Timide, il guide son invitée à travers les salons, puis dans le parc. Le photographe immortalise, sans le savoir, les premiers instants d'un couple bientôt mythique. Ils marchent côte à côte, leurs propos sont anodins, mais Grace devine la délicatesse de son hôte. Lorsque celui-ci caresse le tigre de son zoo privé, elle sent son cœur fondre : voilà un homme qui sort de l'ordinaire !

De retour aux États-Unis, Grace reçoit une lettre de Rainier à laquelle elle répond avec une certaine fébrilité. Peu à peu, ils se laissent aller à plus de confidences... Touché par le charme infini de la jeune femme et par les valeurs morales qu'elle incarne, le prince se prend à rêver. Issue d'une famille d'origine irlandaise, élevée dans la foi catholique et le sens du devoir, la blonde Grace Kelly ferait une épouse admirable. Quelques mois après leur première rencontre, il part la retrouver pour lui déclarer son amour et... se présenter à ses parents. La demande en mariage est aussitôt acceptée.

Le 19 avril 1956, la cérémonie est regardée par trente millions de téléspectateurs. Le premier mariage princier retransmis en Eurovision. Lorsque la jeune femme apparaît au bras de son père, chacun retient son souffle. Elle est sublime dans une robe de style

Renaissance réalisée par l'incomparable costumière de la Metro Goldwyn Mayer, Helen Rose. Sept demoiselles d'honneur, des amies américaines, vêtues d'une même robe de soie jaune, escortent la mariée. Rainier est sanglé dans un uniforme qu'il a lui-même dessiné en s'inspirant de celui des maréchaux d'Empire. Au moment des consentements, c'est la voix étranglée par l'émotion qu'ils prononcent le oui rituel. L'*Alléluia* de Purcell emplit la cathédrale, où l'assistance, composée d'altesses royales, d'acteurs de cinéma et de mondains internationaux, essuie discrètement une larme.

Cette nouvelle société, que l'on baptise bientôt « jet-society », ne va plus quitter le Rocher. Grace en devient la souveraine. Tandis que Rainier se lance dans de grands travaux et modernise la principauté, son épouse se consacre à son rayonnement culturel et mondain. Elle a renoncé au cinéma, mais pas à ses amis américains, Cary Grant, Frank Sinatra ou Liz Taylor, qui viennent lui rendre visite. À leur suite, les Américains fortunés prennent leurs habitudes à Monaco. Les fêtes se succèdent. Le couple princier n'hésite pas à se costumer pour des bals féeriques, avec pour thème le second Empire ou la Chine impériale. Grace troquait la lumière des studios pour un autre genre de spectacle. Elle abandonnait le cinéma pour la scène officielle.

Edmond et moi passions alors tous les étés par Monaco avant de partir en croisière. Le bateau avait son anneau dans le port de Beaulieu. Nous assistions au bal de la Croix-Rouge, donné au début du mois d'août dans la salle des étoiles du Sporting Club. Mais Edmond ne faisait pas preuve d'un goût prononcé pour les galas de la principauté. Son plus grand plaisir était d'aller dîner dans les petits bistrots du vieux port de Cannes en compagnie de son équipage.

Grace se révèle une princesse parfaite. Par sa beauté et son élégance, l'actrice fait de Monaco, durant une vingtaine d'années, l'endroit le plus brillant de l'Europe. Si elle réussit à y apporter le rêve, elle sait aussi y faire naître la tendresse et la poésie. En mettant au monde trois enfants, elle ajoute à son titre de princesse une dimension plus grande encore. L'image de cette mère, d'un chic sans faille, au foulard Hermès, aux lunettes noires et aux gants blancs, tenant par la main son petit garçon, fait plus pour la principauté que toutes les campagnes publicitaires !

Grace avait une passion pour ses enfants, se préoccupait de leur éducation qu'elle suivait personnellement. Secondée de Rainier, qui, lui, avait connu une enfance solitaire dans des collèges anglais, elle a déployé tous ses efforts pour qu'ils soient épanouis et heureux. Elle les a incités à pratiquer de nombreux sports, elle a tenté de leur inculquer quelques règles de discipline, mais avec moins de succès... Très tôt, les filles ont fait preuve d'une grande force de caractère. Autant Albert était introverti et calme, autant Caroline et Stéphanie débordaient de fantaisie et d'une énergie difficile à canaliser. Sans doute devaient-elles leur tempérament au sang irlandais qui coulait dans leurs veines... Sous des dehors très convenables, Grace avait la même force : lorsqu'elle avait voulu devenir comédienne, elle avait tenu tête à ses parents, qui s'opposaient à une carrière d'artiste, et elle avait réussi à leur imposer son choix.

Quand je me retrouvais avec Grace à la piscine du club Foch, à la fin des années 1970, nous parlions maison, intendance, décoration, mais je ne l'interrogeais jamais sur ses enfants. Je devinais qu'ils lui donnaient du souci. Stéphanie avait une scolarité difficile, elle passait d'un établissement à l'autre ; Caroline avait eu son bac, mais voulait vivre sa vie sentimentale en toute indépendance. Laconiquement, Grace déclarait : « Malheureusement, on ne peut rien contre la volonté d'une fille de dix-huit ans. »

En 1978, nous étions invités au mariage de Caroline avec Philippe Junot. L'annonce de cette union avait défrayé la chronique. L'homme, âgé de trente-huit ans, avait une solide réputation de play-boy. La rumeur allait jusqu'à dire que c'était à la suite d'un pari avec deux de ses amis qu'il avait demandé la main de la princesse. Personne ne croyait à cette union, sauf Caroline, sûre de vivre un grand amour. Elle n'avait que vingt et un ans. Après la cérémonie, j'avais bavardé avec elle, j'avais devant moi une jeune femme désireuse de réussir son mariage...

Ce fut un fiasco. Deux ans plus tard, le couple divorçait. Grace, contre ce mariage, n'avait pu raisonner sa fille. Avec humour, elle avait trouvé la formule qui voulait tout dire : « Les cheveux gris prématurés sont héréditaires. Les parents les héritent de leurs enfants. » À l'époque, Caroline connaissait les jeunes princes du Gotha, tel Ernst-August de Hanovre, mais elle avait préféré un séduisant inconnu rencontré dans une boîte de nuit. Vingt ans plus tard, elle se rangeait aux raisons de sa mère. Mais Grace n'était plus là pour s'en féliciter.

Autrefois, les parents décidaient pour leurs enfants. On faisait des mariages de convenance, le bonheur n'était pas toujours assuré, mais au moins on restait dans son milieu. Aujourd'hui, on exige un mariage d'amour, et on prend le risque de se tromper. Plusieurs hommes, dont mon mari, ont accepté de faire ce que le monde appelle une mésalliance. Je crois qu'il ne l'a pas regretté. Bien d'autres hommes et bien d'autres femmes ont fait le même pari. Et ils l'ont heureusement gagné. Ce livre en témoigne. Le destin entrouvre quelquefois la porte. Une porte étroite, il est vrai.

Grace a eu une vie exemplaire. Bien sûr, des ragots ont circulé. Sans doute a-t-elle traversé des périodes de doute, de dépression, une vie de représentation demande tellement de sacrifices. Mais elle n'a jamais permis le moindre éclat, le plus petit scandale. Sa conduite était irréprochable. Elle avait signé un contrat et le respectait quel qu'en fût le prix. Peut-être était-elle fatiguée de remplir la fonction officielle et regrettait-elle quelquefois d'avoir abandonné le cinéma ? On raconte qu'elle avait cru pouvoir redevenir actrice et que cette perspective l'enchantait. Rainier lui aurait fait comprendre que c'était impossible.

Grace avait parfaitement réussi sa « reconversion ». Le prince pouvait en être fier. Certains disaient qu'elle se sentait parfois prisonnière d'une cage dorée. Mais jamais elle ne s'en est plainte. Son dévouement était un point sur lequel il n'était pas question de revenir. Et ses paroles vantaient sans cesse les mérites du prince : « Mon mari fut le meilleur des professeurs, patient, tolérant, sévère parfois. Il m'a tout appris. » Je pourrais en dire autant d'Edmond.

Grace avait en quelque sorte choisi une vie d'abnégation, mais le bonheur que lui procuraient ses enfants compensait le poids de cette existence. Il en est de même de bien des épouses de souverains.

Sa mort tragique en 1982, au volant de sa Rover, déchira le ciel de la principauté. Le monde entier suivit son enterrement les larmes aux yeux. La vision du prince Rainier et de ses enfants, défigurés par la douleur, était bouleversante. La princesse Grace entrait dans la légende. « Il y a des êtres qui ne s'éteignent jamais », avait-elle déclaré lors de la disparition de son amie, Joséphine Baker. Un hommage qu'elle mérite tout autant.

Rainier ne refera jamais sa vie. Comment imaginer remplacer Grace ? « Partout où je vais, déclara-t-il un jour, son souvenir me suit. » Elle était non pas son ombre, mais sa lumière. Elle lui avait tout donné. Pour lui, elle avait quitté sa famille, abandonné son pays, sacrifié sa carrière. Quelle plus belle preuve d'amour une femme peut-elle offrir à l'homme qu'elle aime ?

Parmi les épouses de souverains, la plus admirable de toutes, l'impératrice Farah d'Iran.

Chaque fois que je la croise, je ne peux m'empêcher de chercher sur son visage les traces du temps... En vain. Farah affiche cette beauté grave et racée qui fait mon admiration depuis toujours. Il y a quelques années, elle s'est coupé les cheveux et cette nouvelle coiffure moins stricte que par le passé l'a rajeunie. Elle a un teint unique, une façon de se maquiller que je connais bien... nous avons eu le même maquilleur, Michel Deruelle. Sa silhouette est parfaite, car elle a depuis l'adolescence fait beaucoup de sport. Sa distinction était déjà célèbre lorsqu'elle était impératrice. Vingt ans après l'exil et la mort du shah, Farah est plus que jamais sa veuve inconsolée, la gardienne de sa mémoire et le symbole d'un Iran meurtri. Derrière sa politesse et son sourire, on devine un abîme de douleur soigneusement maîtrisée.

Pourtant, pour elle aussi, tout avait commencé comme un conte de fées. En 1959, la jeune Farah Diba suit depuis deux ans les cours de l'École d'architecture de Paris. C'est alors que le shah vient en visite officielle en France. On convie quelques étudiants iraniens à l'ambassade pour lui être présentés. Farah fait partie du nombre. Elle s'incline avec respect devant son souverain et répond timidement à ses questions. Une chose la frappe : la tristesse qui voile son regard. Elle connaît son histoire, son premier mariage raté avec la sœur du roi Farouk d'Égypte, sa deuxième union avec Soraya Esfandiari, qui n'a pu lui donner d'enfant, et qu'il a dû répudier... Mais la jeune fille ne prend pas au sérieux la remarque d'une amie présente lors de cette rencontre : le shah l'aurait regardée sortir de la pièce avec beaucoup d'intérêt.

Lorsqu'elle rentre en vacances dans son pays, l'étudiante ne comprend pas pourquoi la princesse Shannaz, la fille que le shah a eue de son premier mariage, l'invite chez elle. Son oncle est l'un des chambellans du souverain, mais Farah n'a jamais eu de relation avec la cour. Elle comprend bientôt que son amie avait peut-être raison : *il* est à nouveau là. Le shah l'interroge sur ses études, sur sa conception de la vie, sur son avenir. Nul doute qu'il ne la teste... Farah n'ose y croire. Elle le vénère depuis l'enfance, quand il défilait dans les rues de Téhéran et qu'elle l'acclamait du haut de ses sept ans. Ils se revoient quelques jours plus tard et, cette fois, le shah la demande en mariage. Farah ne réfléchit pas longtemps et accepte avec enthousiasme.

Le roi a quarante ans, sa fiancée n'en a que vingt et un, mais le rôle qui l'attend ne lui fait pas peur. Ou, plus exactement, elle n'a pas conscience de l'ampleur de la tâche. Le shah est au pouvoir depuis 1941 et il a décidé de bâtir un Iran moderne, sur le modèle des pays occidentaux. Pour servir cet ambitieux projet, il a besoin d'avoir auprès de lui une épouse forte et prête à se lancer dans l'aventure. La jeune fille a non seulement le caractère nécessaire, mais l'éducation qu'elle a reçue dans sa famille pétrie de culture française en fait une alliée de choix.

Farah va se révéler parfaitement à la hauteur. D'abord en donnant au shah les enfants que Soraya n'a pu avoir. Moins d'un an après leur mariage, elle met au monde un prince héritier et assure la descendance de la dynastie. Il sera suivi d'un frère et de deux sœurs. Rien ne peut faire plus plaisir au souverain, qui assoit ainsi son pouvoir. Ensuite, la nouvelle épouse prend en charge la politique sociale de son époux. Elle est partout : dans les écoles, les hôpitaux, les orphelinats. Elle met sur pied un programme de soins pour les lépreux, fait construire des structures d'accueil pour les enfants handicapés, crée des bibliothèques et des musées, sillonne le pays en tous sens pour rencontrer les femmes iraniennes auxquelles le shah vient d'accorder le droit de vote... Elle se dévoue à la mission que lui a confiée son mari et en est fière.

En dix ans, le shah et la shabanou rattrapent des années d'obscurantisme et font entrer l'Iran dans le XXe siècle. Leur pays est à présent respecté par les autres nations. Leurs visites régulières en Europe nous les font mieux connaître, on les croise à Paris, à Saint-Moritz, où ils viennent skier tous les ans avec leurs enfants. Ils sont les ambassadeurs d'un monde exotique et luxueux, version moderne du conte des *Mille et Une Nuits*, car le règne du shah s'accompagne aussi d'un parfum de magnificence fascinant.

Son mariage en 1959 avait déjà été l'occasion d'une mise en scène flamboyante. Farah avait demandé à Yves Saint Laurent, qui travaillait alors chez Christian Dior, de confectionner sa robe. Un lourd manteau bordé de vison blanc l'accompagnait. Elle s'était fait coiffer par les sœurs Carita et arborait un sublime diadème de diamants, provenant du trésor national, quasi illimité. Le bijou avait posé quelque problème d'équilibre, il pesait près de deux kilos ! Sa valeur atteignait cent millions de nos francs.

Lorsque, en 1967, le shah se sacre empereur et confère le titre d'impératrice à Farah, une première dans le monde musulman, il surenchérit dans la démesure. La maison Van Cleef et Arpels a carte blanche pour réaliser la couronne de Farah. Pierre Arpels plonge avec délice dans les réserves de pierres précieuses et en prélève une sublime émeraude, qu'il sertit de rubis et de diamants. Il y ajoute un collier et des pendants d'oreilles, tout aussi lourds en carats. Comme la couronne, la tenue de Farah se doit d'être une création exceptionnelle : le talentueux Marc Bohan, qui a remplacé Yves Saint Laurent chez Dior, dessine une robe blanche et pure, sur laquelle Farah enfile un manteau sans manches en velours vert, long de huit mètres, entièrement brodé de pierreries. Le jour de la cérémonie, certains invités sourient devant un protocole plus strict que celui de la reine d'Angleterre. Une armée de chambellans habillés comme à la cour de François-Joseph précède les souverains, qui ont traversé la ville dans un carrosse commandé spécialement à Vienne et digne de l'impératrice Sissi !

Dans la salle du trône, sous les lustres de cristal et devant les caméras de télévision, le shah écoute la prière de l'imam, puis prend possession des ornements du sacre : un manteau brodé, une ceinture en or, un sabre serti de milliers de diamants, le sceptre, enfin, sa couronne d'empereur. Cent un coups de canon marquent ce moment historique. Puis il se tourne vers Farah, qui s'agenouille devant lui, et la couronne à son tour. Quelle femme n'aurait aimé être à sa place à cet instant précis ? Sacrée impératrice par son mari, voilà une preuve d'amour peu banale !

Cette mise en scène fastueuse fut diversement appréciée, mais n'était rien par rapport à celle que le shah préparait pour ce qui devait marquer l'apogée de son règne : les fêtes de Persépolis en 1971. Pressentant que cette cérémonie serait peut-être mal comprise, Edmond n'avait pas voulu s'y rendre. Il n'avait pas tort et je ne peux donc qu'évoquer ce qu'on m'a rapporté. Cet événement célébrait les deux mille cinq cents ans de la Perse. Le shah convia tout ce que le monde avait de plus prestigieux, têtes couronnées, milliardaires américains, figures de la jet-set, pour une fête sans précédent dans le désert... Un désert très relatif, puisqu'un village de tentes avait été reconstitué au bout d'une piste d'atterrissage. Décoré par la maison Jansen, illuminé par des lustres de Baccarat, approvisionné par Maxim's, ce campement était tout simplement un petit îlot de raffinement. Durant trois jours, sur fond de ruines antiques, se succédèrent fresques historiques, dîners de gala et feux d'artifice. La manifestation coûta des millions de dollars et bien que l'Iran fût très riche, grâce à son pétrole, la fête déclencha de très vives critiques.

Cette débauche de luxe fut très mal perçue par les pays occidentaux et plus encore par les religieux iraniens. Partout, on condamnait la mégalomanie du shah. Farah convient aujourd'hui que les souverains avaient dépassé la mesure, mais, à l'époque, ils ne voyaient que l'aspect féerique que cet événement allait conférer au pays et l'impact touristique d'une telle opération de promotion. Les intégristes ne l'entendaient pas ainsi. La révolte grondait. On accusait le shah de vendre l'Iran aux Américains, de renier les traditions de l'islam au profit des valeurs occidentales.

Tout se dégrada alors en quelques années. Les crises se multipliaient, suivies par une répression qui exaspérait plus encore la violence. L'ayatollah Khomeyni soufflait sur les braises, appelait à la guerre civile. Farah ne pouvait croire que tous ses efforts allaient être réduits en cendres, et pourtant... En janvier 1979, le shah était contraint de quitter son pays. Les larmes aux yeux, il s'envolait pour l'Égypte, en attendant que la fureur retombe. À ses côtés, Farah, plus solidaire que jamais, cachait sa détresse derrière d'épaisses lunettes noires.

Ce ne devait être qu'une absence momentanée, ce fut un adieu définitif. Ils ne purent jamais revenir en Iran. À Assouan, le président Anouar el-Sadate les accueillit chaleureusement ; il fut le seul. Aucun chef d'État, aucun pays autrefois ami ne prit le risque de soutenir le shah. L'errance commença : Maroc, Bahamas, Mexique. Le couple découvrait la vie d'exil, où aucune maison n'est familière, où aucun repos n'est réparateur. Sans amis, Farah sentait parfois le découragement la gagner, mais une nouvelle épreuve allait l'obliger à redoubler de force.

En octobre de la même année, le shah tombe malade. Le cancer qui le rongeait sourdement se déclare. Farah est atterrée. Pourquoi un tel acharnement du destin ? Mais elle se doit de relever la tête, pour son mari, pour ses enfants. Le roi est sensible à son courage. Il lui dit alors une parole tendre et bouleversante : « C'est ici et maintenant, plus que jamais auparavant, que je sens que tu es ma femme. Et je veux que tu saches que tu es aussi ma meilleure amie. » Jimmy Carter accepte que le shah se fasse opérer à New York, mais pas question qu'il s'y attarde. La course reprend. Ils s'envolent pour le Panamá, où leurs conditions de vie ne sont guère rassurantes. Chaque jour, ils craignent d'être extradés pour l'Iran. Finalement, ils partent pour l'Égypte, où Sadate leur est resté fidèle. Logés dans un palais, ils goûtent quelques jours de sérénité, avant la fin. Entouré de Farah et de ses enfants, le shah s'éteint en juillet 1980.

Quelques mois plus tard, j'accompagnais Edmond chez le président égyptien. Il habitait une petite maison sur les bords du Nil, à Port-Saïd. Tandis que les deux hommes s'entretenaient à propos d'accords économiques entre Israël et l'Égypte, sa femme m'engagea à aller rendre visite à Farah, très seule depuis la mort de son mari. Je n'eus pas le temps de le faire et le regrette encore aujourd'hui. À la fin de la rencontre, Sadate me donna une bague, une petite pièce de monnaie frappée du profil du shah. Je l'ai toujours gardée et j'aimerais un jour l'offrir à la shabanou.

Les années qui ont suivi ont été très dures pour celle-ci. Ses amis iraniens étaient disséminés à travers le monde, les tribunaux islamiques l'avaient condamnée à mort, mais elle n'a pas baissé les bras. Elle s'est occupée de ses enfants, installés aux États-Unis, et a réappris à vivre loin de sa terre, lentement, dans le silence et avec l'aide de la foi. Son fils aîné lui a donné deux petites-filles et Farah va souvent les voir. Elle leur parle de ce grand-père qu'elles n'ont pas connu, de cette culture perse qui constitue leurs vraies racines. Elle n'a jamais perdu l'espoir de retourner un jour en Iran et surveille avec attention l'évolution politique du pays. Hélas, les temps semblent encore bien incertains.

Lors de la mort du shah, Farah n'avait pas quarante-deux ans, elle n'a toutefois jamais songé à refaire sa vie. Elle s'est installée à Paris, a peu à peu recommencé à sortir, et est demeurée la veuve du shah d'Iran. Tous les ans, elle fait le voyage au Caire pour se recueillir sur sa tombe. Adorant la musique, la danse et la peinture, elle s'est fait des amis dans les milieux artistiques et assiste régulièrement aux grandes expositions parisiennes. Elle n'est pas pour autant devenue une mondaine, même si sa présence est très recherchée pour présider un gala. Très digne, elle impose naturellement le respect et on la traite avec beaucoup d'égards, comme l'altesse impériale qu'elle est restée.

Elle est l'impératrice Farah d'Iran et, même si ses déclarations sont toujours sobres et mesurées, elle ne cache pas sa tristesse devant le désastre qui a suivi l'exil du shah. Une vie d'efforts et d'espérances réduite à néant, il y a de quoi pleurer ! Je suis convaincue que ce que regrette le plus Farah, c'est de n'avoir pas eu le temps de prouver au yeux du monde que le shah avait raison... Sa plus grande souffrance est d'entendre critiquer son mari. L'homme qu'on décrit quelquefois comme un dictateur sanguinaire n'a rien à voir avec celui qu'elle a connu et aimé : juste, généreux et voulant bien faire. Sans doute est-elle désolée de voir anéantie l'œuvre d'un homme auquel elle était dévouée et qui avait fait de la jeune étudiante une impératrice. Elle dit de lui : « Il a été mon mari, mon confident, mon ami, mon soutien, mon maître à penser, mon inspirateur. » Mais si le shah et la shabanou n'ont pas réussi à faire naître cet Iran moderne dont ils rêvaient, leur relation unique s'inscrit dans le grand livre des plus belles histoires d'amour du siècle dernier.

Une autre femme s'est toujours rangée du côté de son époux... Pourtant, celui-ci avait quelques péchés à se reprocher ! Mais le prestige de son nom, son intelligence, le symbole même de ce qu'il incarnait pesaient plus lourd dans la balance. Son épouse a été, et est toujours, son plus fidèle avocat. Je veux bien sûr parler de la comtesse de Paris.

La mort récente de son mari a révélé au grand public les multiples mésaventures et rebondissements qui ont émaillé son existence. Assurément, vivre avec un tel homme n'était pas de tout repos ! Entre son parcours politique mouvementé, les rapports tumultueux qu'il entretenait avec ses enfants et son désir d'indépendance, il y avait des raisons de se lasser, mais la comtesse de Paris ne s'est jamais départie de son sourire... Et quand les gazettes ont commencé à publier des photos de la gouvernante si prévenante pour son « Monseigneur », c'est à peine si son sourire s'est crispé.

Qui mieux qu'elle illustre ma philosophie : on ne divorce pas ? Quand vous êtes la comtesse de Paris, vous vous devez d'être un exemple. « Madame » ne badine pas avec ce principe. Pas question d'être à l'origine d'un scandale... D'autant que l'homme qu'elle a épousé y pourvoit suffisamment ! En outre, sa religion interdit le divorce et pour la comtesse, le mariage est sacré. Enfin, il existe sans doute un motif tout bête, qui explique un tel esprit de conciliation : elle a passionnément aimé le comte de Paris et, malgré ses frasques, a continué de l'aimer.

Combien de couples peuvent se vanter d'avoir connu soixante-huit ans de mariage ? La future comtesse de Paris était tombée amoureuse de son futur époux à l'âge de douze ans, au cours de l'été 1923 où Henri d'Orléans, de trois ans son aîné, était venu en vacances chez ses parents, au château d'Eu. Elle était allée l'attendre à la gare du Tréport et avait immédiatement été impressionnée par son aisance et sa distinction. Son titre d'héritier de la Couronne de France, son enfance romanesque au Maroc, son autorité qui déjà perçait, tout en faisait un personnage hors du commun. Isabelle, princesse d'Orléans et Bragance, sentit son cœur battre pour son cousin, sans s'avouer très bien la nature de son sentiment.

Une anecdote allait lui permettre d'y voir plus clair : un rien excentrique, Isabelle aimait porter un vieux chapeau de paille tout abîmé qu'un jour sa mère, exaspérée, lui confisqua. L'adolescente fondit en larmes... Mais son preux chevalier veillait. Il sut convaincre sa future belle-mère et la fillette récupéra son couvre-chef troué ! Dès lors, ce fut l'amour fou. Elle le raconte d'ailleurs gentiment : « De ce jour, mon admiration se transforma en tendresse et je décidai dans le fond de mon cœur de l'épouser quand je serai plus grande. »

Il faudra toutefois attendre six ans avant une nouvelle rencontre. Pour la majorité d'Henri d'Orléans, ses parents organisent une réception au manoir d'Anjou, leur résidence en Belgique, et y convient Isabelle. Elle a à présent dix-huit ans et elle est d'une grande beauté. Le prince n'est pas sans le remarquer. Il lui propose de se revoir... Elle accepte. Enfin, un an plus tard, ils passent des vacances au château de Chotebor, en Bohême, chez l'oncle d'Isabelle, le comte Dobrzensky. Leur idylle s'est épanouie. Un jour, lors d'une chasse au chevreuil, alors qu'ils parcourent les sous-bois en file indienne derrière le garde, Henri la rattrape brusquement et lui demande sa main. Isabelle est prise au dépourvu, mais accepte avec émotion. « J'eus à peine le temps de dire oui, se souvient-elle. Je riais et je pleurais en même temps. »

Les fiançailles sont célébrées à Paris, à l'hôtel Lambert, qui, avant d'être la propriété du baron Guy de Rothschild, appartenait à un oncle d'Isabelle, le prince Czartoryski. Henri est absent. La loi d'exil, qui interdit le territoire aux prétendants des familles ayant régné en France, est toujours en vigueur. C'est donc en Sicile que le couple va se marier. La famille d'Orléans y possède un palais au centre de Palerme. Nous sommes en 1931. Au bras de son père, Isabelle se rend à pied à la cathédrale, sous les acclamations de la foule. Elle a alors un avant-goût de sa vie à venir — des milliers de monarchistes sont venus de France et crient : « Vive le roi ! Vive la reine ! » Elle est resplendissante dans une robe de Worth, un brocart lamé d'argent et semé de lys. Sa traîne, initialement prévue pour mesurer quatre mètres, a été multipliée par deux. Son voile est retenu par un bandeau de diamants, cadeau de son beau-père. Il lui a également offert un grand sautoir de perles et des boucles d'oreilles en perles et diamants.

La jeune femme vit un rêve. Les nouveaux mariés passent quelques jours à la villa Igiea, un magnifique hôtel qui domine la baie de Palerme, puis flânent en Italie, au volant d'une Bugatti rouge qu'Henri a reçue de son père. À la fin de leur lune de miel, ils s'installent en Belgique. Isabelle découvre à son tour l'exil. Mais leur rang, leur jeunesse et leur beauté en font des invités très recherchés et ils se rendent dans des réceptions mondaines à travers toute l'Europe. Entre deux voyages, ils se consacrent à leur vocation : l'action politique pour lui, le rôle de mère pour elle... La comtesse de Paris met au monde cinq enfants.

La guerre vient rompre cette vie de famille heureuse. Henri s'engage dans la Légion étrangère sous un pseudonyme. Démobilisé lors de l'armistice, il s'envole pour le Maroc de sa jeunesse, où le rejoignent son épouse et ses enfants. La princesse savait qu'en épousant Henri elle allait connaître une existence peu commune, elle en fait à présent l'expérience. La guerre ayant aiguisé son ambition politique, le comte de Paris multiplie les démarches diplomatiques afin d'obtenir une fonction officielle. La mort de son père en 1940 en a fait le chef de la maison de France, et il pense un peu naïvement qu'entre pétainistes et gaullistes il constitue le compromis parfait. Mais, impliqué dans l'assassinat de Darlan à Alger, il perd tout crédit. De Gaulle devient le représentant des Français.

Les belles espérances du comte de Paris sont balayées et c'est un homme meurtri qui rentre chez lui. Heureusement, Isabelle est là pour le réconforter et l'entourer de sa tendresse. Néanmoins, son grand homme a perdu de son panache et l'atmosphère s'en ressent. Dans leur nouvelle résidence du Portugal, les journées sont rythmées par ses états d'âme. Souvent irascible, perdu dans ses pensées, uniquement préoccupé de questions politiques, le comte de Paris ne fait guère vibrer sa fibre paternelle. Les enfants s'en plaindront, pas son épouse, qui aplanit les conflits. Un travail à temps plein, car la famille s'est agrandie... En mère exemplaire, elle a donné naissance à onze enfants !

En 1950, c'est le grand retour : la loi d'exil est abrogée. Le comte de Paris et sa nombreuse descendance s'installent à Louveciennes, au manoir du Cœur-Volant. L'endroit deviendra fameux en 1956, lorsque *Paris-Match* titra en couverture : « Le complot du Cœur-Volant »... Un complot très pacifique : pour fêter leurs noces d'argent, la comtesse de Paris a fait réaliser en secret par le peintre Vidal-Quadras les portraits de chacun des enfants et les a offerts à son mari !

C'est encore l'époque heureuse. Les mariages se succèdent, les enfants s'allient à d'autres descendants de lignées prestigieuses. La mort d'un des garçons, tué pendant la guerre d'Algérie, plonge la famille dans une grande détresse, mais soude sans doute un peu plus le comte et la comtesse de Paris. Il n'a pas perdu tout espoir d'être un jour à la tête du pays et pense que le Général fera appel à lui... Il devra une nouvelle fois déchanter. La restauration de la monarchie n'est pas pour demain. Henri d'Orléans ravale son amertume, mais n'en continue pas moins à faire entendre sa voix en publiant un bulletin. Il est plus que jamais perdu dans ses spéculations politiques, tandis qu'Isabelle s'occupe de l'intendance et essaie de raisonner la turbulente famille.

Certains enfants, en effet, ne suivent pas la voie choisie. Mésalliances, et même un divorce, entachent l'image que le comte de Paris entend donner de sa famille. Inflexible, il condamne sans appel tout égarement. Les tensions qui existaient entre le père et ses enfants se renforcent. En 1987, il ira même jusqu'à renier son fils aîné et présenter ses petits-fils comme ses dignes successeurs. Sa position est toutefois délicate... N'a-t-il pas lui aussi adopté des règles contraires à celles qu'il a définies ?

Au cours des années 1970, le comte de Paris a effectivement pris l'habitude de mener sa vie comme il l'entend. Il a quitté le manoir du Cœur-Volant et s'est installé à Chantilly, assisté par une gouvernante qui lui est totalement dévouée, Monique Friesz. Il s'occupe de sa fondation Saint-Louis, qui gère les biens historiques de la famille, et de la fondation Condé, une maison de retraite dont il confie la direction à... Monique Friesz. Les enfants s'inquiètent du pouvoir grandissant de cette dame de compagnie, qui, sous couvert d'une totale soumission, prend chaque jour plus d'importance dans la vie du comte de Paris. S'ils veulent parler à leur père, ils doivent dorénavant passer par elle...

Lorsque, dans les années 1980, le comte de Paris commence à vouloir vendre aux enchères ses biens, les enfants prennent peur. Ils sont persuadés que leur père veut les déposséder de leur héritage. Ils exhortent leur mère à faire une demande de séparation. Durant plus de dix ans, la bataille qui les oppose au comte de Paris défraie la chronique. À chaque nouvelle vente, ils s'interposent, la justice délibère, puis les déboute. Les bijoux, les meubles, les tableaux sont dispersés au fur et à mesure, à la consternation des héritiers.

La comtesse de Paris ne fait pas de commentaires, ou alors soutient son mari. Elle explique que leur style de vie a changé, que tous ces objets ne peuvent être stockés, qu'ils ont besoin d'argent. Et quand on l'interroge sur leur couple, elle joue la comédie du bonheur... Elle affirme que même s'ils ne vivent plus sous le même toit, ils se voient souvent. En 1991, ils fêtent leurs noces de diamant (soixante ans de mariage) comme si de rien n'était. Isabelle déclare avec un certain sens de la formule : « Nous nous sommes toujours entendus sur l'essentiel : notre profonde foi en Dieu et notre idée de la famille. » Tant de tact me laisse admirative !

Les premières années, elle était cependant meurtrie par l'abandon dont elle avait été l'objet. Puis elle s'est faite à cette vie séparée et avouait à ses intimes que finalement cela lui convenait très bien : elle aimait le comte de Paris, mais elle reconnaissait qu'il était impossible à vivre ! Terriblement maniaque, discipliné, couche-tôt, obsédé par ses idées politiques, n'aimant pas le bruit, la foule, les visites, au fond, tout le contraire d'elle, qui était la fantaisie même. Cet éloignement lui permettait de respirer un peu !

Car, si elle a durant toute sa vie vécu dans l'ombre du comte, la comtesse de Paris est loin d'être effacée. Elle a un vrai caractère, elle aime s'amuser, fumer, rire, danser et dit sans ambages sa façon de penser. J'ai pu m'en rendre compte, lors d'un bal des débutantes que j'ai organisé à l'hôtel Intercontinental de Genève en 1986, aidée de toutes mes amies, et que je lui avais demandé de présider. Par le passé, j'avais déjà eu l'occasion de rencontrer à plusieurs reprises la comtesse de Paris, sauf que, à ma grande honte, une fois j'étais arrivée en retard et une autre fois je m'étais trompée de jour ! Pour mon bal, il me fallait faire un sans-faute... À huit heures, j'étais fin prête à la recevoir. Moi qui n'ai jamais le trac, je me sentais un peu nerveuse, mais quelle n'a pas été ma stupeur quand je l'ai vue entrer : nous portions quasiment la même robe, de grandes fleurs vertes sur un fond blanc ! Le genre de coïncidence qui exaspère n'importe quelle femme. Pas la comtesse de Paris, qui éclata de rire. Elle s'amusa beaucoup de cet imprévu et accepta de poser avec moi pour les photographes, ravis du cliché.

Certains de ses enfants ne comprenaient pas son abnégation. Elle leur répondait qu'ils feraient mieux de prendre exemple sur elle. Elle écrivit même un livre pour faire taire les médisances : *Tout m'est bonheur*. Un titre très Nadine de Rothschild ! Et, quand la comtesse de Paris eut fini de chanter les vertus de l'amour conjugal, elle trouva un autre sujet de contentement : *Mon bonheur de grand-mère* ! Il est vrai qu'avec sa multitude de petits-enfants elle a pu apprécier cette nouvelle forme d'amour. Un amour désintéressé et très épanouissant, que je connais à mon tour.

La célébration des quatre-vingt-dix ans du comte de Paris leur donna une dernière fois l'occasion de mettre en scène l'image du bonheur. Dans un château d'Amboise pavoisé de fleurs de lys, ils réunirent autour d'eux toute la famille, les enfants, quarante petits-enfants et vingt-cinq arrière-petits-enfants. Sous son petit bibi fleuri, la comtesse de Paris était aux anges. Elle était si fière de cette image symbolique, pour laquelle elle avait sacrifié beaucoup d'amour-propre. Le temps d'une journée, elle chassait de son esprit une autre vision : celle de son mari à présent installé chez sa fidèle gouvernante. Un an plus tard, c'est là qu'il s'éteignait.

Sans doute a-t-elle pensé qu'il n'était pas très digne de finir dans un petit pavillon en préfabriqué, dans la banlieue de Dreux, quand on a failli être roi de France ! Mais elle savait que son mari n'avait jamais été attaché au décorum et qu'il aurait pu vivre assis sur une caisse !

Sa mort déclencha toutefois un dernier scandale : où était passé l'héritage ? Dans la maison de la gouvernante, on ne découvrit que six mouchoirs brodés et une paire de pantoufles... Une action judiciaire fut enclenchée par quatre des enfants. Déjà très affectée par la mort de son époux, la comtesse de Paris se désola une nouvelle fois du battage médiatique. Et quand son fils Jacques publia un livre incendiaire sur son père, elle le rappela à l'ordre comme un gamin de douze ans. On ne salit pas la mémoire d'un homme extraordinaire.

Aujourd'hui, les rancœurs se sont calmées, mais le regard de la comtesse de Paris a perdu son étincelle. Ses beaux yeux myosotis ne brillent plus du même feu. À quatre-vingt-dix ans, elle est toujours aussi alerte et sa conversation est un florilège de formules humoristiques, mais il lui manque quelque chose... Elle l'avoue : depuis qu'il n'est plus là, la vie lui semble « moins intense ». Comme je la comprends !

Sans aucun doute, si elle devait refaire le chemin

parcouru, elle ne changerait rien. Dans son autobiographie, elle écrit que son mariage a été le jour le plus important de sa vie, après celui de sa naissance. Ambition personnelle, réalisation de soi, autant de mots inconnus de son vocabulaire. Elle a simplement consacré sa vie à un homme et a tout fait pour en être digne. La comtesse de Paris avait été élevée dans cette tradition et le statut « royal » du mari n'a fait que renforcer ses principes. La très respectueuse hypocrisie bourgeoise est simplement devenue morale royale ! Ce ne fut pas toujours une partie de plaisir, mais comme elle le résume si bien : « Ne trouve-t-on pas aussi le bonheur dans le devoir accompli ? » Une définition que je pourrais adopter.

Quand on a épousé le comte de Paris ou le shah d'Iran, on leur reste fidèle. Vous me direz qu'il s'agissait là d'hommes hors du commun et qu'ils n'ont rien à voir avec ceux que l'on rencontre dans la rue, au bureau. Oui et non. Bien sûr, les contraintes que crée une vie officielle déterminent un comportement, mais ce n'est pas toujours suffisant. Le dévouement que demande ce genre de vie est proportionnel à l'estime que l'on porte à son mari, qu'il soit souverain ou ouvrier. Il n'y a pas d'amour qui dure sans admiration.

Conclusion

En terminant ce livre, je m'aperçois qu'à l'appui de mon propos : « Défense et illustration du mariage », j'aurais pu limiter mon récit à deux ou trois portraits de femmes. Mais, emportée par mon plaisir à évoquer celles qui ont fait battre si fort nos cœurs, je n'ai pu retenir mon élan.

Il est des femmes solaires, il est des femmes ténébreuses. S'il n'est pas en notre pouvoir de choisir de naître dans l'une ou l'autre de ces catégories, nous pouvons toutes infléchir notre destin, et tenter, à nos heures de doute, de tirer de leur histoire quelque lumière.

La vie conjugale de la comtesse de Paris ne tente pas toutes les femmes… Une telle existence exige beaucoup de sacrifices et, surtout, une conception particulière du bonheur. Le mariage n'est pas forcément une suite de concessions ! Il n'empêche que les règles sont les mêmes pour toutes les femmes qui vivent en couple. C'est à elles et aux nouvelles candidates au mariage que je voudrais dire deux ou trois choses : Surmontez les premières épreuves, freinez vos réactions d'amour-propre, voyez plus loin. En amour, il faut souvent oublier le mot « je ».

Donnez-vous dix ans, pas six mois. Tenez bon ! Combien de femmes, quand elles s'aperçoivent que l'homme qu'elles ont épousé ne correspond pas à ce qu'elles en attendaient, s'en séparent comme elles changent de portable, parce qu'il n'est plus assez performant ! Mais le nouveau modèle sera bientôt à son tour démodé...

La vie à deux est une question de dosage : il faut être dévouée, mais pas soumise, tendre, mais pas collante, présente, mais pas dépendante. Avoir du caractère, mais pas l'ombre d'un mauvais caractère. Le bon sens est de trouver le juste équilibre et le maintenir longtemps.

Le divorce reste pour moi la pire des choses, un véritable traumatisme. Tant que l'on peut, on évite d'en arriver là. On perd un homme, souvent des enfants, des parents, une famille, des amis. On peut bien entendu reconstruire, mais on laisse derrière soi des ruines.

Avec ma grande amie, la poétesse Irène Blanc, nous avons composé ce petit poème qui pourrait en faire réfléchir plus d'une.

Quelques minutes encore
Et j'aurai terminé
De vider la maison
Qui nous a abrités.
Descendus balluchons
Et valises bouclées
De nos rêves brisés
Reste un bail à céder.

D'autres vont y habiter
D'autres vont s'y aimer
D'autres vont s'y déchirer

D'autres vont le quitter
C'est un bail à céder
Des espoirs envolés
Un amour à louer
Bail à céder.

Quelques minutes encore
Pour poser mes idées
Au grenier surchargé
D'objets abandonnés
Grand bail à céder
Grand amour à louer
Rêves à errer
Bail à céder.

On ne doit pas tout attendre de l'amour. Il faut construire, équilibrer sa vie personnelle, y inclure l'amour, mais ne pas en faire la clef de voûte. C'est merveilleux quand il est là, car il permet d'avancer plus vite. En son absence, on doit continuer à vivre...

La solitude peut être agréable, si elle est choisie. Être veuve, c'est la solitude imposée, mais il est facile de la rendre supportable. Il y a des solitudes à deux pires que le veuvage. Apprendre à vivre seule, c'est tout d'abord avoir fait la paix avec soi-même et ne pas ressasser le passé. Je n'ai jamais su écrire le mot « regret ». Ensuite, on remplit sa vie d'activités, de voyages, de rencontres, on s'occupe des autres avec philosophie, en se faisant légère pour les enfants, les amis. On ne peut exiger de nos proches une présence continuelle ou leur imposer la nôtre.

Même si l'on a accepté sa solitude, il faut laisser la porte entrouverte. Quelqu'un aura peut-être l'idée de s'y glisser, sait-on jamais... Alors, pas question de relâcher l'effort. Utilisons à bon escient la science du corps, les subtilités de l'esprit et les artifices du maquillage. Comme disait Louise de Vilmorin, « n'oublions pas que dans les bonjours et les bonsoirs nous sommes seuls à pouvoir faire naître le rêve que nous souhaitons inspirer ».

Célèbre ou pas, la femme est soumise aux mêmes règles : son bonheur sera à la mesure de ses ambitions et de son talent. Alors, faites en sorte qu'il dure le plus longtemps possible. Pour réussir sa vie, il faut croire un peu en la providence et beaucoup en soi.

Mais que veut dire réussir sa vie, quand on est une femme ? Vivre une grande histoire d'amour ? Réaliser son rêve de petite fille ? Être la mère de beaux enfants ? Être fière du chemin parcouru ? Gagner beaucoup d'argent ? Tout cela, sans doute. Et aussi mille autres choses plus subtiles, plus personnelles.

« Souvent femme varie, bien fol est qui s'y fie. » Si les femmes sont difficiles à satisfaire, c'est peut-être parce qu'elles-mêmes ne savent pas toujours ce qui les rendrait parfaitement heureuses. Les hommes ne seraient donc qu'à moitié coupables... L'un d'eux, grand spécialiste de la psychologie humaine, s'est longuement penché sur le mystère féminin. « La grande question à laquelle je n'ai toujours pas répondu, en dépit des trente années de recherches sur l'âme féminine, est : que veut une femme ? » Cet homme s'appelait Sigmund Freud.

Bibliographie

Louise ou la Vie de Louise de Vilmorin, de Jean Bothorel, Grasset, 1993.

Destins de femmes, de Dominique Santerre, Colette Gouvion, Karine Jouvion, Le Pré aux Clercs, 2000.

Les Grandes Passions amoureuses, de Françoise Ducout, Filipacchi, 1996.

À jamais, d'Irène Frain, Albin Michel, 1999.

Pauvre petite fille riche, la vie extraordinaire de Barbara Hutton, de David Heymann, Presses de la Cité, 1987.

Onassis et la Callas, de Nicholas Gage, Robert Laffont, 2000.

Simone, de Jean-François Josselin, Grasset, 1995.

Roland Petit, de Gérard Mannoni, L'Avant-Scène, 1984.

Les brumes d'où je viens, Line Renaud, Édition n° 1, 1986.

Gala, de Dominique Bona, Flammarion, 1995.

Princesse et rebelle, d'Ira de Fürstenberg, Critérion, 1995.

La Vérité, de Mouna Ayoub, Michel Lafon, 2000.

Sagas, de Stéphane Bern et Éric Jansen, TF1 Éditions, 2000.

Les Agha Khans, de Yann Kerlau, Perrin, 1990.

Bettina, de Guy Schoeller, Assouline, 1998.

La Véritable Farah, impératrice d'Iran, de Vincent Meylan, Pygmalion, 2000.

Mon bonheur de grand-mère, d'Isabelle, comtesse de Paris, Robert Laffont, 1995.

Les Ténébreuses Affaires du comte de Paris, prince Jacques d'Orléans, Albin Michel, 1999.

Life of the party, biography of Pamela Harriman, Christopher Ogen, Warner Books, 1994.

Table

" Comment séduire "

T'as pas quelqu'un à me présenter ?

Rosine Bramly et Annick Lanoë

Vous cherchez l'amour ? Vous allez le trouver. Mais séduire, ça s'apprend, ça se cultive. Rosine Bramly et Annick Lanoë sont aux commandes : bilan de compétence amoureuse, changement de look, choix d'une stratégie, première rencontre, approches diplomatiques, premier tête-à-tête, sexe, elles vous guident jusqu'au coup de fil du lendemain ! Et donnent, surtout, des conseils précis sur ces étranges êtres que sont hommes et femmes les uns pour les autres.

(Pocket n° 11931)

Achevé d'imprimer sur les presses de

BUSSIÈRE

GROUPE CPI

à Saint-Amand-Montrond (Cher)
en avril 2003

POCKET - 12, avenue d'Italie - 75627 Paris Cedex 13
Tél. : 01-44-16-05-00

— N° d'imp. : 32153. —
Dépôt légal : mai 2003.

Imprimé en France